J. J. BENÍTEZ

LAS GUERRAS DE YAVÉ

Confirmado: el dios de la Biblia no es Dios

Planeta

Av. Diagonal, 662-664, 08034 Barcelona
www.planetadelibros.com

Iconografía: Grupo Planeta

Primera edición: octubre de 2023
Segunda impresión: noviembre de 2023
Depósito legal: B. 14.870-2023
ISBN: 978-84-08-27763-7
Preimpresión: Safekat, S. L.
Impresión: Rodesa
Printed in Spain – Impreso en España

Certificado PEFC
Este libro procede de bosques gestionados de forma sostenible y fuentes controladas
PEFC
PEFC/14-38-00305
www.pefc.es

El papel utilizado para la impresión de este libro está calificado como **papel ecológico** y procede de bosques gestionados de manera **sostenible**.

A Mercedes Freire,
que me animó a dar prioridad a este informe.

«El progreso no se produce siempre como se cree, de lo menor a lo mayor, sino más bien al revés: lo poderoso, lo gigantesco, constituye el comienzo».

SCHELLING

«La única manera de descubrir los límites de lo posible es aventurarse en lo imposible».

ARTHUR C. CLARKE

«No contengas la palabra de vida y no escondas tu sabiduría».

ECLESIASTÉS

«La doctrina de que la Tierra ni es el centro del universo ni está inmóvil, sino que se mueve, incluso con una rotación diaria, es absurda y falsa, tanto filosófica como teológicamente, y es, cuando menos, un error de fe».

LA IGLESIA CATÓLICA CONTRA GALILEO

«Jamás se descubriría nada si nos considerásemos satisfechos con las cosas descubiertas».

SÉNECA

«Yavé fue un *instrumento*».

Palabras de Jesús en Caballo de Troya, 7

«Las dudas conducen a la libertad (mañana)».

J. J. BENÍTEZ

«Yavé fue un dios con minúscula».

J. J. BENÍTEZ

«Todo está manipulado por los Dioses».

J. J. BENÍTEZ

26.000 TESTIGOS

Alcanzar los ochenta años de edad (este es mi caso) tiene una especial ventaja (quizá la única): puedo pensar en voz alta.

Lo sé: el contenido de *Las guerras de Yavé* es especulativo, aunque también sé que me asisten 50 años de constante y minuciosa investigación del fenómeno OVNI. A día de hoy he interrogado a 26.000 testigos. Pues bien, lo manifestado por esos miles de personas es equiparable a lo que describe el Antiguo Testamento.

Una vez más, la humanidad ha sido (es) manipulada por la religión. A los hechos me remito:[1]

[1] Para redactar *Las guerras de Yavé* he consultado la Biblia judía (24 libros), la Biblia protestante (66 libros) y la Biblia católica (73 libros). *(N. del a.)*

LOS *ELOHIM*

«Y dijo Dios: Hagamos un Hombre a nuestra imagen y a nuestra semejanza, y señoree sobre los peces del mar, sobre las aves del cielo, sobre el ganado, sobre la tierra, sobre todo insecto y sobre todo reptil del suelo. Y creó Dios al Hombre a Su propia imagen». (Génesis)

Lo pensé la primera vez que leí este texto. ¿Por qué la Biblia utiliza la palabra *ha-Elohim* (Dios) a la hora de crear al ser humano? «*Elohim*» (por simplificar) es el plural arameizante de Dios. «*Elohim*», por tanto, significa «los Dioses». Es utilizado 2.500 veces en el Antiguo Testamento. A lo largo de los cinco libros del Pentateuco o Torá (Génesis, Éxodo, Levítico, Números y Deuteronomio), Dios recibe diferentes nombres: El Shadday (que significa montaña y omnipotente), Yavé (en realidad YHWH) y Elohim, entre otros (Yehová aparecería en el siglo XIII después de Cristo).

Consulté a los exégetas y demás estudiosos de la Biblia, pero no recibí una respuesta satisfactoria. Las interpretaciones de los teólogos son tan diferentes como peregrinas. Fue más adelante, al leer otros pasajes del Antiguo Testamento (especialmente el Éxodo) cuando llegó aquella idea: *elohim* podían ser los tripulantes de naves no humanas, llegados de mundos o dimensiones desconocidos. Su tecnología —avanzadísima— no fue comprendida por los humanos y, lógicamente, fueron tomados por dioses.

Pero vayamos por partes.

Y siguieron llegando ideas: los *elohim* concibieron un formidable plan para aquel bello planeta azul.

En primer lugar decidieron crear al hombre. Y entró en juego la genética. Heredamos los genes de los «dioses» y el resto lo hizo una adecuada «evolución vigilada». Fue así, con seguridad, como surgió el humano inteligente.[1] De esas ramas fueron seleccionados ejemplares robustos y las proteínas y los ácidos nucleicos se pusieron a trabajar, dando lugar a criaturas híbridas.

Estaríamos hablando de seres —los *elohim*— no sujetos al tiempo o con una expectativa de vida que nada tiene que ver con la humana. Estaríamos hablando de seres que podrían llevarnos un millón de años o, sencillamente, disfrutar de unas características físicas y mentales distintas a las nuestras. Y, como digo, empecé a comprender la famosa frase: «Hagamos al Hombre a nuestra imagen y semejanza».

Pero ese plan para la Tierra contemplaba también algo especialmente importante: la futura encarnación de un Dios (Jesús de Nazaret). Ello exigía la selección de una época histórica, un lugar geográfico y, sobre todo, un pueblo en el que debía residir ese Dios.

Fue así, de forma progresiva, como empecé a entender quiénes eran los *elohim* y por qué se presentaron en la Tierra.

[1] En su obra *Los dioses en la creación del hombre,* Azcuy y Lesly Sánchez apuntan también la creación del ser humano como una «mutación provocada»: «Comprobado el hecho de que las bases químicas de la herencia residen en las proteínas y en los ácidos nucleicos, el hombre comienza un proceso de investigación genética cuyo objetivo apunta al logro de las mutaciones controladas. Ya en 1919, el genetista H. J. Muller comprobó que era posible aumentar el ritmo de las mutaciones elevando la temperatura. También los rayos X pueden acelerar las mutaciones. Hay otras alternativas, basadas en el reajuste, ruptura y unión de cromosomas. Lo esencial depende de la correcta interpretación de la clave genética».

COPIARON Y COPIARON

«Los creó macho y hembra... Y plantó Dios, el Eterno, un jardín en Edén, al oriente, y allí puso al hombre que había formado». (Génesis)

Sinceramente, no creí una sola palabra... La historia de la creación de Adán y Eva, la absurda aventura con la serpiente, la manzana y la expulsión del paraíso siempre me parecieron un cuento. Más exactamente, un cuento chino. Es más que probable que los judíos, al tratar de edificar su historia, copiaron y copiaron de los pueblos que los rodeaban. Esdras, sacerdote y escriba judío, desterrado a Babilonia en el siglo v antes de Cristo, fue el motor de ese intento de reconstrucción de lo que se sabía sobre el pasado del pueblo israelita. Se rodeó de sabios y ancianos y puso por escrito buena parte de lo que hoy conocemos como Antiguo Testamento. Naturalmente, Esdras y los suyos contaron lo que rezaba la tradición y se apropiaron de muchas de las leyendas de los babilonios y de los asirios. Ejemplo: la llamada *Enuma Elish*, una epopeya de origen akádico que fue escrita unos 1.500 años antes de Esdras. Las siete tablillas con escritura cuneiforme (156 líneas por tablilla) describen la creación del mundo por parte de los dioses.[1]

[1] *Enuma Elish* fue descubierta en 1876. El título de la narración corresponde a las dos primeras palabras: «Cuando en las alturas». *Enuma Elish* fue hallada en la ciudad de Sippar. Parte del texto dice así: «... La santa casa, la casa de los dioses, en un lugar santo, no había sido hecha todavía; ningún junco había brotado, ningún árbol había sido creado; ningún ladrillo se había puesto, ningún edificio se había erigido; ninguna casa se había construido, ninguna ciudad se había edificado... ninguna criatura había sido creada; Nippur no estaba hecha, Ekur no estaba construida, Erech no estaba hecha, Eana no estaba construida; el Abismo no estaba hecho... todas las tierras eran mar... Luego hubo un movimiento en medio del mar; en ese momento

Se cree que la primera redacción de la creación del mundo y de Adán y Eva (Génesis) fue llevada a cabo por el referido Esdras después del año 458 antes de Cristo. Fue redactado en la ciudad de Jerusalén, cuando Esdras retornó de Babilonia. Esdras y su gente, como es lógico, conocían la versión babilónica de la creación del mundo. Y, como digo, la copiaron y la adornaron.

Y algo parecido sucedió con el cuento de la serpiente. Esdras lo tomó de la epopeya de Gilgamesh, el héroe de origen sumerio. La historia fue narrada casi 2.200 años antes de Esdras. Gilgamesh (y toda la humanidad) perdió la inmortalidad por culpa de una serpiente.

Pregunté igualmente a los exégetas: ¿quién era Nod? Tras la muerte de Abel, su hermano Caín —dice el Génesis— huyó a la tierra de Nod, al oriente del Edén. Si Adán y Eva fueron los primeros padres, ¿quién fue el tal Nod? Me respondieron con el silencio.

Y termino el presente capítulo con otra duda. Dice el citado Génesis «que vio Dios todo lo que había hecho y he

Eridu fue hecha y Essagil fue construida... Los dioses, los espíritus de la tierra; Marduk hizo al mismo tiempo, la ciudad santa, la morada del deseo de sus corazones, proclamaron suprema... Marduk puso un junco en la superficie de las aguas, hizo polvo y lo derramó al lado del junco; para que los dioses pudieran vivir en la morada del deseo de sus corazones creó la humanidad... Con él la diosa Aruru creó la simiente de la humanidad. Creó los animales del campo y las cosas que viven en el campo. Creó el Tigris y el Éufrates y los colocó en su lugar; proclamó sus nombres de manera agradable. Creó la hierba, el junco del pantano, la caña y el bosque, la hierba verde del campo creó, las tierras, los pantanos y las ciénagas, la vaca salvaje y su cría, el ternero salvaje, la oveja y su cría, el cordero del rebaño, huertos y bosques; el macho cabrío y la cabra montés... El Señor Marduk construyó un dique junto al mar... Formó cañas, creó árboles; puso ladrillos, erigió edificios; hizo casas, construyó ciudades; hizo ciudades, dio vida a las criaturas... Hizo Nippur, construyó Ekur; hizo Erech, construyó Eana» (N. del a.)

aquí que era muy bueno». Y me pregunto: si todo era muy bueno, ¿qué pasó con la serpiente que tentó a Eva?

Pero estas interrogantes y contradicciones bíblicas son lo de menos. Lo importante está por empezar…

LOS SOSPECHOSOS HIJOS DE DIOS

«Y sucedió, cuando los hombres comenzaron a multiplicarse en la faz de la tierra y les nacieron hijas, que vieron los hijos de Dios a las hijas del hombre que eran hermosas y tomaron por mujeres a las que más les agradaban. Y dijo el Eterno: "No permanecerá Mi espíritu en el hombre para siempre, porque él es carne, y serán sus días ciento veinte años...". En aquellos tiempos había gigantes en la tierra, y también luego de que se unieran los hijos de Dios con las hijas del hombre, engendraron hijos poderosos que desde antiguo fueron varones de fama». (Génesis)

No conseguí que los expertos en la Biblia —fueran judíos o cristianos— se pusieran de acuerdo en la interpretación del presente texto. Para algunos, como los célebres Nácar y Colunga, profesores de la Universidad de Salamanca (España), la expresión «hijos de Dios» equivale a ángeles. Así lo vieron igualmente los traductores griegos alejandrinos de la versión de los Setenta. Los judíos, por su parte, opinan de la misma manera. Yo no lo tengo tan claro... Según mis noticias, los ángeles son criaturas perfectas (o casi perfectas) cuya naturaleza es básicamente espiritual. En consecuencia, no pueden sentir atracción sexual hacia los seres humanos. Dicho de otra manera: los «hijos de Dios» que menciona el Génesis no creo que disfrutaran de la naturaleza angelical. Más bien podríamos identificarlos con seres de carne y hueso, sujetos a la lujuria (como sucede con las criaturas humanas). Y regresamos —necesariamente— a los *elohim*, al «equipo» de astronautas que fue identificado con Yavé. Eso sí me cuadra. Fueron estos seres (lógicamente llamados «hijos de Dios») quienes pudieron cruzarse con las hijas de los hombres. Resultado: criaturas con una genética distinta. ¿Gigantes? Posiblemente. Las leyendas y la mitología de muchos pueblos hablan de aquellos «héroes».

Después fueron llegando otras interpretaciones, a cual más absurda y peregrina. La de Julio el Africano fue la más estúpida. Este afirmó que los «hijos de Dios» a los que alude el Génesis «eran los descendientes de Set, el tercer hijo de Adán y Eva». Pero no quedó la cosa ahí. Para el Africano, «las hijas de los hombres» eran las hijas y nietas de Caín. Y se quedó tan ancho...

Naturalmente, ninguna iglesia acepta mis proposiciones: ¿astronautas hace miles de años?, ¿seres no humanos eligieron mujeres humanas y les hicieron hijos? ¿Ese «equipo» adoptó el nombre de Yavé?

Como decía el Maestro, quien tenga oídos que oiga...

¿PUEDE DIOS ARREPENTIRSE?

«Y vio el Eterno que era grande la maldad del hombre en la tierra y que todo pensamiento de su corazón constantemente alentaba designios malignos. Y arrepintióse el Eterno de haber hecho al hombre en la tierra, lamentándolo en su corazón. Dijo entonces el Eterno: "Borraré de la faz de la tierra al hombre que he creado, como así también a las bestias, los reptiles y las aves del cielo, porque estoy arrepentido de haberlos hecho". Pero Noé halló favor a los ojos del Eterno...

Esta es la historia de Noé. Noé fue un hombre probo y justo entre sus semejantes, y andaba con Dios. Y tuvo Noé tres hijos: Sem, Cam y Jafet. Y la tierra se había corrompido ante Dios y estaba colmada de violencia. Y vio Dios que la tierra era corrupta, pues todo ser viviente se había corrompido en su camino en la tierra. Y le dijo Dios a Noé: "Para Mí ha llegado el fin de toda carne, porque la tierra está llena de violencia por su culpa. He aquí que los destruiré con la tierra. Hazte un arca de madera de gófer (presumiblemente conífera). Harás celdas en el arca y las calafatearás por dentro y por fuera con brea. Y así la harás: de trescientos codos (1 codo = distancia desde el codo hasta la punta de los dedos: 45 centímetros) de longitud, cincuenta codos de ancho y treinta codos de altura. Le harás una ventana al arca, que rematarás un codo más arriba. Harás la puerta del arca en un costado y harás un primero, un segundo y un tercer piso. Y Yo traeré un diluvio de aguas sobre la tierra para destruir a todo ser que aliente vida debajo del cielo. Todo lo que haya en la tierra perecerá. Y estableceré Mi Pacto contigo. Tú entrarás en el arca y (también) tus hijos y tu mujer y las mujeres de tus hijos. Y de todo ser viviente traerás dos al arca, para que sobrevivan contigo. Macho y hembra han de ser. De las aves según su especie y del ganado según su especie y de cada reptil según su especie. Y llevarás contigo todo lo que sea comestible, que servirá de alimento para ti y para los demás". E hizo Noé todo lo que le había mandado Dios...

Y tenía Noé seiscientos años de edad cuando el diluvio se abatió sobre la tierra. Y entraron Noé y sus hijos y su mujer y las mujeres de sus hijos, al arca, por las aguas del diluvio...

Y al cabo de siete días las aguas del diluvio estuvieron sobre la tierra... Ese día se rompieron todas las fuentes del gran abismo, abriéndose las aberturas del cielo. Y hubo lluvia sobre la tierra durante cuarenta días y cuarenta noches... Y el diluvio se abatió cuarenta días sobre la tierra, con gran crecimiento de las aguas, que levantaron el arca por encima de la tierra. Y prevalecieron las aguas en gran manera sobre la tierra y el arca quedó en la cresta de las aguas. Tanto prevalecieron las aguas sobre la tierra que todas las altas montañas que estaban bajo el cielo quedaron cubiertas. Quince codos más arriba subieron las aguas, cubriendo las montañas. Y expiró toda carne que se movía sobre la tierra... y también todo hombre. Todo lo que tenía aliento de vida en tierra firme murió. Así exterminó (Dios) todo ser viviente que moraba sobre la faz de la tierra, desde el hombre al animal, el reptil y el ave del cielo... Y prevalecieron las aguas sobre la tierra durante ciento cincuenta días». (Génesis)

Según pude comprobar, buena parte de los expertos en el Antiguo Testamento está de acuerdo en algo: la narración bíblica sobre el diluvio es otra copia de copia. Muy probablemente de antiguos textos akádicos y sumerios. En el Museo Británico, en Londres, puede contemplarse una copia de la que llaman «tabla del diluvio»: una tablilla de cerámica cocida en la que se lee parte de las aventuras del héroe Gilgamesh. La tabla fue escrita en Babilonia unos 2.200 años antes de Cristo. Corresponde al undécimo libro de la *Epopeya de Gilgamesh*. En el poema épico aparece Nuh-Napishtim (antepasado de Gilgamesh), que cuenta los pormenores del diluvio. Nuh sería el Noé caldeo, pero muy anterior al Noé bíblico. En dicha «tabla del diluvio», los dioses castigan al hombre por sus pecados, mandan construir un arca a Nuh-Napishtim, calafatearla por dentro y por fuera, llenarla de animales y esperar en su interior la crecida de las aguas. También Nuh envió tres pájaros (para cerciorarse de la situación); el último no regresó, al igual que refiere el Génesis.[1]

[1] El mito de Nuh-Napishtim (Noé caldeo) era bien conocido entre los sumerios, los hititas y los hurrianos, entre otros pueblos del Tigris y el Éufrates. En la *Epopeya de Gilgamesh* se cuenta que Ea, dios de la sabiduría, avisa a Nuh sobre el complot de los restantes dioses. «Quieren enviar un diluvio», le advierte. Y le aconseja construir un arca de madera de acacia. Los dioses, al parecer, encabezados por Enlil, el creador, están muy enfadados con el ser humano porque olvidaron los obligados sacrificios del Año Nuevo. Y el Noé caldeo construye un arca de seis cubiertas en forma de cubo perfecto. Cada lado mide ciento veinte codos (unos 55 metros). En el poema épico se lee que el arca fue construida en siete días. Al empezar a llover, Nuh, su familia, los trabajadores que habían fabricado la nave y numerosos animales terminan entrando en el arca. «Y Nuh cerró las escotillas». Y el poema sigue así: «... Durante todo el día sopla un Viento Sur, sumergiendo

Existe otra versión —sumeria— del diluvio, también anterior a la primera redacción de la Biblia. El protagonista es el rey Ziusudra. Beroso lo menciona como Xisuthros en su *Historia babilónica* (siglo III a. de C.).

Según el arqueólogo inglés Leonard Woolley, el referido «diluvio babilónico» pudo registrarse hacia el año 3200 a. de C. Se trató, con toda probabilidad, de una inundación provocada por los ríos Tigris y Éufrates que afectó a unas 40.000 millas cuadradas.

Las leyendas sobre el diluvio pueden encontrarse en decenas de pueblos: Babilonia, Tíbet, Australia, India,[1] Polinesia, Cachemira, Lituania y Frigia,[2] entre otros.

montañas y barriendo a la humanidad. Los dioses mismos huyen aterrados al Cielo, donde se agazapan como perros. El diluvio continúa durante seis días, pero cesa el séptimo. Entonces Nuh abre una escotilla y mira a su alrededor. Ve una inundación, llana como una azotea, limitada por catorce cimas de montañas lejanas. Toda la humanidad se ha ahogado y vuelto a la arcilla. El arca es llevada por la corriente al monte Nisir, donde Nuh espera otros siete días. Luego envía afuera una paloma, la cual, al no encontrar donde posarse, vuelve al arca. Siete días después envía una golondrina, la que también vuelve. Después un cuervo, que encuentra carroña para comer y no vuelve, porque las aguas ya han bajado. Nuh deja que salgan del arca todas las personas y animales, derrama una séptuple libación de vino en la cima de la montaña y quema maderas aromáticas...». Los dioses huelen el grato aroma y se congregan alrededor del sacrificio. Ishtar elogia a Nuh e insulta a Enlil por haber provocado el diluvio. Enlil (el creador) grita: «¡Ningún hombre debía sobrevivir a mi diluvio! ¡Y estos viven todavía!». Ea, entonces, confesó cómo reveló a Nuh las intenciones del dios Enlil. *(N. del a.)*

[1] En la cultura hindú aparecen referencias a un diluvio en las obras posteriores a los Vedas: el Sátapatha Bramana, el Mahabharata, el Matsya Purana, el Bhagavata Purana y el Agni Purana (entre 1800 y 1200 a. de C.). *(N. del a.)*

[2] El Noé frigio se llamaba Nannakos. Frigia troqueló una moneda en la que aparece el arca. *(N. del a.)*

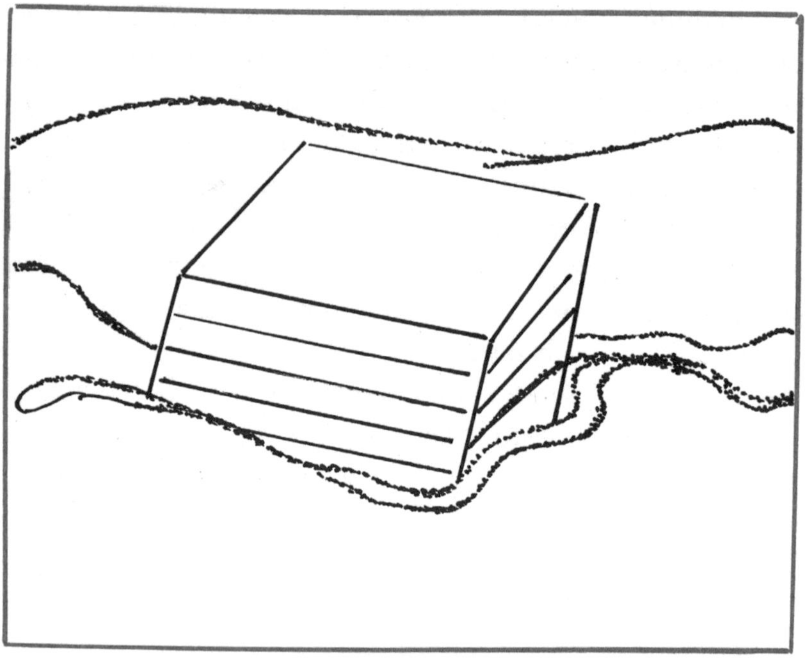

Arca del Noé caldeo, con seis cubiertas y 55 metros de lado, muy anterior al arca de la Biblia. Visión de J. J. Benítez en una relajación profunda. (Método Silva.)

Moneda frigia en la que se representa el arca (201 a 210 después de Cristo), durante el reinado del emperador Septimio Severo. (Archivo: J. J. Benítez.)

No dudo que el diluvio fuera una realidad, pero me inclino a creer que no fue universal, como pretenden algunas religiones y como relata la Biblia. Estoy de acuerdo con el citado sir Charles Leonard Woolley, arqueólogo, que trabajó durante años en las excavaciones del *tell* Al-Muqayyar, en las proximidades de Ur, en la antigua Caldea. Woolley descubrió algo fascinante. Bajo un estrato de tumbas reales y otro de cerámica fabricada al torno encontró una lámina de barro de tres metros de espesor. Por debajo del lodo halló otro estrato repleto de cerámica. ¿Qué significaba esto? Muy sencillo: el lugar había sido sorprendido por una imponente inundación. Y Woolley envió un telegrama que resumía el hallazgo: «¡Hemos encontrado huellas del diluvio!». Según el arqueólogo inglés, la catástrofe, al noroeste del golfo Pérsico afectó a una superficie de 630 kilómetros de longitud por 160 kilómetros de anchura. Obviamente, la terrible inundación tuvo un carácter local. Ocurrió —según Woolley— 4.000 años antes de Cristo.

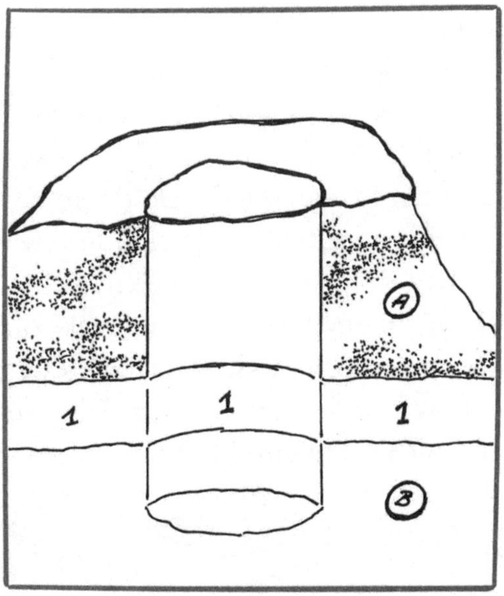

Señalado con el número 1 el estrato de barro, con tres metros de altura. A y B corresponden a estratos superiores e inferiores, igualmente habitados. El lodo sería la huella del célebre diluvio. (Cuaderno de campo de J. J. Benítez.)

Algún tiempo después, John C. Whitcomb y Henry M. Morris aportaron más información sobre el supuesto diluvio universal. Estudiaron las medidas del arca bíblica y llegaron a la conclusión de que la nave disponía de 13.000 toneladas de carga útil. Algo parecido a los modernos cruceros. El arca de Noé presentaba tres pisos o cubiertas. Y fijaron la fecha del diluvio en el año 2350 a. de C. Es decir, hace 4.350 años, aproximadamente.

Whitcomb y Morris defienden el carácter universal del diluvio. Yo no estoy de acuerdo. Aceptando que la catástrofe se registrara hace 4.000 o 5.000 años, eso hubiera significado la desaparición de toda la humanidad (en todos los continentes). ¿Cómo explicar entonces los numerosos pueblos y etnias existentes en la Tierra durante los años inmediatamente posteriores a esas fechas? Si las aguas cubrieron la totalidad del globo —según la Biblia—, ¿cómo entender que sigan existiendo los marsupiales australianos (por poner un ejemplo)? Si el diluvio hubiera sido universal, hoy no tendríamos noticias del ornitorrinco, de la equidna, del oso hormiguero (koalas) y de los canguros.

Pero lo verdaderamente grave —gravísimo— de estos pasajes bíblicos son las alusiones al «arrepentimiento de Dios»: «Y arrepintióse el Eterno de haber hecho al hombre en la tierra, lamentándolo en su corazón». ¿Desde cuándo el Padre Azul tiene capacidad de arrepentimiento?

Para mí está claro: el diluvio fue una inundación natural y local que nada tuvo que ver con Dios. Otra cuestión es que el ser humano la adornara y se aprovechara de ella.

Lo olvidaba: ¿y por qué Dios tenía que castigar a los animales? ¿Qué mal habían hecho?

«BAJEMOS»

«Y era toda la tierra de una sola lengua y de iguales palabras. Y ocurrió, cuando venían desde el oriente, que hallaron un profundo valle en la tierra de Sinar y allí se afincaron. Y dijeron entre ellos: "Hagamos ladrillos cociéndolos al fuego". Y usaron los ladrillos como piedra y betún como argamasa. Y dijeron: "Edifiquemos una ciudad y una torre cuya cúpula llegue al cielo y nos haga famosos, para que no seamos dispersos sobre la faz de la tierra". Y bajó el Eterno a ver la ciudad y la torre que habían construido los hijos del hombre. Y dijo el Eterno: "He aquí un pueblo y una lengua para todos ellos. Esto ya lo han empezado a hacer. ¿Acaso nada les impedirá hacer cualquier cosa que proyecten? Bajemos entonces y confundamos su lengua, para que no puedan entenderse más entre sí". De tal modo el Eterno los dispersó allí sobre la faz de la tierra, y ellos cesaron de edificar la ciudad. Por eso ella se llama Babel (Bavel), pues allí el Eterno creó confusión de lenguas en la tierra y de allí los dispersó a todos los rumbos». (Génesis)

Como en otros sucesos narrados en el Antiguo Testamento, el caso de la torre de Babel siempre me pareció otro cuento chino. ¿A qué se debía aquel ataque de celos por parte de la Divinidad? ¿No eran hombres libres? ¿Por qué oponerse entonces a la construcción de una ciudad y una torre? A no ser que no se tratara de la Divinidad...

Y cierto día llegó a mi poder una información que me hizo cambiar de opinión. Los hallazgos de los investigadores Max Muller, Trombetti, Otto Jespersen y Oppert demostraban que la torre de Babel no era un cuento chino. Entre las ruinas de la vieja Babilonia, el profesor Oppert tradujo una serie de tablillas de barro en las que se relataba las aventuras de los caldeos a la hora de levantar la torre de «Barzippa» (Babel o «Torre de la lengua»). La inscripción había sido efectuada por orden del rey Nabucodonosor II, que gobernó entre los años 695 y 562 antes de Cristo. Este rey, como es sabido, atacó y cercó Jerusalén por tres veces. Hizo prisioneros y arrastró a miles de judíos hasta Babilonia. Nabucodonosor se llevó igualmente muchos de los tesoros del Templo. Pues bien, según las tablillas de barro, la torre de Babel existió. Tras la destrucción de la torre y la ciudad por parte de Yavé, el citado Nabucodonosor II emprendió un importante trabajo de reconstrucción de las mismas. Y empezó por la base de la torre, levantada —según las referidas tablillas— en tiempos del rey Nimrod (unos 1.600 años atrás). La citada base medía 140 metros por 210 metros, con una altura de 84 metros. Nabucodonosor II la cubrió de oro, plata, cedro y abeto. Los ladrillos de la base aparecieron con el sello de Nabucodonosor II.[1]

[1] En las tablillas que tradujo Oppert pudo leer un texto dictado por el propio Nabucodonosor II que dice: «La torre, la casa eterna que fundé y construí. Completé su magnificencia con plata, oro, otros metales, piedra, ladrillos pulidos, abeto y pino. La primera, la casa del fundamento de la tierra, el monumento más antiguo de Babilonia; la construí y la terminé. Exalté mucho su cabeza con ladrillos cubiertos de cobre. Del otro, decimos, a saber, este edificio, la casa de las siete luces de la tierra, el monumento más antiguo de Borsippa (Babel). Un rey anterior la construyó (ello supone 42 edades) pero no completó su cabeza. Desde un tiempo remoto, las personas la habían abandonado, sin que se expresara orden en sus palabras. Desde entonces el terremoto y el trueno han dispersado el barro secado por el sol. Los ladrillos de la cubierta se

En otras palabras, Esdras volvió a beber en los textos caldeos. Se supone que la construcción de la torre de Babel tuvo lugar unos 2.300 años antes de la primera recopilación bíblica. En otras palabras: los judíos volvieron a copiar.

Para mí, lo más llamativo del citado texto del Génesis es la palabra «bajemos». Yavé habla de nuevo en plural: «Bajemos entonces (sobre la torre)

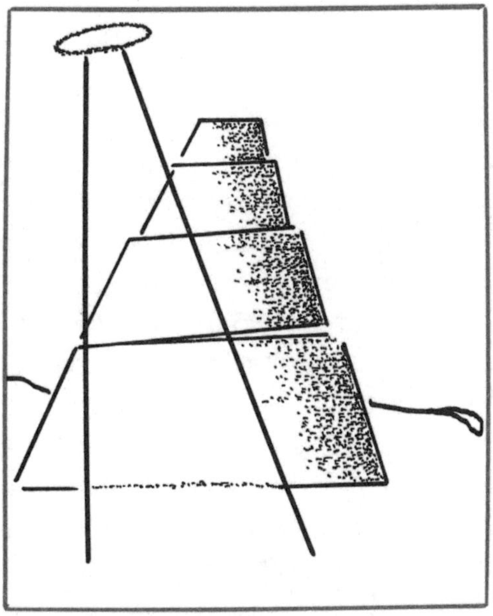

Visión de la torre de Babel y de la nave que la destruyó. (Recibida por J. J. Benítez en una meditación profunda.)

y confundamos su lengua...». Y surge la vieja idea: ¿eran los *elohim* un equipo de astronautas que adoptaron el nombre o distintivo de Yavé? Así lo creo.

han rajado, y la tierra del interior se diseminó en montones. Merodac, el gran dios, estimuló mi mente para que reparara el edificio. No alteré el lugar ni saqué el fundamento. En un mes afortunado, en un día auspicioso, comencé a construir atrios alrededor de las masas crudas de ladrillos, y la cubierta de los ladrillos quemados. Adapté los circuitos, puse la inscripción de mi nombre en el "Kitir" del atrio. Me propuse terminarla y exaltar su cabeza. Así como se hizo en los días antiguos, así exalté su cúspide». *(N. del a.)*

Y los arqueólogos recibieron otra sorpresa: los restos de la torre de Babel aparecían vitrificados; es decir, derretidos. Yavé provocó un chorro de fuego que superó los 15.000 grados C, muy superior al calor generado por la bomba atómica que fue salvajemente lanzada por los militares norteamericanos sobre Hiroshima.

LADRONES

«Y le dijo el Eterno a Abram, una vez que Lot se apartó de él: "Alza ahora tus ojos y mira desde el lugar donde estás en dirección al norte, al sur, al oriente y al occidente, por cuanto toda la tierra que puedes ver te la daré a ti y a tu simiente para siempre. Y haré que tu simiente sea (numerosa) como el polvo de la tierra, de modo que la pueda contar solo quien sea capaz de contar el polvo. Levántate pues y anda a todo lo largo y a todo lo ancho de la tierra, porque te la daré". Entonces Abram movió sus tiendas y vino a establecerse en el encinar de Mamré, que está en Hebrón (Jevrón), y edificó allí un altar al Eterno». (Génesis)

Abrahán (en los primeros tiempos se llamaba Abram) me parece un personaje fascinante. Para empezar no era judío, como se cree. Nació en Ur de Caldea (Mesopotamia, actual Iraq). Mediante control mental (método Silva) he tenido oportunidad de visualizarlo en diferentes ocasiones. Se presentó ante mí como un individuo corpulento (casi dos metros de altura), de cierta edad (alrededor de cincuenta años) y con unos llamativos ojos de color naranja. La melena, abundante, lucía mechas blancas (posiblemente de nacimiento). La mitad izquierda del rostro presentaba un extraño tatuaje. La primera parte de su vida, en la referida y populosa ciudad mesopotámica de Ur, fue no menos agitada (según los midrás o tradiciones rabínicas). Desde la infancia fue visitado por los *elohim*. ¿Qué vio? No lo sabemos. Pero fue lo suficientemente serio e impactante como para que tomara a su familia y a su ganado y partiera hacia el noroeste de Mesopotamia. Se instaló en la ciudad de Jarán y allí permaneció un tiempo. Después —también por orden del «equipo de astronautas»— tomó sus cosas y caminó hacia el sur.

El personaje, como digo, fue de enorme trascendencia para el pueblo judío. El Génesis le dedica catorce capítulos.

No hay seguridad en ello, pero, probablemente, nació hacia el año 1980 antes de Cristo. Su padre se llamaba Téraj. Era jefe del ejército y obedecía al rey Nimrod. Era pagano, como la totalidad de los mesopotámicos. Adoraba al dios lunar Sin.

Investigando sobre Abram tropecé con una historia que me hizo sonreír. Según las tradiciones rabínicas (midrás), la noche del nacimiento de Abram tuvo lugar un suceso espectacular en los cielos de Ur. Miles de personas fueron testigos de la súbita presencia de un «enorme carro de fuego que corría por el horizonte y se tragaba cuatro estrellas». Al parecer, los astrólogos dedujeron que aquella señal ponía de manifiesto que Abram llegaría a ser un personaje poderoso. ¿Un emperador? Y se decían unos a otros: «El hijo de Téraj será un rey y sus descendientes se multiplicarán y heredarán la Tierra para toda la eternidad... Y destronará a los reyes».

Nimrod, el rey, terminó enterándose de lo sucedido y mandó llamar a Téraj, ordenando que le entregara al pequeño Abram. Téraj se las ingenió para engañar al rey y presentó al recién nacido de una esclava, de la misma edad que Abram. Nimrod lo mató y Téraj ocultó a Abram en una cueva. Allí fue alimentado durante mucho tiempo.

Y las leyendas midrásicas aseguran que Dios se le presentó en algunas ocasiones, instruyéndole. Después, como refleja el Génesis, Abram tomó a Sarai (Sara), su mujer, y a su ganado, y se dirigió a Jarán. Tras la muerte de su padre, Abram volvió a recibir la visita del «equipo» y cumplió la orden de viajar hacia Canaán. Y me centraré en lo que realmente llamó mi atención: Yavé (el «equipo») promete a Abram que heredará las tierras de Canaán. Y le dice más: «Cuando hayas muerto en buena ancianidad, tu descendencia será extranjera en una tierra no suya, y estará en servidumbre. Después de cuatrocientos años, yo juzgaré al pueblo que los esclaviza, y saldrán de allí después con mucha hacienda. Cuando hayan vagado durante cuatro generaciones, y por fin se hayan consumado las iniquidades de los amorreos, regresará tu pueblo a tomar posesión de lo que es suyo». Asombroso. Además de profeta, Yavé actúa como ladrón. Canaán, en esa época, estaba poblada por treinta etnias, entre las que destacaban los quenitas, los quenecitas, los cadmoneos, los hititas, los pereceos, los amorreos, los cananeos, los guingaseos, los jebuseos y los sefaítas, entre otros pueblos. Y al supuesto Dios, como digo, le importó un pimiento que dichas tierras tuvieran legítimos dueños. Los *elohim* tenían un plan y lo cumplirían.

Parece obvio que el «equipo» controlaba (y controla) el tiempo. El anuncio de la esclavitud en Egipto fue hecho a Abram unos 645 años antes de que sucediera. En las investigaciones OVNI actuales se dan casos en los que los tripulantes de las naves muestran a los perplejos testigos escenas que ocurrirán años después. Recuerdo el encuentro de Ricardo, en Argentina, al que le fue mostrada en una pantalla la guerra de las Malvinas. El encuentro OVNI se registró un año antes del conflicto bélico. En otras oportunidades, los seres que tripulan esas naves no humanas ofrecen a los testigos escenas del pasado.

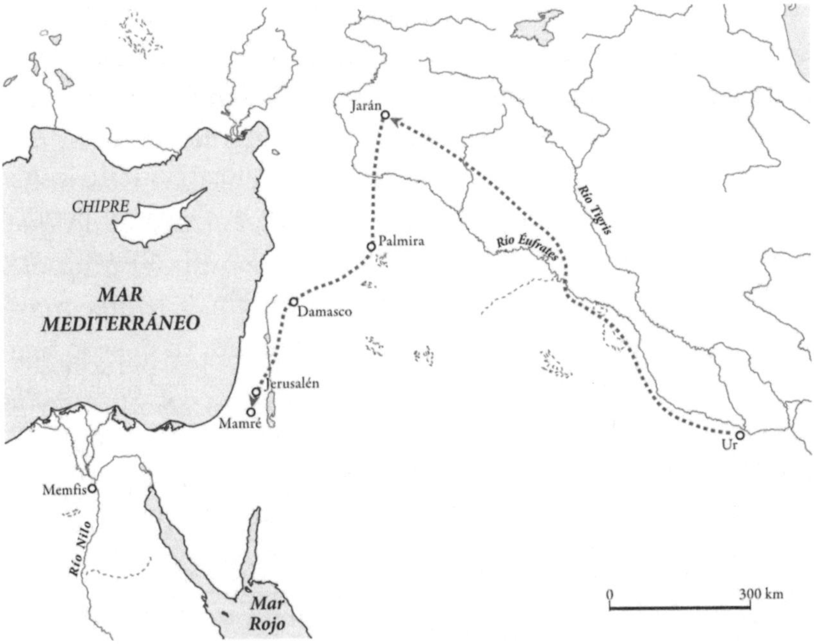

Ruta seguida por Abram desde Ur de Caldea a Jarán y, posteriormente, a Canaán.

Imagen de Abram, obtenida por J. J. Benítez por el método Silva (control mental). El lado izquierdo del rostro aparecía tatuado. Cuaderno de campo de J. J. Benítez.

«INFILTRADO»

«Y Melquisedec (Malkitzédec), rey de Salem (Shalem, presumiblemente Jerusalén), trajo pan y vino. Él era sacerdote del Dios Altísimo, y lo bendijo, diciendo: "Bendito seas Abram del Altísimo, dueño del cielo y de la tierra, y bendito sea el Altísimo, que ha entregado a tus adversarios en tu mano". Y le dio diezmo de todo». (Génesis)

Melquisedec, en mi opinión, es uno de los personajes más enigmáticos del Antiguo Testamento. Nadie supo quién era su familia. Nadie supo de dónde procedía. Un buen día se presentó en Salem y deslumbró a las gentes con sus palabras. Anunció la llegada de un Hombre Dios y sembró la esperanza. Dicen que envió «misioneros a la lejana China» con el fin de llevar la buena nueva: el futuro nacimiento de Jesús de Nazaret. Terminado su trabajo desapareció. No murió. Entre los pergaminos hallados en las cuevas de Qumran figura uno titulado *El príncipe celestial Melquisedec*, en el que se le asocia a los Dioses.[1]

También el rey David proporciona una pista sobre el extraño Melquisedec. En el Salmo 110 (1-7) dice:

«Jehová dijo a mi Señor: Siéntate a mi diestra, hasta que ponga a tus enemigos por estrado de tus pies. Jehová enviará desde Sión la vara de tu poder; domina en medio de tus enemigos. Tu pueblo se te ofrecerá voluntariamente en el día de tu poder, en la hermosura de la santidad. Desde el seno de la aurora tienes tú el rocío de tu juventud. Juró Jehová, y no se arrepentirá; tú eres sacerdote para siempre según el orden de Melquisedec...».

[1] El manuscrito fue encontrado en la «cueva 11», muy cerca del mar Muerto, en un total de 13 fragmentos. En él se dibuja un comentario profético sobre el personaje. Según los exégetas, Melquisedec sería la segunda persona de la Trinidad. Por supuesto, no estoy de acuerdo. *(N. del a.)*

Probablemente, como consecuencia de una revelación, David da en el clavo: «Tú eres sacerdote para siempre según el orden de Melquisedec». David se refiere a Jesús de Nazaret (lo hace sacerdote de la referida orden) pero, en mi opinión, se queda corto. Jesús era mucho más que sacerdote de la orden de Melquisedec. Jesús es el Creador y Dios de la galaxia. Pero eso no podía saberlo el rey David.

Melquisedec —según esta revelación— sería una criatura no humana (posiblemente un príncipe), de naturaleza espiritual, llegado a la Tierra en una misión especial. Para ello tuvo que adoptar un cuerpo físico.

Posteriormente, Pablito de Tarso se hizo eco de las palabras del rey David (ver la epístola a los Hebreos, 6-20). Y vuelve a hablar de la «orden de Melquisedec». En realidad debería haber mencionado a la orden de los Melquisedec (en plural). Para mí viene a ser una especie de jerarquía angelical. En otras palabras: Melquisedec fue un «infiltrado». Otro más.

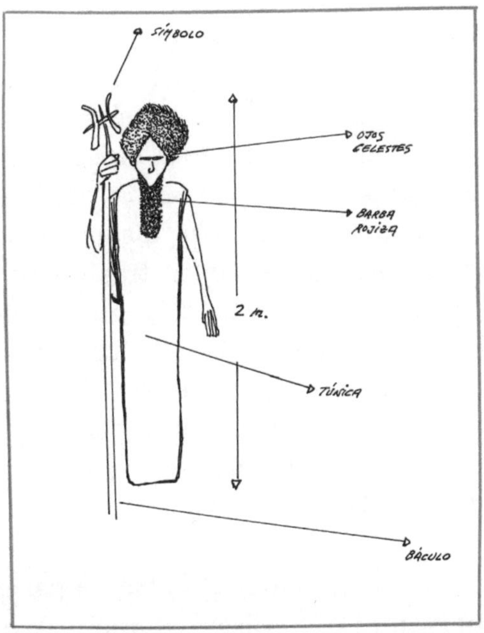

Melquisedec, dibujado por J. J. Benítez en «visión remota» (método Silva). Cuaderno de campo de J. J. Benítez.

¿ABDUCIDO?

«Y creyó (Abram) en el Eterno, que vio con agrado esa fe y le dijo: "Yo soy el Eterno, que te trajo desde Ur de los caldeos, para darte esta tierra que heredarás". Contestole (Abram): "Oh Dios Eterno, ¿cómo sabré que he de asumir la posesión?" Entonces le dijo (Dios): "Toma para mí una novilla de tres años, una cabra de tres años, un carnero de tres años, una tórtola y un palomino". Y tomó (Abram) todos esos (animales), los partió por la mitad y puso cada mitad frente a la otra, pero no partió las aves. Y cuando descendían las aves de rapiña sobre los cuerpos muertos Abram las ahuyentaba. Y cuando el sol estaba por ponerse Abram quedó profundamente dormido, cayendo sobre él terrores oscuros. Díjole entonces (Dios): "Abram, has de saber que tu simiente será extranjera en una tierra que no es suya y la servirá. Y martirizarán (a tu simiente) durante cuatrocientos años. Y también he de juzgar al pueblo al que han de servir, pero finalmente saldrán (liberados) con grandes bienes. Y tú vendrás a tus padres (morirás) en paz. Serás sepultado en buena vejez. Mas a la cuarta generación volverán acá, porque la iniquidad de los amorreos aún no tiene fin". Ocurrió entonces que el sol se puso y hubo gran oscuridad, apareciendo un horno humeante y una antorcha de fuego que pasó entre los trozos (de carne). Ese día estableció el Eterno un Pacto con Abram, diciendo: "A tu simiente di esta tierra desde el río de Egipto hasta el gran río Éufrates (Prat), (donde viven) los cineos (*keiní*), los cenizeos (*cnizí*), los cadmoneos (*cadmoní*), los jeteos (*jití*), los perezeos (*prizí*), los refaítas (*refayim*), los amorreos (*emorí*), los cananeos (*cnaaní*), los guergueseos (*guirgashí*) y los jebuseos (*yavusí*)"». (Génesis)

Tras la lectura del presente pasaje, una idea se posó en mi mente: ¿fue Abram abducido? La «gran oscuridad» que menciona el Génesis es otro elemento relativamente común en los estudios ufológicos.[1]

Y tras la oscuridad —dice el Génesis—, Abram observó «un horno humeante y una antorcha de fuego que pasó entre los trozos de carne». Cualquier investigador del fenómeno OVNI —medianamente bien informado— sabe que el horno humeante y la antorcha podrían corresponder a una nave de exploración (de pequeño tamaño) y a los llamados *foo fighters* o bolas de fuego (posiblemente sondas no tripuladas, utilizadas para investigar en lugares comprometidos), respectivamente.

Por supuesto, desde mi punto de vista, la indicación —por parte de Yavé— del sacrificio de una novilla de tres años, de una cabra, un carnero, una tórtola y un palomino es puro teatro (una vez más).

Más adelante, Yavé termina de hablar con Abram «y subió (alejándose de la presencia de Abram)».

[1] En 1960 se registraron en España dos extrañísimas «oscuridades». He aquí una síntesis de mis investigaciones:

En una de mis visitas a Algeciras supe de lo ocurrido en Marchena en 1960. Rosi de Gómez Serrano y su madre, Elvira Navarro, fueron testigos del asombroso fenómeno. «Recuerdo que era invierno —explicó Elvira—. Eran las siete de la tarde. Aún no había oscurecido. Regresábamos con otras diez o quince personas de la recogida de la aceituna. Y, de pronto, vimos en el cielo unas luces de colores. Eran muchas. Más de cincuenta. En esos momentos se hizo de noche, con una oscuridad tan cerrada que no lográbamos ver a los que iban por delante». Las tinieblas se prolongaron durante cinco minutos. Las luces de colores regresaron y se hizo nuevamente de día. La oscuridad solo tuvo un carácter local, afectando a un cortijo llamado «El Bizco».

La segunda «oscuridad» tuvo lugar en San Pedro de las Dueñas (Segovia). Los testigos fueron la familia Navarro y Pilar Maldonado. En el verano de 1960 se presentó un gran disco frente a la casa de los Navarro, cerca de Monterrubio. Lanzaba una luz azul. Al día siguiente —nadie sabe cómo—, a unos 300 metros de la finca, observaron un «cono de oscuridad». Bajó lentamente y «se hizo de noche en la zona». Podían ser la diez o las once de la mañana. Al día siguiente, la «oscuridad» había desaparecido. *(N. del a.)*

¿Subió? ¿Por qué Dios tenía que subir? ¿Se refiere el Génesis al «horno humeante» que se situó sobre los animales sacrificados? ¿Hablaba el «equipo» a Abram desde la citada pequeña nave?

A partir de ese día, Abram circuncidó a toda su gente, tal y como había ordenado Yavé. Es decir, puso en marcha una de las primeras normas higiénico-sanitarias que debía respetar el futuro «pueblo elegido».

Y el «equipo» insiste e insiste: «... para darte esta tierra que heredarás». Y menciona, incluso, a los pueblos que la habitan y que eran los legítimos propietarios. En mi pueblo, esa actitud tiene un nombre: robo a mano armada.

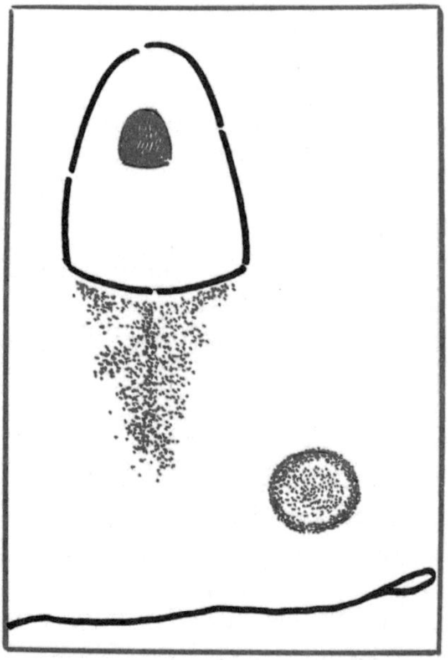

Imagen superior: «horno humeante». Debajo: «antorcha de fuego». (Cuaderno de campo de J. J. Benítez.)

¿POR QUÉ ABRAM TUVO MIEDO?

«Y apareciósele el Eterno en el encinar de Mamré, estando él (Abram) a la puerta de la tienda, cuando (más sentía) el calor del día. Y alzó la vista y he aquí que vio a tres hombres que estaban junto a él, y cuando los vio se adelantó a ellos desde la entrada de la tienda y se prosternó rostro a tierra. Y dijo: "Oh Señor mío, si he hallado gracia a Tus ojos, ruégote no pases de largo de Tu siervo. Os ruego toméis un poco de agua y lavad vuestros pies y reclinaos bajo el árbol. Traeré un bocado de pan para que sustentéis vuestros corazones. Después podréis seguir vuestro camino, pues por eso pasasteis cerca de vuestro siervo". Y entonces ellos contestaron: "Haz pues como dijiste". Entonces corrió Abram a la tienda y le dijo a Sarai (Sara): "Apresúrate, toma tres medidas de harina de sémola, amásala y haz tortas". Y corrió Abram hacia la vacada y tomó un ternero tierno y bueno, lo entregó al mozo, que se apresuró a prepararlo. Y tomó manteca de leche y el ternero que preparó y lo presentó ante ellos. Y él permaneció bajo el árbol junto a ellos mientras comían. Luego le preguntaron: "¿Dónde está Sarai tu mujer?", y él contestó: "Hela ahí en la tienda". Y le dijo (el ángel): "Ciertamente volveré a ti el año que viene y he aquí que Sarai tu mujer tendrá un hijo". Y Sarai lo oyó en la entrada de la tienda, que estaba detrás de él. Abram y Sarai eran ancianos, entrados en días. Y había cesado en Sarai la costumbre de las mujeres. Por eso Sarai se rio para sí, diciendo: "¿Acaso estando ya marchita he de tener placer, siendo también viejo mi señor?". Entonces le dijo el Eterno a Abram: "¿Por qué se rió Sarai, diciendo: '¿En verdad pariré siendo tan vieja?'? ¿Hay acaso cosa demasiado difícil para el Eterno? En el tiempo fijado he de volver a ti. En esta época del año próximo Sarai tendrá un hijo". Y negó Sarai haberse reído, pues tuvo miedo. Pero insistió (el ángel): "No (es así), pues te reíste". Y levantáronse los hombres de allí y miraron hacia Sodoma y Abram los acompañó para despedirlos». (Génesis)

Lástima que el texto no sea más explícito. Y me pregunto: ¿por qué Abram, al ver a los tres hombres, se arrojó a tierra y hundió el rostro en el polvo? Evidentemente, algo le impresionó o lo aterrorizó. ¿Por qué dice el Génesis que Abram «levantó la vista y vio a tres hombres»? ¿Llegaron los supuestos ángeles por el aire? ¿Quizá en una nave? ¿Salieron del objeto y se aproximaron al patriarca? ¿Cómo vestían? Es lógico pensar que si los tres hombres hubieran vestido como lo hacía la gente de la época (1980 antes de Cristo), Abram no se habría espantado. ¿Vestían monos ajustados, tan frecuentes en los tripulantes de estas naves no humanas? ¿Portaban armas o artilugios incomprensibles para el aturdido Abram?

Obviamente, si comieron, no se trataba de seres espirituales (ángeles).

Y escucharon las risas de Sarai. Nada extraño para una civilización que podría llevarnos 50.000 o 100.000 años (quizá muchos más).

En mi opinión, los tres «hombres» podían formar parte de alguna de las tripulaciones de las naves que estaban llevando a cabo el gran «plan».

Descripción de los «hombres» vistos por Abram (visión remota: llevada a cabo por J. J. Benítez). Se trataba de seres con cabezas en forma de obús, sin orejas y con trajes ajustados, provistos de cinturones, guantes hasta el codo y pesadas botas.

POSIBLE ERUPCIÓN VOLCÁNICA

«Y los varones volvieron de allí (sus rostros) y se encaminaron a Sodoma... Y vinieron los dos ángeles a Sodoma por la tarde, hallando a Lot sentado a la puerta de la ciudad. Apenas los vio Lot fue a su encuentro y prosternose rostro a tierra, y dijo: "Ruégoos, señores míos, entréis ahora a la casa de vuestro siervo y pernoctéis y lavéis vuestros pies. Y madrugaréis y seguiréis vuestro camino". Pero ellos respondieron: "No, pues dormiremos en el camino". Mas él les rogó tanto que ellos se acercaron y entraron a su casa, donde les brindó un festín y coció panes ácimos (*matzot*) y comieron. Pero antes de que se acostasen, la gente de la ciudad de Sodoma rodeó la casa, tanto jóvenes como viejos, provenientes de todos los rincones. Y llamaron a Lot, diciéndole: "¿Dónde están los varones que vinieron a ti esta noche? Sácalos para que los conozcamos". Y salió Lot hacia ellos enfrentándolos pero cerrando la puerta tras de sí, y les dijo: "No, hermanos míos; os ruego no cometáis tal maldad. He aquí (en cambio) que tengo dos hijas que no conocieron hombre. Os ruego aceptéis que os las traiga y hagáis con ellas lo que os plazca, pero a estos hombres no les hagáis nada, ya que vinieron (como huéspedes) bajo la sombra de mi techo". Mas ellos respondieron: "¡Apártate! ¿Así que vinieron como forasteros y quieren hacerse jueces? Y a ti te haremos más mal que a ellos". Entonces se precipitaron sobre Lot y se dispusieron a romper la puerta. Pero los varones (que estaban dentro) tendieron sus manos, atrajeron a Lot al interior de la casa y cerraron la puerta. E hirieron con ceguera a quienes forcejeaban contra la puerta, desde el más pequeño hasta el más grande, quienes se cansaron de buscar la puerta (tanteando)». (Génesis)

Me llama la atención el machismo de Lot. No dudó en ofrecer a sus dos hijas (vírgenes) a los sodomitas. Y los «ángeles» (ahora son dos) utilizan sus armas para dejar ciegos —se supone que temporalmente— a los enloquecidos vecinos de Sodoma. En el fenómeno OVNI, esta clase de «armas» (?) es utilizada con frecuencia en los encuentros con los tripulantes. Los testigos, en caso de peligro, reciben el disparo de un haz de luz que los deja ciegos durante algunos minutos, provocando, incluso, la muerte. Este fue el caso de Inácio de Souza (1967), en Brasil y el de Pablito de Tarso, camino de Damasco.

A raíz de estos acontecimientos —dice el Génesis— Dios hizo llover azufre y fuego sobre Sodoma y Gomorra, destruyendo un total de diez ciudades de la llanura (con excepción de Soar). Se trata, evidentemente, de otro cuento chino. Estrabón se aproxima a lo que pudo ser la verdad cuando asegura «que trece ciudades florecientes fueron destruidas en tiempos remotos en las proximidades del mar Muerto como consecuencia de terremotos y erupciones volcánicas». Werner Keller va más allá y afirma que la desaparición de estas poblaciones ocurrió hacia el año 1900 antes de Cristo (justo en la época de Abram). Jack Finegan comparte el criterio de los anteriores historiadores y confirma que la destrucción de las referidas ciudades tuvo su origen en seísmos y en una rápida erupción volcánica en cadena. Toda la llanura que rodea al mar Muerto pudo quedar bajo ríos de lava. Otros especialistas se inclinan por un súbito hundimiento de la región sur del mar Muerto, provocado quizá por grandes terremotos. En la región alta del río Jordán (cerca de Basan) pueden apreciarse cráteres de volcanes apagados y lechos de lava. Todo ello apunta a una destrucción natural, en la que Dios no tuvo nada que ver.[1]

[1] En su *Historia antigua*, el sacerdote fenicio Sanchumiaton afirma «que el valle del Sidimus (Siddim) se hundió y se convirtió en mar». *(N. del a.)*

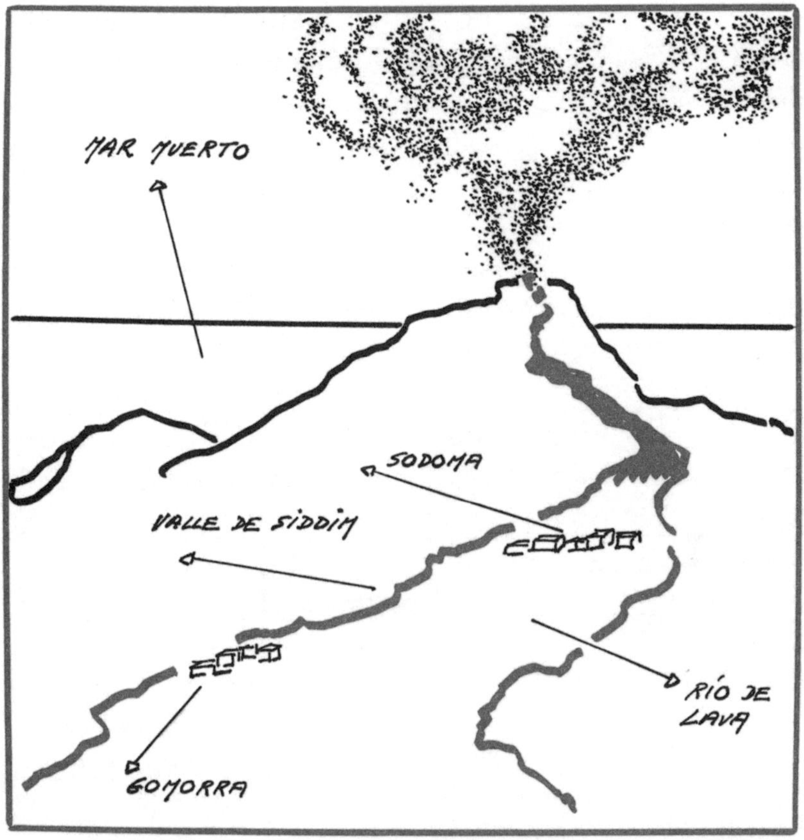

La destrucción de Sodoma y Gomorra pudo estar provocada por una erupción volcánica. (Cuaderno de campo de J. J. Benítez.)

Nos encontraríamos, por tanto, ante una nueva manipulación. La Biblia, en el caso de Sodoma y Gomorra, no cuenta la verdad. Los redactores de la misma aprovechan el supuesto suceso de Lot y los sodomitas para arrojar fuego y azufre sobre las citadas poblaciones. Y el fuego y el azufre los lanza Dios, como castigo a la perversidad de los humanos. Y me pregunto: Sodoma podía albergar esa clase de desaprensivos, pero, ¿podemos decir lo mismo de las otras once ciudades igualmente destruidas?

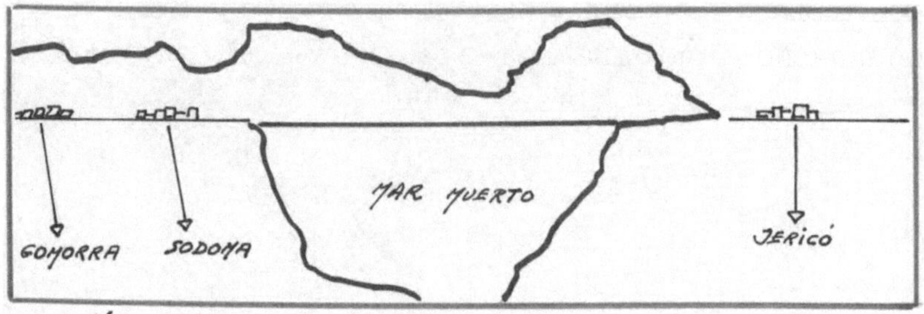

Ubicación de Sodoma y Gomorra al sur del mar Muerto. (Cuaderno de campo de J. J. Benítez.)

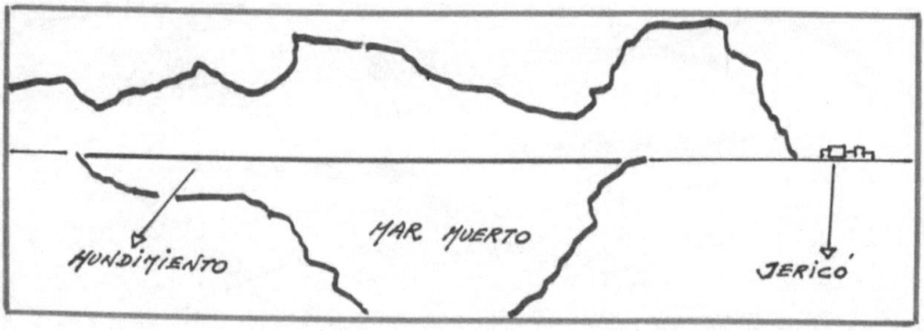

Sodoma, Gomorra y otras once ciudades desaparecieron, quizá, como consecuencia del hundimiento de la costa sur del mar Muerto. Otros arqueólogos hablan de una gigantesca erupción volcánica que arrasó el lugar. (Cuaderno de campo de J. J. Benítez.)

¡VAYA DIOS!

«Y aconteció después de estos sucesos que Dios puso a prueba a Abram, diciéndole: "¡Abram!". Y (este) le contestó: "Heme aquí". Y le dijo (Dios): "Toma ahora a tu hijo Isaac, tu (hijo) único, a quien amas, y vete a la tierra de Moriá (Moriyá) y ofrécelo allí en holocausto sobre una de las montañas que te indicaré". Y madrugó Abram, aparejó su asno y tomó a dos mozos (siervos) consigo y a su hijo Isaac, y partió leña para el holocausto, y levantose y fue (con ellos) al lugar que Dios le indicó. Al tercer día alzó Abram sus ojos y vio el lugar de lejos. Les dijo entonces a los mozos: "Esperad aquí con el asno, mientras yo y el muchacho vamos allá, nos prosternaremos y volveremos a vosotros". Y tomó Abram la leña para el holocausto y la cargó sobre su hijo Isaac, y tomó el fuego (pedernal) y el cuchillo, y ambos estaban juntos. Entonces Isaac le dijo a su padre Abram: "¡Padre mío!", y este contestole: "Aquí estoy hijo mío". Y dijo Isaac: "He aquí el fuego y la leña, pero ¿dónde está el animal para el sacrificio?". Y respondiole Abram: "Hijo mío, Dios proveerá algún animal para el holocausto", y siguieron andando los dos juntos. Y llegaron al lugar que Dios le había indicado (a Abram), y Abram erigió allí un altar, ordenó la leña, ató a su hijo Isaac y lo colocó en el altar sobre la leña. Y Abram extendió la mano en la que portaba el cuchillo para matar a su hijo, cuando lo llamó del cielo un ángel divino diciéndole: "¡Abram, Abram!", y este le contestó: "Heme aquí". Y dijo el ángel: "No abatas tu mano sobre el muchacho ni le hagas nada, porque ahora sé que eres temeroso de Dios, ya que no escatimaste para Mí a tu propio hijo"». (Génesis)

Seré sincero, como siempre. El relato del Antiguo Testamento que acabo de transcribir se me antoja uno de los más aborrecibles de la Biblia. Si Yavé hubiera sido Dios no habría necesitado probar al pobre Abram. Se supone que el buen Dios lo sabe todo. Y sabía —perfectamente— cuáles eran los pensamientos y los sentimientos del patriarca. En otras palabras: el numerito del holocausto fue puro teatro por parte del «equipo» de astronautas...

EL «CAMPAMENTO»

«Y fuese Jacob de Beer Sheva hacia Carán. E hizo noche en el camino, porque ya se había puesto el sol, usando como almohada una piedra del lugar. Y soñó con una escalera cuya base estaba en la tierra y cuya cima llegaba al cielo, y ángeles de Dios subían y bajaban por ella. Y he aquí que el Eterno estaba sobre ella y dijo: "Yo soy el Eterno, Dios de Abram, tu padre, y Dios de Isaac. La tierra donde estás acostado te la daré a ti y a tu simiente, y tu descendencia será como el polvo de la tierra y se propagará hacia el oeste, hacia el este, hacia el norte y hacia el sur, y en ti y en tu simiente serán bendecidas todas las familias de la tierra. Y he aquí que estoy contigo y te guardaré dondequiera que vayas y te estableceré nuevamente en esta tierra, porque no te abandonaré hasta que haya hecho todo lo que te he prometido".» (Génesis)

Al parecer, el «equipo» se hace un lío en las últimas frases del presente texto. ¿Guardó al pueblo judío en el doble destierro a Babilonia? ¿Qué sucedió en el asedio a Jerusalén por parte de Tito? ¿Dónde estaba Yavé?

¿Y qué pensar de la escalera por la que bajaban y subían los ángeles? En el fenómeno OVNI, las escaleras son frecuentísimas. Es muy posible que, en el sueño —¿o no fue un sueño?—, Jacob asistiera a la presencia de una nave (tomada por el Eterno) con su correspondiente escalera. Y me pregunto: ¿desde cuándo los verdaderos ángeles necesitan escaleras?

En mi opinión, el «equipo» se presentó ante Jacob y este asoció la nave con la Divinidad.

Más adelante, el Génesis dice: «Y de madrugada levantose Labán y besó a sus hijos y a sus hijas y los bendijo. Y se fue Labán de regreso a su comarca. Y siguió Jacob su camino y encontraron en él ángeles de Dios. Y dijo Jacob cuando los vio: "Este es un campamento de Dios". Y llamó al lugar Mahanaim (Majanáyim, "campamentos")».

Acudí al método Silva (control mental) y visualicé el campamento en cuestión. No me equivoqué. Lo que acertó a ver Jacob y su gente fueron naves aterrizadas y otras en pleno vuelo. Y junto a las naves posadas en tierra, decenas de seres no humanos. Todo un «campamento», sí, perteneciente al «equipo» de astronautas que se hacía pasar por Yavé. Un «campamento» al estilo militar.

Imagen obtenida por J. J. Benítez en visión remota. El Eterno era una nave con la correspondiente escalerilla. (Cuaderno de campo.)

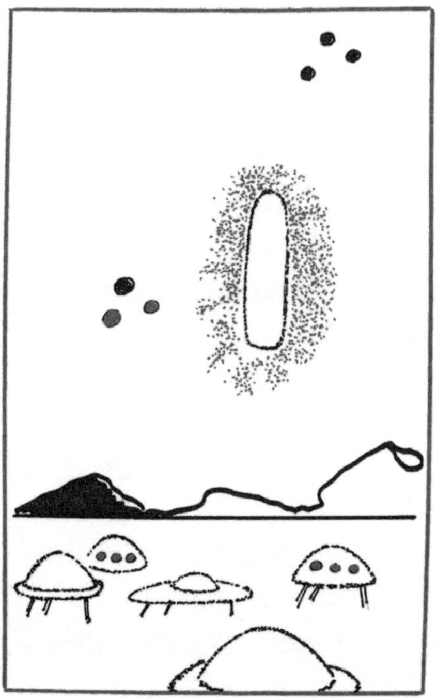

El «campamento» al que hace alusión Jacob pudo ser una concentración de naves y criaturas no humanas (algunas en tierra y otras en pleno vuelo). (Cuaderno de campo de J. J. Benítez.)

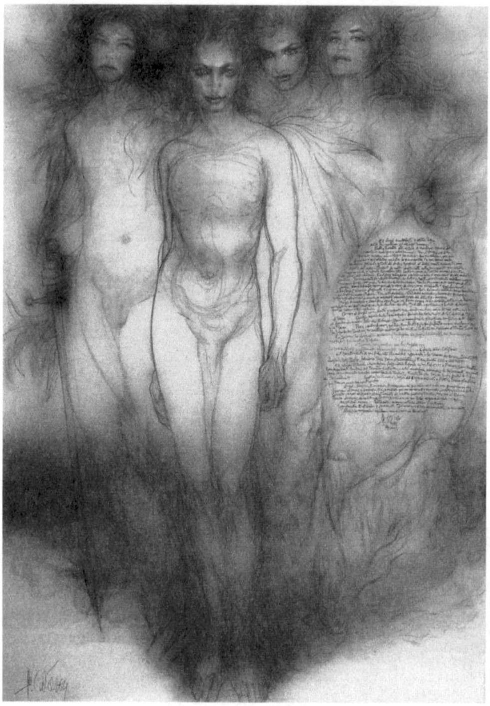

Visión del «equipo» que se hizo pasar por Yavé, según el genial pintor Fernando Calderón. (Archivo: J. J. Benítez.)

ATEMI

«Aquella noche se levantó (Jacob), tomó a sus dos mujeres con sus dos siervas y a sus once hijos y cruzó el vado de Yaboq. Les tomó y les hizo pasar el río, e hizo pasar también todo lo que tenía. Y habiéndose quedado Jacob solo, estuvo luchando alguien con él hasta rayar el alba. Pero viendo que no le podía, le tocó en la articulación femoral y se dislocó el fémur de Jacob mientras luchaba con aquel. Este le dijo: "Suéltame, que ha rayado el alba". Jacob respondió: "No te suelto hasta que no me hayas bendecido". Dijo el otro: "¿Cuál es tu nombre?". "Jacob". "En adelante no te llamarás Jacob sino Israel; porque has sido fuerte contra Dios y contra los hombres, y le has vencido". Jacob le preguntó: "Dime por favor tu nombre". "¿Para qué preguntas por mi nombre?". Y le bendijo allí mismo.

Jacob llamó a aquel lugar Penuel, pues (se dijo): "He visto a Dios cara a cara y tengo la vida salva". El sol salió así que hubo pasado Penuel, pero él cojeaba del muslo. Por eso los israelitas no comen, hasta la fecha, el nervio ciático, que está sobre la articulación del muslo, por haber sido tocado Jacob en la articulación femoral, en el nervio ciático». (Génesis)

He comentado en diferentes ocasiones que los *elohim* (los dioses: los astronautas de Yavé) se vieron obligados en múltiples oportunidades a hacer teatro. Así lo exigía el «gran plan», ya comentado.

Pues bien, al cruzar el río Yaboq se registró una de esas oportunidades (quizá una muy destacada). El pueblo judío necesitaba un nombre y la criatura contra la que peleó Jacob se lo dio: Israel («Dios lucha» o «Dios es fuerte»). Para eso tuvo que fingir que luchaba con el patriarca. Y el astronauta golpeó los tendones del músculo llamado «recto anterior»,[1] ubicado en la zona frontal del muslo de Jacob. Este tendón se inserta en el hueso ilíaco; es decir, en la pelvis.[2] El golpe dejó a Jacob momentáneamente cojo. Y se terminó el combate.

Esta clase de lesión obliga al paciente a caminar sobre las puntas de los dedos. Fue descrita por primera vez por Harpócrates.

Consulté también a los expertos en artes marciales y todos coincidieron: uno de los llamados golpes *atemi* (mortales) cae, justamente, en esa zona del muslo. El impacto puede alcanzar el citado tendón mediante el puño, la rodilla, el pie o un objeto contundente. Según el profesor Suk

[1] El músculo recto anterior del muslo, junto con los llamados «vasto externo» y «vasto interno» y «crural» forman el denominado músculo cuádriceps crural, que ocupa la parte anterior y media del muslo. El músculo recto anterior del muslo se inserta, a su vez, en la espina ilíaca anteroinferior por medio de un tendón redondeado y potente, verticalmente dirigido como el músculo y que recibe el nombre de «tendón directo». En la parte del hueso coxal, donde se aloja la cabeza del fémur, se inserta también el músculo por medio de una expansión fibrosa más delgada, pero también resistente, que constituye el «tendón reflejo». El redactor del referido pasaje de la Biblia se equivocó. No fue el «tendón ciático» (que no existe) el que resultó golpeado, sino el «nervio ciático». Este nervio se encuentra en la cara posterior del muslo y es profundo. Sus funciones son sensitivas y motoras. Es francamente difícil de golpear. Pero aceptando que hubiera sido seccionado en la lucha con el astronauta, el pobre Jacob habría sufrido parálisis de los músculos posteriores o traseros del muslo e imposibilidad de flexionarlo sobre la cadera. En otras palabras: el patriarca no habría podido mantenerse en pie.

[2] Este músculo es una de las cuatro porciones o cabezas que conforman el «cuádriceps femoral». *(Notas del autor.)*

Joo, una de las máximas figuras de *sam-bo* (lucha mongólica), de la decena de golpes *atemi* que hoy se practican, solo el del muslo reviste una peligrosidad menor. El resto —en las sienes, parte superior del cráneo, esternón, barbilla, entre las cejas, bajo la nariz, en el cuello, testículos y riñón— tienen un carácter muy peligroso. Y me pregunto: ¿por qué el astronauta dio a Jacob el golpe «menos peligroso»? Es obvio que el «equipo» no podía matar al patriarca, pero sí darle verosimilitud al «combate» con un golpe perfectamente estudiado que lo dejara vencido (momentáneamente). Lo dicho: puro teatro.

En mis correrías tras los OVNIS (cincuenta años de investigación) he sabido de otros «combates» entre humanos y tripulantes de estas naves. Uno de los que más me impactó tuvo lugar en Las Hurdes (Extremadura, España) en 1913. Un paisano —al que llamaban «*tiu* Mona»— se enfrentó a otro «ángel» que le salió al paso (como a Jacob). La lucha fue larga y dura. Finalmente, el de Martilandrán golpeó al astronauta con una hogaza de pan de dos kilos y medio y el sujeto desapareció, elevándose hacia una «luna» (ver *La quinta columna*, 1990).

Para los judíos, el «ángel» que luchó con Jacob pudo ser Miguel. Y en los géneros midrásicos se añade al texto del Génesis: «Por eso, cuando el ángel dijo: "Déjame que me vaya, pues sale la aurora", Jacob pregunta: "¿Eres, entonces, un ladrón o un tahúr, pues temes a la aurora?". Y Miguel replicó: "No, pero cuando amanece, nosotros, los ángeles, debemos cantar alabanzas a Dios"». Es decir, sigue el teatro...

Para otros, el «ángel» pudo ser Uriel («Llama de Dios»). Fue la criatura que advirtió a Noé de la inminencia del diluvio (así lo registra el libro de Enoc).

Como he mencionado, en mi opinión, el sujeto que peleó con Jacob (y lo «bautizó» con un nuevo nombre) fue un ser de carne y hueso: un miembro del «equipo» de Yavé.

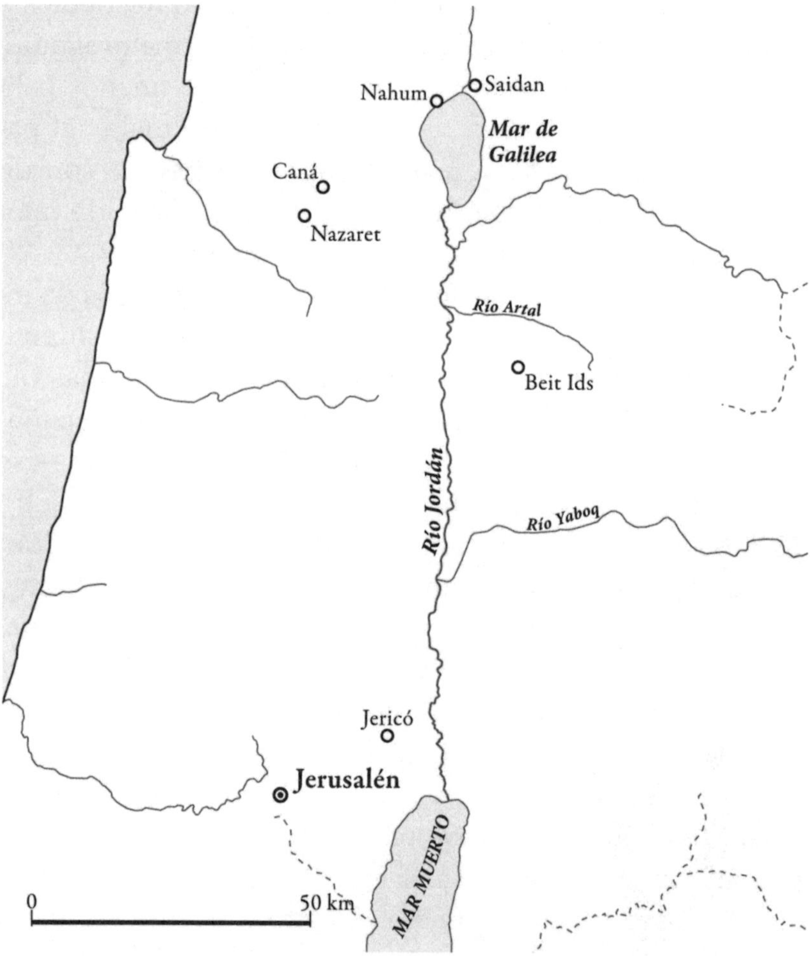

Río Yaboq (afluente del Jordán). En uno de sus vados tuvo lugar el combate entre Jacob y el astronauta.

Combate de Jacob con uno de los astronautas del «equipo». Imagen obtenida por J. J. Benítez en visión remota (método Silva).

El ser que atacó al «tiu Mona», en Las Hurdes (1913), terminó elevándose hacia una nave en forma de luna. (Cuaderno de campo de J. J. Benítez.)

BANDOLEROS

«Y ocurrió después de tales sucesos que el escanciador (copero) del rey de Egipto y el panadero del monarca pecaron contra él. Y enfurecióse el faraón contra sus dos funcionarios: el jefe de los escanciadores y el jefe de los panaderos, y los encarceló en la casa del jefe de la guardia, (precisamente) en la cárcel donde estaba preso José. El jefe de la guardia puso a ambos bajo la custodia de José y estuvieron un año allí. Y los dos tuvieron sueños la misma noche, cada cual el suyo, y se esforzaron por interpretarlos en la prisión. Y a la mañana siguiente José los vio atribulados. Y les preguntó a los funcionarios del faraón, que con él estaban en prisión, en la casa de su amo: "¿Por qué vuestro semblante está tan malo hoy?". Y le contestaron: "Hemos tenido un sueño y no tenemos intérprete para él". Entonces les dijo José: "En verdad son de Dios las interpretaciones. Ruégoos me contéis". Y contó el jefe de los escanciadores su sueño a José del siguiente modo: "En mi sueño había una vid ante mí. Y en la vid había tres sarmientos. Y la vid floreció y de sus racimos salieron uvas maduras. Y el vaso del faraón estaba en mi mano, y yo tomaba las uvas y las exprimía en el vaso y después lo puse en la palma del faraón". Y le dijo José: "Esta es la interpretación. Tres sarmientos son tres días. En el término de tres días alzará el faraón tu cabeza y te restituirá en tu puesto y pondrás nuevamente el vaso del faraón en su mano, como antes, cuando eras su escanciador. Pero ojalá me tengas presente cuando te fuere bien. Ruégote te apiades de mí mencionándome ante el faraón para sacarme de esta casa, por cuanto en verdad fui robado de la tierra de los hebreos y aquí tampoco hice cosa alguna para merecer (como castigo) la cárcel". Y estimó el jefe de los panaderos que era buena la interpretación y le dijo a José: "También yo tuve un sueño. Tenía tres canastillos perforados sobre mi cabeza. Y en el canastillo de más arriba apilábanse todos los manjares de repostería del faraón, y un ave los picoteaba". Y respondió José: "Esta es su interpretación. Los tres canastillos son tres días. Dentro de tres días alzará el faraón tu cabeza de sobre ti y te colgará de un árbol y el ave comerá tu carne". Y sucedió al tercer día de esto, que fue el cumpleaños del faraón, que dio un festín (celebratorio) a todos sus siervos y, en medio de ellos, alzó la cabeza del jefe de los escanciadores y la del jefe de los panaderos. Y le restituyó el cargo al jefe de los escanciadores, quien volvió así a servir las copas en la mano del faraón, en tanto que hizo colgar al jefe de los panaderos, tal cual había sido pronosticado por José. Pero el jefe de los escanciadores, lejos de acordarse de José, olvidose de él...

Y al cabo de dos años el faraón soñó que estaba junto al río, y del río subían siete vacas robustas, hermosas a la vista, que pastaban en la fértil tierra contigua. Y tras ellas subían del río otras siete vacas, pero harto escasas en carne, de aspecto desagradable por su escualidez, que se detuvieron junto a las otras en la orilla del río. Y las vacas flacas devoraron a las vacas gordas, despertándose entonces el faraón. Pero volvió a dormirse y soñó que siete espigas firmes y buenas subían en una misma caña. Y tras ellas subían siete espigas delgadas, como consumidas por una sequía. Y las espigas malas se comieron a las sanas. Y el faraón se despertó y se dio cuenta de que era un sueño. Y a la mañana siguiente su alma estaba perturbada y mandó llamar a todos los grabadores de jeroglíficos y a todos los sabios de Egipto y el faraón les relató sus sueños, pero nadie pudo interpretárselos. Entonces habló el jefe de los escanciadores del faraón y dijo: "De mis pecados me acuerdo hoy. El faraón se enojó con su siervo y me puso en la prisión del jefe de la guardia, a mí y al jefe de los panaderos. Y ambos tuvimos un sueño en la misma noche. Soñamos cada uno conforme a la interpretación de su sueño. Y había allí con nosotros un joven hebreo, siervo del jefe de la guardia. A él le contamos nuestros sueños y él nos los interpretó, a cada cual el suyo. Y sucedió tal cual él nos había interpretado. Yo fui restituido en mi anterior función y él fue colgado". Entonces el faraón hizo llamar a José, y lo trajeron apresuradamente de la prisión, no sin cortarle el cabello y mudarle sus ropas, tras lo cual fue llevado a la presencia del faraón. Entonces le dijo el faraón: "He tenido un sueño que nadie puede interpretar. He oído acerca de ti. Dicen que puedes comprender los sueños e interpretarlos". Y le contestó José: "No yo. Es Dios Quien va a responder para tranquilidad del faraón". Y le contó el faraón a José: "En mi sueño estaba junto a la orilla del río, y de pronto subieron del río siete hermosas vacas gordas, que pastaron la hierba de la orilla, y detrás de ellas vinieron siete vacas flacas, de mal aspecto, como nunca había visto antes en toda la tierra de Egipto. Y las vacas flacas devoraron a las primeras vacas gordas, y después de haberlas comido no podía apreciarse que las habían comido, porque seguían teniendo el mismo mal aspecto de antes. Y en eso me desperté. Y en mi (segundo) sueño vi que siete espigas buenas subían en una caña y tras ellas crecían siete espigas delgadas, como resecas por el viento solano, y (al final) las espigas flacas se tragaron a las robustas. Y lo conté a mis escribas y no hay quien me lo interprete". Y le dijo José al faraón: "Los sueños son todo uno. Dios le ha dicho al faraón lo que Él hará. Las siete vacas gordas son siete años y las siete espigas buenas también son siete años. Es un solo sueño. Las siete vacas flacas que vinieron después y las siete espigas magras resecadas por el viento solano serán siete años de hambruna. Esto es lo que le digo al faraón: lo que Dios va a hacer lo ha mostrado al faraón. He aquí que vendrán siete años de gran abundancia en toda la tierra de Egipto. Y sobrevendrán luego siete años de hambruna, al punto de que toda la abundancia anterior será olvidada en la tierra de Egipto. Y la hambruna consumirá la tierra. Se perderá memoria del gran hartazgo anterior por causa de la gravísima hambruna que habrá. Por ese motivo el sueño le fue repetido al faraón dos veces, ya que la cosa fue decidida por Dios y Él se apresura a realizarla. Ahora le aconsejo al faraón que busque a un hombre sabio y lo ponga (como administrador) sobre la tierra de Egipto. Haga eso el faraón y designe intendentes (delegados del administrador) sobre la tierra para recoger la quinta parte de lo que produzca la tierra de Egipto en los siete años de bonanza. Y sea almacenado todo ese grano en los años buenos que vendrán bajo la mano del faraón, para consumirlo como alimento en las ciudades. Y ese alimento deberá reservarse para cuando sobrevengan los siete años de escasez, para que la tierra de Egipto no sea consumida por la hambruna". Y la cosa fue buena a los ojos del faraón y a los ojos de todos sus siervos: "¿Podemos encontrar acaso a un hombre así, en quien es el espíritu de Dios?". Entonces le dijo el faraón a José: "Como Dios te ha dado a conocer todas esas cosas, es evidente que no hay nadie tan sabio como tú. Por lo tanto, administrarás mi casa y te rendirá homenaje toda mi gente. Solo yo, en el trono, seré más grande que tú". Y le dijo además el faraón a José: "Te he puesto (como administrador) por sobre la tierra de Egipto". Entonces el faraón se quitó su anillo y lo colocó en la mano de José y lo vistió con ropas de lino fino y púsole una cadena de oro alrededor del cuello y lo hizo subir a su segunda (en orden de importancia) carroza que tenía y pregonaba a su paso: "¡Reverenciadle!". Y lo puso (como virrey o administrador) sobre toda la tierra de Egipto. Y subrayó el faraón a José: "Yo soy el faraón, pero fuera de ti nadie alzará la mano o el pie en toda la tierra de Egipto". Y el faraón le puso por nombre Zafnat Paneaj (Tzafnat Pa'néaj, "descubridor de lo oculto"), y le dio por mujer a Asenat (Asnat), hija de Potifera, sacerdote de On. Y José salió a recorrer toda la tierra de Egipto. Y tenía José treinta años cuando se presentó ante el faraón, rey de Egipto». (Génesis)

La historia de José es fascinante. Entre los años 1362 y 1308 antes de Cristo, aproximadamente, uno de los hijos de Jacob —llamado José— fue vendido por sus hermanos a unos camelleros ismaelitas que se dirigían a Egipto. José (biznieto de Abraham) tenía el interesante don de saber interpretar los sueños. Esto terminó molestando a sus diez hermanos. Y un día decidieron vengarse de él. Lo vendieron a los referidos camelleros y presentaron sus ropas ensangrentadas a Jacob, haciéndole creer que José había sido atacado por las fieras del desierto. El muchacho prosperó. Era inteligente y apuesto. Y llegó a ser mayordomo en la casa de Putifar, un alto funcionario egipcio. La mujer de Putifar intentó seducir a José, pero no lo consiguió. José fue acusado —falsamente— de acoso sexual y terminó en la cárcel. Allí conoció a otros dos funcionarios del faraón e interpretó sus sueños acertadamente. Y su extraordinaria facultad llegó a oídos del faraón. Fue así —interpretando dos de los sueños del rey de Egipto— como José se convirtió en administrador real. Al llegar la hambruna anunciada por José, sus hermanos acudieron a Egipto (para comprar trigo) y descubrieron que José era un personaje importante. José los perdonó y solicitó que regresaran con Jacob, su padre. Y así ocurrió. El faraón concedió entonces a Jacob y a sus hijos una serie de propiedades al este del delta del Nilo, en la llamada tierra de Gosen. A partir de esos momentos, los descendientes de Abraham (oriundos de Mesopotamia) prosperaron y se multiplicaron, mezclándose con otras etnias. Este, en realidad, sería el verdadero origen del pueblo judío. Y los descendientes de Abraham se ocuparon, básicamente, de la construcción de ciudades como Rameses, Pitón y Sucot, entre otras. Todas ellas, como digo, en la región de Gosen. Y allí permanecieron —como esclavos— durante 430 años. Eso dice el Génesis. La mayoría de los exégetas y expertos en el Antiguo Testamento no está de acuerdo. Los todavía «no judíos» nunca fueron esclavos. Egipto abusó de ellos, es cierto, pero no podían ser considerados como esclavos (en el sentido literal del término). Expertos como Siegfried Herrmann (*Historia de Israel*) van más allá y afirman que los descendientes mesopotámicos (actual Irak) de Abraham terminaron mezclándose con los *schasu* (una suerte de nómadas y bandoleros que entraban y salían de Egipto).

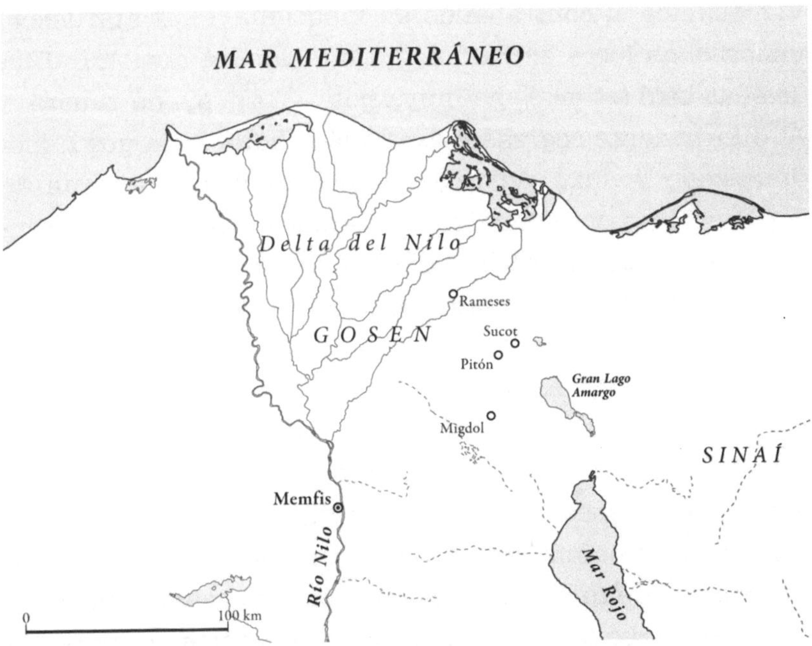

Delta del Nilo. La región de Gosen fue ocupada por Jacob y sus hijos. (Cuaderno de campo de J. J. Benítez.)

En otras palabras: aunque el astronauta que luchó con Jacob proporcionó un nuevo nombre al patriarca —Israel—, no podemos considerar a Abraham y a sus descendientes como judíos, y mucho menos tras mezclarse con los *schasu*. Insisto: eran mesopotámicos (Ur de Caldea), inicialmente.

Y los *elohim* (el «equipo») prosiguieron con el «plan» establecido...

La habilidad de aquellos astronautas para entrar en los sueños de los humanos y forjarlos según sus intereses (caso del faraón) me recordó otra de mis investigaciones (en esta oportunidad en la bella Venezuela): «Sucedió en julio de 1976 —explicó el protagonista, coronel Sánchez Romero—. Yo me encontraba al frente de una patrulla de vigilancia, en la zona de Chirica, cerca de Puerto Ordaz... Vigilábamos el contrabando de madera... Y, al atardecer, vimos unas luces extrañas... Se movían en el cielo... Una de ellas bajó a tierra, no muy lejos... Y ahí quedó la cosa... Al día siguiente regresé y examiné la zona en la que había aterrizado la luz... Vi una mancha elíptica y huellas de zapatos, pero chiquitos, como de niños... Caminé y descubrí una sustancia negra, parecida al alquitrán... Presentaba unos curiosos cuadraditos, como de vidrio... Podía pesar unos cinco kilos... Pensé que era asfalto... Lo cargué y lo guardé en el maletero del auto... Y regresé a la casa... No dije nada a la familia... Pues bien, esa noche, la del sábado al domingo, mi hija Roraima tuvo un sueño. Me lo contó por la mañana. "Papá —me dijo—, en el sueño, unos señores pequeñitos han entrado en mi habitación y me han dicho que te diga que esa piedra que has guardado en el carro..., que la tires porque podrías contraer cáncer"... Mi hija tenía ocho años... Lógicamente me preocupé... Y esa misma mañana, sin decir nada a nadie, agarré el auto y me fui al bosque... Allí boté el "asfalto" o lo que fuera... Dos días después —¿casualidad?—, un subteniente me mostró un trozo de uranio... Tenía los mismos cuadraditos que había visto en el supuesto asfalto».

Conversé también con Roraima, la hija del coronel. Confirmó las palabras de Sánchez Romero y precisó algunos detalles del «sueño»: «Los seres eran pequeñitos, como niños... No sé si hablaron, pero yo los entendí en español... Las palabras llegaban a mi mente... Y me dijeron: "Dile a tu papá que deje la piedra donde la encontró... Si no le dará cáncer"».[1] Quedé maravillado y desconcertado. ¿Cómo es posible que estos seres puedan penetrar en los sueños de los humanos? Su tecnología es realmente mágica (para nosotros). Estamos a años luz...

¿FALLARON?

Antes de proseguir con el Antiguo Testamento haré un paréntesis. Siempre me intrigó su figura y lo ocurrido bajo su reinado. Se llamaba Amenofis IV, aunque él se cambió el nombre y eligió Akhenaton («El sol está satisfecho»). Era un extrañísimo individuo, de grandes caderas, voz aflautada y ademanes afeminados. Subió al poder en el año 1379 antes de Cristo y falleció en 1362. Su reinado, como faraón, se prolongó 17 años. Pues bien, ante el desconcierto de todo Egipto, al llegar su quinto año de reinado, Akhenaton barrió la extensa nómina de dioses y peleó por algo inconcebible en aquellos momentos: un solo Dios. Según mis noticias, todo arrancó con la llamada «visión de la ventana»: un enorme disco descendió en el palacio real y Akhenaton tuvo el valor de conversar con los tripulantes de la nave (de nuevo los *elohim*: el «equipo» al servicio de Yavé). A partir de esos momentos, el faraón rebelde trató de cambiar las creencias de su pueblo y sustituir el numeroso panteón de las divinidades egipcias por Atón, el «único Creador». Es lógico suponer que esta revolucionaria idea le fue transmitida al faraón en ese primer encuentro con el «equipo» y con un objetivo muy claro: crear una

[1] Amplia información en *Mis primos* (2021). *(N. del a.)*

religión monoteísta. Pero hay más. En una de las estelas de piedra (k) que rodeaba Akhetaton (la ciudad construida por Akhenaton en honor a Atón) puede leerse: «Año 5, mes 8, día 13... Su majestad se alzó sobre un gran carro ardiente, como Atón cuando ilumina el Horizonte y llena la Tierra de Su amor, y trazó una hermosa senda a Akhetaton (para llevarle) al lugar primigenio que (Atón) creó para Sí Mismo, en el que puede ser feliz...».

¡Asombroso!... El faraón subió a una nave y el «equipo» le mostró el lugar donde debía construir la ciudad santa (hoy Amarna).

En un añadido, «cuando la realeza se hallaba en Akhetaton», el disco vuelve a presentarse y Akhenaton monta de nuevo en la nave «para inspeccionar las estelas de los límites surorientales de Akhetaton». Y la estela de piedra describe la nave como «un gran carro de fuego». La ciudad de Akhetaton aparecía rodeada de seis estelas de piedra. Es posible que dicho «carro de fuego» se presentase en más ocasiones, invitando al faraón a inspeccionar el lugar y la construcción de la ciudad desde el aire.

Esto sucedía un siglo antes de la aparición de Moisés. Y la pregunta es obligada: ¿el «equipo» lo intentó primero con los egipcios? El ensayo falló y la «primera vía» fue olvidada. Y sigo preguntándome: de no haber fracasado el intento con Akhenaton, ¿Jesús de Nazaret habría nacido en Egipto? En ese supuesto, probablemente, el pueblo judío no habría existido.

Como decía el Maestro, quien tenga oídos, que oiga...

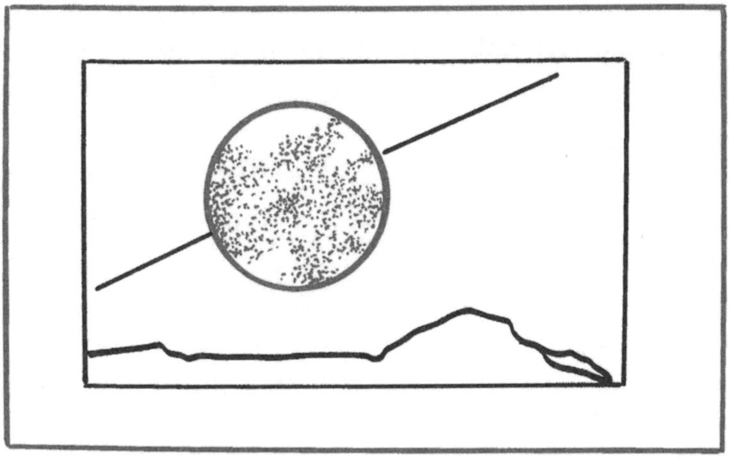

Un objeto descendió en el palacio real de Akhenaton. (Cuaderno de campo de J. J. Benítez.)

AKHENATON (izquierda) y su esposa, Nefertiti. (Cuaderno de campo de J. J. Benítez.)

Amarna (Akhetaton): ciudad levantada por el faraón rebelde.

ADEMÁS, SAQUEADORES

«Y apacentaba Moisés el ganado de Jetró (Yitró), su suegro, sacerdote de Midián, guiándolo por el desierto, cuando llegó a Horeb (Jorev), el monte de Dios. Y apareciósele el ángel del Eterno en medio de llamas de fuego entre la zarza, y vio que la zarza, a pesar del fuego, no se consumía. Entonces dijo Moisés (intrigado): "Me apartaré para ver mejor esa gran visión. ¿Por qué no se quema del todo la zarza?". Y el (ángel del) Eterno, cuando vio que se acercaba a la zarza, lo llamó: "¡Moisés, Moisés!". Y contestóle (Moisés): "Heme aquí". Y le dijo (el ángel): "No te acerques. Quítate tu calzado, pues el lugar donde estás es tierra sagrada". Y añadió: "Yo soy el Dios de tu padre, Dios de Abraham, Dios de Isaac y Dios de Jacob". Y cubrióse Moisés el rostro, pues temió mirar a Dios. Y dijo el Eterno: "He visto la aflicción de Mi pueblo en Egipto y escuché su clamor por los padecimientos a que lo someten sus opresores y descendí para librarlo de manos de los egipcios y para llevarlos de esa tierra a la tierra buena y ancha, tierra que mana leche y miel, donde viven los cananeos, los jeteos, los amorreos, los perezeos, los heveos y los jebuseos. He aquí que el clamor de los hijos de Israel (de Jacob) llega hasta Mí y veo la opresión que sufren de manos de los egipcios. Anda ahora, que te enviaré al faraón para sacar a Mi pueblo, los hijos de Israel, de Egipto". Y le contestó Moisés: "¿Pero quién soy yo para ir al faraón y librar a los hijos de Israel de Egipto?". Y replicóle (el Eterno): "Es que Yo estaré contigo, y esta será la señal de ello: cuando hayas sacado de Egipto al pueblo, rendiréis culto a Dios en este monte (y entonces verán)". Y le dijo Moisés: "Está bien. Iré a los hijos de Israel y les diré: 'El Dios de vuestros padres me ha enviado a vosotros', mas si entonces me preguntaren cuál es Su Nombre, ¿qué les diré?". Y le contestó (Dios): "Yo soy el que soy" (*Eh'yé asher eh'yé*). Y agregó: "Así dirás a los hijos de Israel: 'Yo Soy me envió a vosotros'". Y añadió: "Así dirás a los hijos de Israel (de Jacob): 'el Eterno, Dios de vuestros padres, Dios de Abraham, Dios de Isaac y Dios de Jacob, envióme a vosotros. Este es Mi Nombre por siempre y para siempre y esta es Mi Memoria de generación en generación'. Ve y reúne a los ancianos de Israel y diles: 'El Eterno, Dios de vuestros padres, Dios de Abraham, de Isaac y de Jacob, se me apareció y me dijo: En verdad os he visitado y he visto lo que os hacen en

Egipto y prometí que os libraría de la opresión de Egipto para llevaros a la tierra de los cananeos, los jeteos, los amorreos, los perezeos, los heveos y los jebuseos, tierra que mana leche y miel'. Y oirán tu voz e irán tú y los ancianos de Israel al rey de Egipto y le dirán: 'El Eterno, Dios de los hebreos, se nos apareció. Rogámoste nos dejes ir durante tres días por el desierto para que ofrezcamos sacrificios al Eterno, nuestro Dios'. Sé que el rey de Egipto no os dejará ir, si no (fuere obligado) con mano dura. Entonces extenderé Mi mano y heriré a Egipto con los prodigios que haré ante él, y después os dejará ir. Y favoreceré a este pueblo ante los ojos de los egipcios, y sucederá que cuando os vayáis no iréis con las manos vacías, pues pedirá cada mujer a su vecina y a la que alojare en su casa alhajas de plata y de oro y vestidos, y los pondréis sobre vuestros hijos y vuestras hijas, y os llevaréis los despojos de Egipto"».

Y el «plan» del equipo de Yavé sigue...

Siguiente fase: Moisés y la célebre zarza ardiente. ¿Qué ocurrió?

Posibilidad número uno: Una nave se situó sobre la zarza y la iluminó con gran potencia, desconcertando a Moisés.

Posibilidad número dos: los astronautas proyectaron un holograma (con forma de fuego) sobre la referida zarza.

Posibilidad número tres: según el doctor Harold N. Noldenke, que fue director del Jardín Botánico de Nueva York, «la zarza que ardía, pero no se consumía, podía ser la llamada planta de gas o fraxinella». Estaríamos hablando de una planta de un metro de altura con flores de color púrpura y abundantes glándulas oleaginosas; una planta que desprende aceite y pudo confundir a Moisés. Para otros especialistas, la visión de Moisés obedeció a la presencia de un muérdago (*Loranthus accacix*), con sus ramas de color rojo. Cuando el muérdago se encuentra totalmente florido —dicen— da la sensación de estar ardiendo. No estoy de acuerdo con estas últimas explicaciones. Moisés llevaba tiempo en el desierto, apacentando el ganado de su suegro. ¿Por qué se iba a sorprender al observar un muérdago de color rojo?

Y de nuevo el teatro. La voz obliga a Moisés a descalzarse, asegurando que esa tierra es sagrada. ¿Por qué es santa? Solo se me ocurre una explicación: era sagrada porque así le convenía al equipo. Otro ritual. Y esto me inclina a pensar que el «ángel» o el «Eterno» no era otra cosa que una nave, provocando la iluminación de la zarza. Si Moisés se cubrió el rostro (porque temía ver a Dios) es porque delante de él había algo que lo superaba. En efecto, hace 3.300 años, una nave capaz de volar superaba la imaginación de cualquier ser humano.

Y el equipo aprovecha para profetizar y para hablar de nuevo de un pueblo que no existía como tal. Como mencioné anteriormente, lo que hoy se considera el pueblo hebreo era una confusa mezcla de nómadas y *schasu* (bandoleros y pastores de muy diferentes orígenes), trabajando —en duras condiciones— para los egipcios. Por cierto, siempre me lo he preguntado: ¿sabía Moisés de la existencia de Abraham, Isaac y Jacob?

Y vuelve el equipo a dejar claro que conducirá a Israel a unas tierras que no eran suyas. ¡Qué desvergüenza!

Y al abandonar Egipto, los *schasu* se llevarían el oro, la plata y los vestidos de los egipcios. Además, Yavé fue un atracador...

Siguiendo el método Silva (relajación profunda), J. J. Benítez visualizó la visión de Moisés en el monte Horeb hace 3.300 años. Lo que vio fue una nave esférica iluminando una zarza. Y de la nave partía una voz femenina.

Moisés frente al Eterno. (Cuaderno de campo de J. J. Benítez.)

NUEVO CABREO DE DIOS

«Y respondió Moisés: "¿Y si ellos no me creyeren o no me escucharen porque dijeren: 'No se te apareció el Eterno?". Y dijo el Eterno: "¿Qué hay en tu mano?" Y contestó Moisés: "Una vara". Y dijo (Dios): "Arrójala al suelo". Y la arrojó al suelo y convirtióse en serpiente, ante la cual Moisés salió corriendo. Entonces díjole el Eterno: "Extiende tu mano y tómala por la cola". Y extendió su mano y tomó la serpiente por la cola, que volvió entonces a transformarse en vara. "Es para que crean que se te apareció el Eterno, Dios de sus padres, Dios de Abraham, Dios de Isaac y Dios de Jacob". Y añadió el Eterno: "Pon ahora tu mano en tu pecho". Y puso (Moisés) su mano en su pecho y la retiró como leprosa, blanca como la nieve. Y díjole (Dios): "Vuelve tu mano a tu pecho". Y volvió su mano a su pecho y la sacó cambiada por su aspecto natural, de color carne. "Y si no te escucharen ni te creyeren con la primera señal, te creerán con la segunda. Mas si no te creyeren con ninguna de las dos, tomarás agua del río (Nilo) y la verterás sobre la tierra seca, y se convertirá en sangre". Pero le dijo Moisés al Eterno: "Ruego consideres, oh Señor, que no soy hombre de (fácil) palabra, ni nunca lo fui, ni siquiera desde que Tú hablas a Tu siervo, pues se me traba la lengua". Y contestole el Eterno: "¿Quién puso boca al hombre? ¿Quién lo hace mudo o sordo o vidente o ciego? Ciertamente Yo, el Eterno. Y ahora ve, Yo estaré en tu boca y te enseñaré lo que deberás decir". Pero le rogó (Moisés): "¡Oh Señor! Por favor envía Tus mensajes por mano de aquel que has de enviar". Y airóse el Eterno contra Moisés y le dijo: "¿No tienes a tu hermano Aarón (Aharón), el levita, que es de fácil palabra? Él saldrá a tu encuentro y se alegrará en su corazón (al ayudarte). Tú le hablarás y pondrás las palabras en su boca y Yo estaré en tu boca y en la de él y os enseñaré a ambos lo que habréis de hacer. Y hablará él por ti al pueblo, de modo que él te será por boca y tú serás para él (como) Dios. Y tendrás en tu mano la vara con la cual harás las señales"». (Éxodo)

Nuevo enfado del supuesto Dios. El aturdido Moisés era tartamudo y ruega que lo reemplacen. No consigo entenderlo. ¿Dios puede enfadarse? La verdad es que no concibo al Padre Azul cabreado. Sería impropio (por no decir imposible). El Número UNO es la criatura (?) que vive en el AMOR; mejor dicho: es AMOR. En otras palabras: el que se altera contra Moisés no es Dios. Es otra cosa. Posiblemente, lo ya apuntado: un grupo, un equipo de astronautas al servicio de la Divinidad y que ha adoptado el nombre o el distintivo de «Yavé».

Y el equipo —en nombre del Eterno— sigue haciendo teatro (para impresionar): convierte la vara de Moisés en una serpiente (nada difícil para una supertecnología) y simula lepra (?) en la mano de Moisés.

LA MISTERIOSA VARA

«Y se fue Moisés y volvió a la casa de Jetró, su suegro, y le anunció: "Volveré adonde están mis hermanos en Egipto para ver si todavía viven", y contestóle Jetró: "Anda en paz". Y le dijo el Eterno a Moisés en Midián: "Ve, retorna a Egipto, porque han muerto ya quienes buscaban tu vida". Tomó entonces Moisés a su mujer y a su hijo y los montó en un asno y volvió con ellos a Egipto, llevando en su mano la vara de Dios. Y en el camino le recordó el Eterno: "Cuando llegues a Egipto, ten en cuenta los milagros que harás ante el faraón con la vara que he puesto en tu mano. Yo endureceré su corazón y no dejará salir al pueblo, mas tú le dirás al faraón: 'Así dijo el Eterno: Mi hijo primogénito es Israel. Te mando que dejes ir a Mi pueblo para que Me sirva, mas si no le permites ir, he de matar a tu (propio) hijo primogénito'". Y en un lugar donde pasaba la noche en el camino un ángel del Eterno quiso matarlo (a Moisés). Entonces Séfora, con un cuchillo de pedernal, circuncidó a su hijo (Guersom) y arrojó el prepucio a sus pies (de Moisés), diciendo: "En verdad eres novio de sangre para mí". Y (el ángel) lo soltó (a Moisés), diciendo: "Novio de sangre por la circuncisión".

Y le dijo el Eterno a Aarón: "Ve al encuentro de Moisés al desierto". Fue y lo encontró en el monte de Dios (Horeb) y lo besó». (Éxodo)

Siempre me intrigó. ¿Qué era realmente la vara de Moisés? ¿Por qué el Éxodo la define como «la vara de Dios»? ¿Le proporcionó el equipo un instrumental con el que defenderse y hacer prodigios?

Y se repite la escena vivida (y sufrida) por Jacob cuando vadeaba el río Yaboq. De pronto, en la noche, un ángel (otro astronauta) trata de matar a Moisés. Pero ¿por qué? La única explicación medianamente aceptable la proporciona Séfora, esposa de Moisés: el niño de ambos (Guersom) no había sido circuncidado. Pero ¿era esta la razón por la que el «ángel» intenta matar a Moisés? Si los hechos fueron ciertos, no cabe duda: el astronauta llevó a cabo una representación teatral.

Más adelante, el equipo se presenta ante Aarón, que vivía en Egipto (posiblemente en la zona de Gosen, al este del delta), y le ordena que vaya al encuentro de Moisés, al desierto. Lástima que Aarón no describa al Eterno... Lógicamente tuvieron que guiarlo o proporcionarle pistas seguras sobre el monte en el que se encontraba su hermano Moisés. La península del Sinaí es inmensa.

UN DIOS CONTRADICTORIO

«Y le dijo el Eterno a Moisés: "Mira, te encomiendo obres como si fueras Dios ante el faraón, y tu hermano Aarón será tu portavoz. Tú hablarás todo lo que Yo te ordene y tu hermano Aarón dirá al faraón que permita a los hijos de Israel irse de su tierra. Pero Yo endureceré el corazón del faraón y multiplicaré Mis señales y Mis milagros en la tierra de Egipto. Y el faraón no os escuchará, mas Yo pondré Mi mano sobre Egipto y sacaré a Mis ejércitos, a Mi pueblo, los hijos de Israel, de la tierra de Egipto, con grandes castigos. Entonces sabrán los egipcios que yo soy el Eterno al extender Mi mano sobre Egipto, y libraré a los hijos de Israel". E hicieron Moisés y Aarón como les había ordenado el Eterno. Y Moisés tenía ochenta años de edad y Aarón ochenta y tres al hablar con el faraón. Y les dijo el Eterno a Moisés y a Aarón: "Cuando el faraón os diga: 'Haced milagros', le dirás a Aarón que tome su vara y que la arroje ante el faraón para que se convierta en culebra". Y se presentaron Moisés y Aarón ante el faraón e hicieron como les había ordenado el Eterno, y tiró Aarón la vara ante el faraón y sus siervos y tornose culebra. Pero el faraón llamó enseguida a sus sabios y hechiceros, o sea los magos de Egipto, quienes hicieron los mismos milagros. Cada uno de ellos arrojó su vara y todas se convirtieron en culebras, pero la vara de Aarón se tragó las varas de ellos. Y, como lo había previsto el Eterno, endureciose el corazón del faraón y no los escuchó». (Éxodo)

El equipo —que controla el tiempo— anuncia a Moisés y a su hermano «que endurecerá el corazón del faraón». La actuación de los astronautas se me antoja contradictoria. ¿O era puro teatro, una vez más? ¿Por qué solicita que los nómadas (los *schasu*) salgan de Egipto y, al mismo tiempo, el equipo endurece el corazón del rey? Obviamente, si Yavé hubiera sido Dios, no hubiera entrado en contradicción.

GUERRA A LOS DIOSES

«Entonces le dijo el Eterno a Moisés: "Duro es el corazón del faraón, pues no quiere dejar ir al pueblo. Ve al faraón por la mañana cuando sale a bañarse, y te pararás ante él a la orilla del río, y tomarás la vara que se convirtió en culebra. Y le dirás: 'El Eterno, Dios de los hebreos, me envió a ti para que les permitieras irse y servir al Eterno en el desierto, pero no me escuchaste hasta ahora'". Pues bien, dijo el Eterno: "Con esto sabrás que Yo soy el Eterno. He aquí que golpearé con la vara que tengo en mis manos las aguas del río, y se convertirán en sangre"». (Éxodo)

De esta manera comienzan las célebres diez plagas de Egipto, provocadas por el supuesto Dios: tras convertir las aguas del Nilo en sangre (o, al menos, en aguas de color rojo), las criaturas que integran el equipo de astronautas ponen manos a la obra y prosiguen con una invasión de ranas. Todo el país se ve cubierto de batracios: casas, campos, lagunas y montañas. La vida de los egipcios se hace insoportable. Después llegan los mosquitos, las moscas y las úlceras y tumores. Hombres y animales se ven salvajemente atacados. La siguiente plaga consiste en una serie de tormentas de granizo que destroza las cosechas. Acto seguido llega la langosta, que remata lo poco que queda en los campos. Es la ruina total de Egipto. Después, el equipo atemoriza a la población con súbitas e imposibles tinieblas. Misteriosamente, solo los *schasu* (que habitan al este del delta) tienen luz en sus casas. Por último, llega el gran desastre: la muerte de los primogénitos de los egipcios. En nombre de Yavé, en una sola noche, son heridos de muerte hombres, mujeres y animales en todo el territorio.

Para muchos exégetas, las plagas de Egipto tienen una explicación racional. G. E. Wright asegura en *Arqueología bíblica* que el Nilo, «cuando alcanza su mayor caudal, en el mes de agosto, sus aguas se vuelven de color rojo, a causa de la presencia de microorganismos». El papiro de Ipuur (escrito hace 3.000 años) apunta en la misma dirección, responsabilizando a las algas rojas del color del Nilo. La plaga de ranas es justificada por la ausencia de ibis, las aves que se alimentan de renacuajos. Y según estos expertos en el Antiguo Testamento, la descomposición de los millones de ranas habría dado lugar a la aparición de nubes de mosquitos y tábanos. Esto, a su vez, pudo originar toda clase de enfermedades en hombres y animales. Con el granizo no se atreven. Respecto a las tinieblas (novena plaga), los exégetas responsabilizan al *khamsin*, el viento del desierto («que lo oscurece todo»). Con la última plaga —el asesinato de los primogénitos— tampoco se pronuncian.

En resumidas cuentas: los exégetas y demás expertos bíblicos consideran a los antiguos egipcios como retrasados mentales...

Al estudiar esta parte del Antiguo Testamento hubo algo que me llamó la atención: el equipo, además de atemorizar a los egipcios, programó las plagas de forma que atacaran —directamente— a lo más sagrado del pueblo. A saber: a los dioses. Veamos:

La primera (el Nilo convertido en sangre) fue un desprecio hacia el dios Nilo, responsable de la prosperidad de la nación. Pero no solo se vio afectado el gran río. Todas las aguas de Egipto corrieron la misma suerte: lagunas, estanques, depósitos... Además de no poder beber o lavarse, los egipcios se vieron privados de la pesca. Y el dios Jnum, guardián del Nilo, fue humillado. También el dios Hapi —responsable de las crecidas del río, de los peces y las aves— se vio impotente para restablecer el orden. Los sacerdotes egipcios fueron derrotados. Sus oraciones no sirvieron de nada. Osiris, dios del mundo subterráneo, y Hatmehit, diosa de los pescadores, tampoco devolvieron la normalidad a Egipto.

Segunda plaga: las ranas. Estos batracios eran considerados como una de las manifestaciones de Heqet, diosa de los nacimientos. Era representada con cuerpo de mujer y cabeza de rana. Los dioses Nun, Heh y Kek presentaban igualmente cabezas de rana. Para los egipcios, las ranas eran sagradas porque vivían en dos mundos: el agua y la tierra. Si un egipcio pisaba una rana podía ser condenado a muerte. ¿Podemos imaginar la angustia del pueblo al contemplar sus aldeas y ciudades infectadas de ranas? No podían caminar… Si aplastaban a las ranas violaban sus leyes.

Y el equipo siguió dibujando sus diabólicos planes…

Tercera plaga: los piojos. Los astronautas se burlaron de Geb (que velaba por la abundancia de la tierra). Y, como un gran sarcasmo, en lugar de cosechas, la tierra solo proporcionó piojos. Los egipcios invocaron entonces a Imhotep (dios de la medicina), pero las súplicas fueron inútiles. Los sacerdotes no podían entrar en los templos —a rezar a Imhotep— porque ellos mismos aparecían infectados.

Cuarta plaga: los tábanos. La Biblia judía utiliza la palabra «enjambre», refiriéndose a insectos voladores «que zumban». Otros especialistas bíblicos aseguran que podría tratarse de escarabajos peloteros (sagrados para los egipcios), de un enorme poder destructivo (sus mandíbulas cortan la madera). La plaga iría dirigida contra el dios Khepri (representado como un hombre con cabeza de escarabajo). Khepri era el responsable de empujar al sol y se le asociaba al escarabajo porque este empuja y hace rodar las bolas de estiércol. Egipto se vio invadido por estos «enjambres», excepción hecha de la tierra de Gosen (donde vivían los *schasu*: futuro pueblo judío). Si la cuarta plaga fue así, los escarabajos pudieron terminar con buena parte de los edificios de Egipto. Pero los dioses no pudieron evitarlo.

Quinta plaga: Yavé diezmó los animales domésticos. Esto significó la ruina total para Egipto. Caballos, vacas, ovejas, camellos, etc., fueron atacados por extrañas enfermedades. Eso significó el desastre para la alimentación, el transporte, el ejército y los trabajos agrícolas, entre otros. Fue una afrenta a los dioses Ptah (representado como el toro Apis), Ra y Atum (representados por el toro negro «Mer-Wer»). Con esta plaga, el equipo se burló igualmente de la diosa Hathor (cabeza de vaca y cuerpo de mujer). Ninguno de los dioses egipcios restituyó la vida a los animales.

Sexta plaga: úlceras y tumores. La desgracia se precipitó sobre hombres y animales. Fue una afrenta a dioses como Imhotep (dios de la medicina), Toth (dios de la inteligencia), Isis (diosa de la resurrección) y Sekhmet (diosa de la sanidad).

Séptima plaga: el granizo. Los egipcios lo conocían, aunque era algo poco frecuente (Egipto recibe alrededor de 50 milímetros de lluvia al año). Y el granizo destrozó las cosechas, ridiculizando, además, a Nut (dios del cielo), a Shu (dios del aire), a Horus (dios del Alto Egipto), a Seth (protector de las cosechas), a Neper (dios de los cereales) y a Osiris (dios de la vegetación y de la vida). El granizo, como digo, terminó con las cosechas y con la posibilidad de fabricar ropa (especialmente lino).

Octava plaga: langostas. Lo poco que quedaba en Egipto fue devorado por nubes de langostas. Y terminaron con las escasas esperanzas de los egipcios. Y Yavé se rio de

Anubis (dios guardián de los campos), de Osiris (dios de la agricultura), de Isis, de Seth y Neper (ya citados). Pero el equipo siguió con el dramático teatro...

Novena plaga: las tinieblas. Lo he mencionado en páginas anteriores. Estas civilizaciones no humanas son capaces de provocar todo tipo de oscuridades (a plena luz del día). No es de extrañar, por tanto, que Moisés alzara su mano y cayera la oscuridad sobre Egipto durante tres días. Solo en la zona de Gosen (al este del delta del Nilo), los *schasu* disponían de luz. Amón-Ra (dios sol) fue igualmente humillado por el equipo. Ra era el dios supremo, venerado como el gran creador y dador de vida.

CRUELDAD QUÍMICAMENTE PURA

«Y le dijo el Eterno a Moisés: "Todavía mandaré una plaga más sobre el faraón y Egipto, y después os dejará ir e incluso os echará. Habla ahora a los oídos del pueblo para que cada hombre (hebreo) pida a su vecino (egipcio) y cada mujer (hebrea) a su vecina (egipcia) utensilios de plata y de oro (prestados)". El Eterno había hecho que el pueblo (hebreo) hallase gracia a los ojos de los egipcios, y aun el mismo Moisés era apreciado y respetado por los servidores del faraón y el pueblo (egipcio). Y dijo Moisés: "Así dijo el Eterno: 'Como a medianoche pasaré por la tierra de Egipto y morirá todo primogénito, desde el primogénito del faraón, que se sienta en el trono, hasta el primogénito de la sierva que está detrás del molino y todo primerizo de animal. Y habrá clamor tan grande en toda la tierra de Egipto como nunca lo hubo antes y no lo habrá después. Pero entre los hijos de Israel, tanto hombres como animales, ni siquiera ladrará un perro, para que sepáis la diferencia que hace el Eterno entre Egipto y Su pueblo Israel. Y todos tus siervos se prosternarán ante Mí, diciendo:

Sal tú con todo el pueblo que está a tus pies y después saldré (de tu tierra)". Y se retiró (Moisés) enfurecido del palacio del faraón (por la pertinacia de este). Ya el Eterno le había predicho a Moisés: "El faraón no os escuchará, para que se multipliquen Mis prodigios en la tierra de Egipto". Y Moisés y Aarón habían ejecutado esos prodigios ante el faraón, cuyo corazón endureció el Eterno, de manera que se resistía a dejar salir a los hijos de Israel del país.

Y le dijo el Eterno a Moisés y a Aarón en tierra de Egipto: "Sea este mes para vosotros comienzo de mes. Sea para vosotros el primer mes del año. Decid a toda la congregación de Israel: 'El día décimo de este mes tomaréis un cordero por cada casa paterna (o sea), un cordero por cada familia. Y si fuere pequeña la familia para el cordero, lo repartirá con la familia vecina a su casa, según el número de sus almas, calculando la res según lo que cada cual pueda comer. El cordero (o cabrito) será puro (sin defectos), macho, de un año de edad. Lo tomaréis de los carneros y de las cabras. Y será guardado por vosotros hasta el día catorce de este mes, y lo inmolará toda la comunidad de Israel al atardecer. Y tomarán la sangre y la pondrán sobre las dos jambas y sobre el dintel de las casas donde lo comerán. Comerán la carne esa noche, asada al fuego, con pan ázimo (*matzot*) y hierbas amargas (*merorim*). No lo comeréis crudo, ni cocido en el agua, sino asado al fuego, con su cabeza, con sus patas y con sus entrañas. Y no haréis sobrar nada de él hasta la mañana, pues si quedare algo lo quemaréis en el fuego a la mañana. Y así lo comeréis: ceñidos vuestros lomos, con los pies calzados y la vara en vuestra mano, y lo comeréis apresuradamente. Es la Pascua (Pésaj, 'paso') para Mí, el Eterno, pues pasaré por la tierra de Egipto esa noche y heriré a todo primogénito en la tierra de Egipto, sea hombre o animal, y castigaré incluso a todos los dioses de Egipto. Yo, el Eterno. Y la sangre que mostraréis servirá por señal para que Yo, al verla, pase por alto vuestras casas y así no sufriréis la plaga exterminadora con que golpearé a la tierra de Egipto. Y conservaréis la memoria de ese día y lo festejaréis por festividad para el Eterno por todas vuestras generaciones. Durante siete días comeréis pan ázimo (sin levadura). Ya en el día primero suprimiréis la verdura en vuestras casas. Todo el que comiere alimento leudado durante esos siete días será borrado de Israel...'". Y llamó Moisés a todos los ancianos de Israel y les dijo: "Sacaréis del rebaño corderos según vuestras familias y los sacrificaréis para la Pascua. Y tomaréis un manojo de hisopo y lo mojaréis en la sangre que verteréis en un vaso, y salpicaréis esa sangre en el dintel y las dos jambas de las puertas de vuestras casas, de las cuales no saldréis hasta la mañana. Y pasará el Eterno para exterminar a los (primogénitos de los) egipcios y salteará las casas cuyas puertas estén manchadas con la sangre...". Y a medianoche el Eterno hirió a todo primogénito en la tierra de Egipto, desde el primogénito del faraón que estaba en su trono hasta los primogénitos de los presos que estaban en la cárcel y todo primerizo de animal. Y levantose el faraón de noche, y también sus siervos y todo Egipto, con grandes alaridos de dolor, ya que no había casa donde no hubiere un muerto. Y llamó (el faraón) a Moisés y a Aarón de noche y les dijo: "Levantaos, salid de entre mi pueblo con todos los hijos de Israel e idos, servid al Eterno como pedíais. Llevad también vuestras majadas y vuestros vacunos, y bendecidme también a mí". Y urgían los egipcios a los hebreos para que se fueran presto, porque decían: "Todos nosotros seremos muertos"... Y (antes de partir) pidieron a los egipcios en préstamo objetos de plata y de oro, y también vestidos...». (Éxodo)

¡Qué extraño! ¿Los *schasu* (hebreos) eran gratos a los ojos de los egipcios? ¿Después de haber padecido los efectos de las nueve plagas? Estas afirmaciones huelen a interpolación posterior o a burda manipulación de la verdad.

¿Quizá para disimular el robo final, cuando salen de Egipto cargados de oro, plata y vestidos? Me cuesta trabajo creer que los egipcios —además de ser derrotados— «prestaran» lo más valioso que tenían al pueblo que estaba a punto de ser expulsado del país. Pero vayamos a lo más grave…

La décima plaga —el asesinato de los primogénitos egipcios—, en mi opinión, fue la máxima crueldad a la que pudo llegar el equipo de astronautas al servicio de Yavé. Carecemos de datos concretos. No sabemos si el genocidio alcanzó a la totalidad de las tierras egipcias o se limitó a la región de Gosen, donde residían los futuros judíos. Sea como fuere, lo cierto es que los asesinatos —en el transcurso de una noche— pudieron sumar entre 100.000 y 300.000 personas (amén de los animales). Por cierto, en el caso de gemelos o trillizos, ¿cómo distinguían al primogénito? La pregunta es un poco tonta. No olvidemos que estamos hablando de una supertecnología. La verdad es que no concibo al Padre Azul fulminando a niños y a bebés… ¿Y por qué a los primogénitos? El equipo sabía muy bien que eran los legítimos herederos de las familias. Serían la élite de la sociedad, tanto en la vida civil, militar o religiosa. Y Yavé castigó donde más podía doler… Y, de paso, volvió a burlarse de Serket (diosa de la protección), de Mesjenet (diosa que protegía los nacimientos), de Sobek (dios de la fertilidad), de Osiris (dador de vida) y de Renenutet (protector especial del faraón).

A continuación, el Éxodo recoge una serie de normas (de obligado cumplimiento) sobre el pan que debe ser consumido en esa fecha y la forma de cocinar el cordero. En mi opinión, teatro puro y duro.

Naturalmente, el Antiguo Testamento no hace mención de la crueldad químicamente pura del tal Yavé (también conocido como el Eterno o los *elohim*). El equipo de astronautas no se negó —que sepamos— a cumplir las órdenes:

destruir a bebés, niños o jovencitos y jovencitas. Para mí está claro: Yavé no era Dios.

Sí, mi concepto del Padre Azul —del AMOR— es otro...

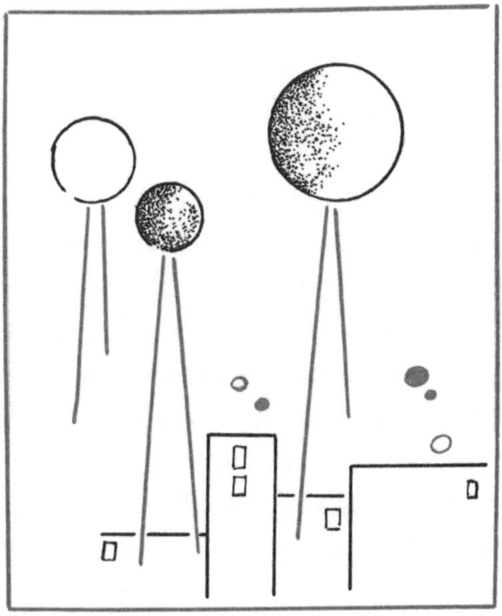

Visión remota: cientos de esferas sobrevolaron Egipto, matando a los primogénitos de los egipcios. (Cuaderno de campo de J. J. Benítez.)

600.000

«Y viajaron los hijos de Israel de Rameses (Ramsés) a Sucot, unos seiscientos mil hombres en total, sin contar los niños. Y también mucha gente (presumiblemente conversos) subió con ellos, junto con muchísimos ovinos y vacunos... La permanencia de los hijos de Israel en Egipto había durado cuatrocientos treinta años... Y le dijo el Eterno a Moisés y Aarón: "Esta es la ley de la Pascua: Ningún extranjero comerá de ella. Para que vuestro siervo pueda comer de ella deberéis circuncidarlo"». (Éxodo)

Aunque los exégetas e historiadores no se ponen de acuerdo en las fechas, es posible que la salida de los *schasu* (nómadas) de Egipto tuviera lugar hacia el año 1278 antes de Cristo y bajo el reinado del faraón Ramsés II o quizá de Merneptá, su hijo. Otros señalan a Ramsés II como el rey que soportó las diez plagas y a Merneptá como el faraón que cedió y ordenó la salida de los futuros hebreos de las tierras del delta del Nilo.

Y llegamos a otra cuestión ciertamente confusa: ¿cuántos *schasu* salieron de Gosen? Para los exégetas, la cifra de seiscientos mil no es creíble. ¿Se trataba de los hombres con capacidad para empuñar un arma? ¿Cuántas mujeres, niños y ancianos los acompañaban? Según el especialista Robert Ambelain, si la cifra de seiscientos mil fuera correcta, la totalidad de los *schasu* rondaría más de un millón de almas. Parece evidente que el redactor o redactores de la Biblia exageraron.

Y el equipo, una vez más, insiste e insiste en la obligación de circuncidar a los *schasu*. «Para poder comer la Pascua —dice el Éxodo— todo Israel deberá estar circuncidado. El forastero y el jornalero (se supone que no judíos) no la comerán». Si un extranjero quisiera comer la Pascua con los *schasu*, primero deberá someterse a la circuncisión. Y me pregunto: ¿por qué el equipo obliga a los nómadas que salieron de Egipto a circuncidarse? Consulté a médicos especialistas y todos coincidieron: cortar la piel del prepucio es una norma higiénico-sanitaria de primer orden. Es una forma de prevenir infecciones. Y comprendí: para mejorar la salud de aquella gente era preciso empezar por lo más básico. Pero, para que tomaran en serio las palabras de Yavé, fue necesario que la circuncisión apareciera como un «pacto» (una disposición religiosa; otra más).

Y empieza la aventura de los *schasu* en la península del Sinaí. Y el equipo —como veremos— se puso a la cabeza de aquella tropa. Y Yavé, inteligentemente, no elige el camino habitual hacia las tierras de Canaán...

Pero vayamos por partes.

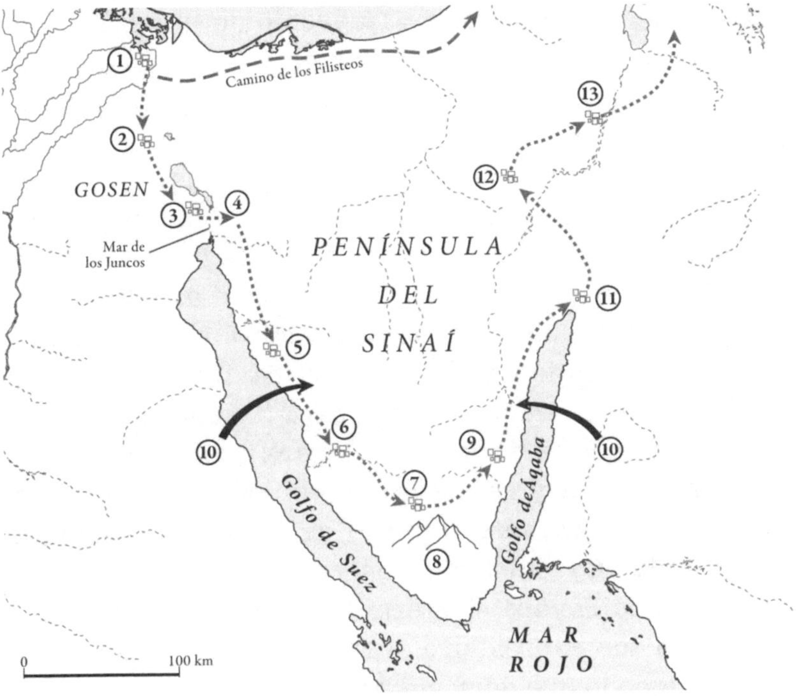

Posible ruta seguida por los schasu *(hebreos) en la península del Sinaí. 1: parten de la ciudad de Rameses (al este del delta del Nilo). 2: siguen hacia Sucot. 3: siguen hacia Migdol. 4: cruzan el mar de las Cañas (separación de las aguas). 5: siguen hacia Mara. 6: siguen hacia Elim. 7: siguen hacia Dafqá. 8: macizo del Sinaí. 9: siguen hacia Hazerot. 10: rutas de las codornices. 11: siguen hacia Esyón-Gueber. 12: siguen por el desierto. 13: milagro (Moisés hace manar agua de una roca). Al norte de la península, el camino habitual para llegar a Canaán (la tierra prometida). (Cuaderno de campo de J. J. Benítez.)*

SIGUE EL TEATRO

«Y le dijo el Eterno a Moisés: "Santifícame todo primogénito que nazca entre los hijos de Israel, tanto hombre como animal. Para Mí es". Y le dijo Moisés al pueblo: "Recordad este día en que salisteis de la servidumbre de Egipto, porque con mano fuerte os libró el Eterno y (para conmemorarlo) no se comerá alimento leudado (con levadura). Habéis salido en el mes de la primavera (Aviv). Y cuando te lleve el Eterno a la tierra de los cananeos, de los jeteos, de los amorreos, de los heveos y de los jebuseos, que a tus padres juró darte, tierra que mana leche y miel, guardarás este rito, en este mes. Durante siete días comerás pan sin fermentar y en el día séptimo harás fiesta para el Eterno. El pan ázimo será comido durante los siete días y no será visto por ti pan leudado ni verás levadura alguna en todo tu ámbito. Y le dirás a tu hijo en este día: 'Por eso me hizo el Eterno salir de Egipto'. Y será para ti como señal sobre tu mano y memoria ante tus ojos, para que sea la ley del Eterno en tu boca y recuerdes que el Eterno te libró con mano fuerte de (la servidumbre) de Egipto. Y guardarás esta ley cada año en los días fijados".

"Cuando te llevare el Eterno a la tierra de los cananeos, que a tus padres juró el Eterno darte, consagrarás al Eterno todo lo que abra matriz por primera vez, incluso toda cría primeriza de animal, que sea macho, pero a todo primerizo de asno lo redimirás con un cordero, y si no lo hicieres lo desnucarás. Y redimirás a todo primogénito de hombre entre tus hijos. Y cuando te preguntare mañana tu hijo: '¿Qué es esto?', le contestarás: 'Con mano vigorosa nos libró el Eterno de la casa de servidumbre de Egipto. Y cuando se endureció el faraón no dejándonos salir, el Eterno mató a todo primogénito en la tierra de Egipto, desde primogénito de hombre hasta primerizo de animal. Por lo tanto yo sacrifico para el Eterno todo macho primerizo y Le consagro todo primogénito de mis hijos. Así será como señal sobre tu mano y como fajas frontales (*totafot*, filacterias) entre tus ojos, pues con mano poderosa el Eterno nos sacó de Egipto'"». (Éxodo)

Sigue el teatro...

Una vez consumada la salida de los nómadas (es importante recordar que no eran judíos) de las tierras próximas al delta del Nilo, el equipo de astronautas se enfrenta a tres grandes retos. A saber:

1. Lograr que los *schasu* tomen conciencia de pueblo. Como dije, hasta esos momentos, los seiscientos mil (?) eran un batiburrillo de razas (fundamentalmente nómadas). Es a partir de ahí —muy lentamente— cuando los *schasu* empiezan a considerarse «hebreos» (hijos de Jacob, al que el «ángel» llama Israel). Se trataría, como digo, de una labor muy lenta.
2. Formalizar una religión única entre los citados nómadas, acostumbrados a servir a decenas de dioses (entre ellos a los dioses egipcios). Para esto debían «construir» toda una liturgia que giraba alrededor de Yavé (el Eterno), el único Dios verdadero. E inventan el timo de la levadura y de la consagración de los primogénitos, entre otros. Y me pregunto: ¿qué tiene que ver el pan ázimo con la Divinidad? ¿Qué podía importarle al Padre Azul (el verdadero Dios) que los *schasu* sacrificaran las crías primerizas de sus animales? Toda esta normativa iba dirigida a crear y fortalecer lo que, a no tardar, se convertiría en la religión mosaica; una religión monoteísta de la que —mucho después— se desprendería la cristiana. Todo estaba previsto en el equipo de Yavé...
3. Preparar la conquista de Canaán, la llamada «tierra prometida». El equipo sabía (perfectamente) que dichas tierras se hallaban ocupadas por legítimos propietarios (y los menciona). Y aun así las promete a los descendientes de Abraham. ¡Qué desvergüenza!

«Y ocurrió que al dejar salir el faraón al pueblo (hebreo), este no fue conducido por el Eterno por el camino de tierra de los filisteos, que estaba cerca, porque se dijo Dios: "Que el pueblo no se arrepienta al ver guerra y quiera volver a Egipto". E hizo Dios (en cambio) que el pueblo tomara el camino del desierto dando un rodeo hacia el mar Rojo. Y armados salieron los hijos de Israel de la tierra de Egipto. Y llevó Moisés consigo los huesos de José, cumpliendo lo que este les había hecho jurar a los hijos de Israel para cuando los redimiera el Eterno. Y viajaron de Sucot (al día siguiente) y acamparon en Etam, en el extremo del desierto». (Éxodo)

El comentario del supuesto Dios produce risa: «Que el pueblo no se arrepienta al ver guerra y quiera volver a Egipto». La frase, obviamente, huele a interpolación posterior... El equipo sabía lo que hacía al conducir a los *schasu* por la senda más larga y árida. El camino habitual hacia Canaán —más corto y seguro— se hallaba al norte, a orillas del Mediterráneo. Pero había un problema: ese camino (llamado de los filisteos) disponía de numerosos fuertes egipcios. Se alineaban, estratégicamente, entre el delta del Nilo y la actual Gaza. Un relieve en piedra procedente del reinado de Seti I (padre de Ramsés II) muestra dichos fuertes, con sus depósitos de víveres y de agua. En 1970, el profesor Oren, de la Universidad Ben-Gurión, en Israel, excavó la zona y descubrió los restos de algunas de estas fortificaciones militares. El equipo sabía que el tránsito de los nómadas por la ruta de los filisteos podía ocasionar enfrentamientos con los soldados egipcios y optó por el camino del sur, hacia el mar Rojo.[1]

[1] El Pentateuco (Números) proporciona la ruta seguida por los *schasu* en la península del Sinaí. Lo que se conoce como el éxodo. Dice

Algunos exégetas y expertos en el Antiguo Testamento niegan la realidad del éxodo por la península del Sinaí «por la sencilla razón —dicen— de que no han sido encontrados restos del paso de los seiscientos mil *schasu*». Falso. Existen cientos de inscripciones grabadas en las rocas del Sinaí (y en otros parajes), trabajadas con mimo sobre el granito. Blanca y yo vimos algunas de estas inscripciones (y

así: «Y los hijos de Israel partieron de Ramsés y acamparon en Sucot. Y partieron de Sucot y acamparon en Etam, en el extremo del desierto. Y partieron de Etam y se volvieron a Pi Hajirot, que está antes de Balsefón (Báal Tz'fon) y acamparon antes de Migdol. Y partieron de Pi Hajirot y pasaron por el medio del mar al desierto y anduvieron tres días en el desierto de Etam y acamparon en Mara. Y partieron de Mara y llegaron a Elim, donde había doce manantiales de agua y setenta palmeras, y acamparon allí. Y partieron de Elim y acamparon junto al mar Rojo (Yam Suf). Y partieron del mar Rojo y acamparon en el desierto de Sin. Y partieron del desierto de Sin y acamparon en Dafqá. Y partieron de Dafqá y acamparon en Alús (Alush). Y partieron de Alús y acamparon en Refidim, donde el pueblo no tenía agua para beber. Y partieron de Refidim y acamparon en el desierto de Sinaí. Y partieron del desierto de Sinaí y acamparon en Quibrot Hataavá. Y partieron de Quibrot Hataavá y acamparon en Hazerot (Jatzerot). Y partieron de Hazerot y acamparon en Ritmá. Y partieron de Ritmá y acamparon en Rimón Farés (Rimón Peretz). Y partieron de Rimón Farés y acamparon en Libná (Livná). Y partieron de Libná y acamparon en Risá. Y partieron de Risá y acamparon en Quelata (K'helata). Y partieron de Quelata y acamparon en el monte Sefer (Shófer). Y partieron del monte Sefer y acamparon en Jaradá. Y partieron de Jaradá y acamparon en Maquelot. Y partieron de Maquelot y acamparon en Tájat. Y partieron de Tájat y acamparon en Mitcá. Y partieron de Mitcá y acamparon en Jasmona (Jashmoná). Y partieron de Jasmona y acamparon en Moserot. Y partieron de Moserot y acamparon en Bené Yaacán. Y partieron de Bené Yaacán y acamparon en Hor Haguidgad. Y partieron de Hor Haguidgad y acamparon en Jotbata (Yotvata). Y partieron de Jotbata y acamparon en Abrona (Avroná). Y partieron de Abrona y acamparon en Esyón-Gueber (Etzión Guéver). Y partieron de Esyón-Gueber y acamparon en el desierto de Sin, en Cades (Cadesh). Y partieron de Cades y acamparon en el monte Hor, en el extremo de la tierra de Edom. Y Aarón el (sumo) sacerdote subió al monte Hor por orden del Eterno y murió allí, a cuarenta años de la salida de los hijos de Israel de Egipto».

las fotografiamos). Diodoro Siculus (año 10 a. de C.) las menciona en su obra *Biblioteca de Historia*. Años después (518 de nuestra era), el escritor Cosmas las menciona y asegura «que aparecen en todas las paradas..., y en caracteres hebreos». Para Cosmas Indicopleustes no hay duda: «Las inscripciones fueron obra de los judíos durante el éxodo». A estas pruebas hay que añadir las exploraciones del obispo Clayton, de Irlanda (1753), Charles Forster (1862), Stanley, Stewart y otros arqueólogos. Todos coinciden: «Las inscripciones del Sinaí son de origen hebreo y egipcio; es decir, grabadas en los dos idiomas». Blanca y este pecador las contemplamos en los cerros y valles del Sidri, Aleyat y Nukb-Hawy. En total, según mis cálculos, las inscripciones en las rocas son más de setecientas. En ellas se comenta la salida de las tierras de Gosen, en Egipto, el milagroso cruce del mar de los Juncos o de las Cañas y los prodigios en la montaña sagrada (Sinaí).

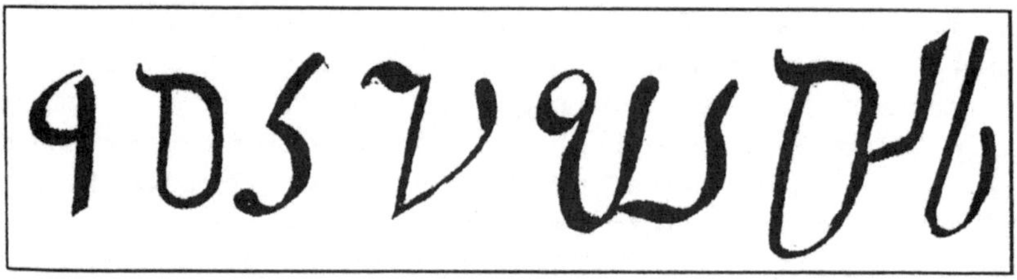

Inscripción grabada en las rocas del monte Sinaí: «El viento soplando, el mar dividiéndose en secciones, ellos pasando. Los hebreos huyen a través del mar; el mar se convierte en tierra seca...». *(Traducido por C. Forters.) (Cuaderno de campo de J. J. Benítez.)*

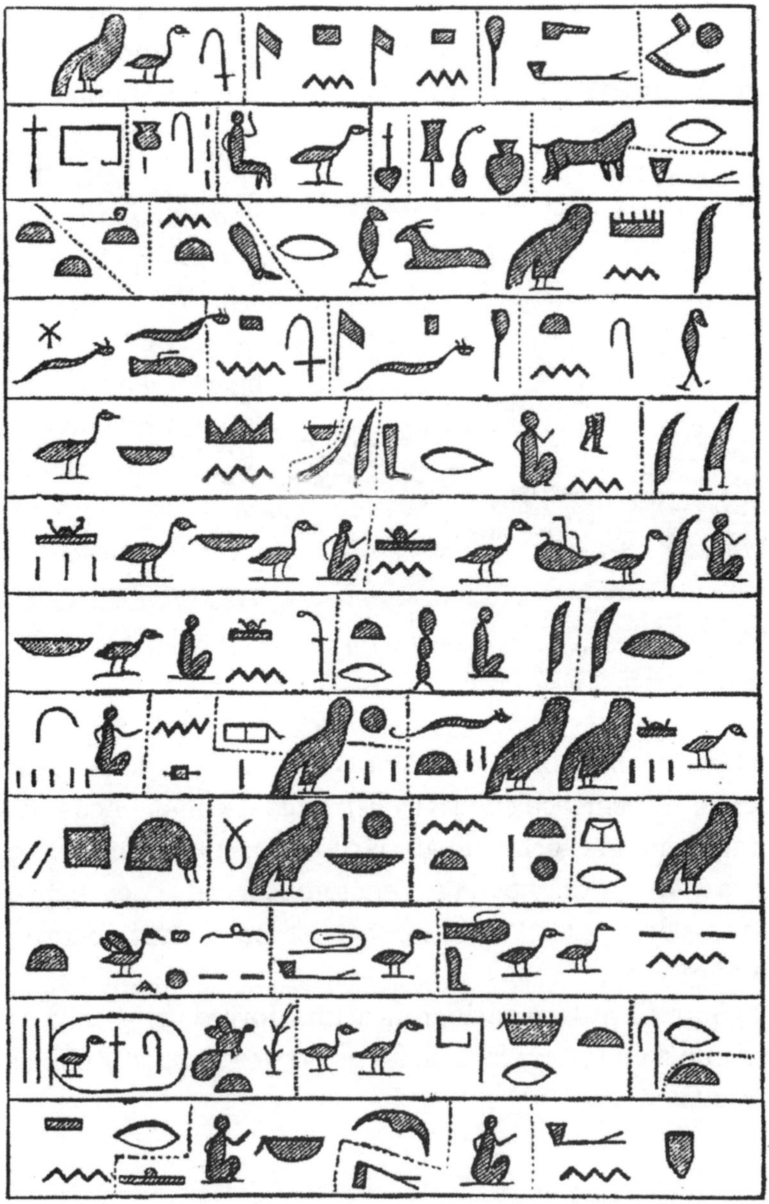

Las inscripciones grabadas en la península del Sinaí superan las setecientas. Según los expertos fueron trabajadas durante el éxodo de los schasu, *hacia el año 1278 antes de Cristo. En el grabado, inscripción hallada en Turbet (relata las muertes de los judíos tras el paso del mar de las Cañas). (Archivo: J. J. Benítez.)*

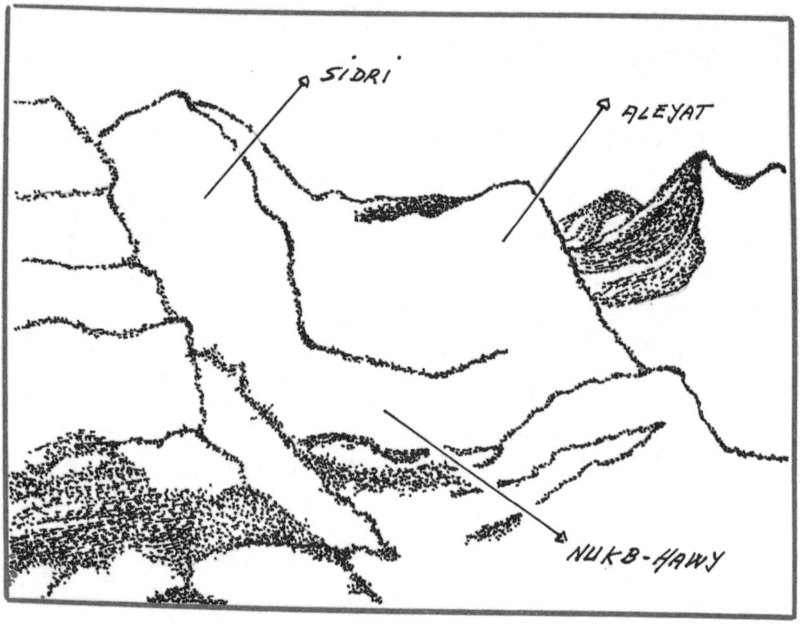

Las inscripciones en el wadi Sidri, en el macizo del Sinaí, nos impresionaron. (Cuaderno de campo de J. J. Benítez.)

Una de aquellas grabaciones en la roca dice textualmente: «Peregrinos fugitivos a través del mar encuentran un refugio en Sidri... Relámpagos sobre el terreno, y continúan en su peregrinaje llenos de terror... Los hebreos pasan por el mar hasta el desierto seco, muriéndose de hambre y sed».

¿Se refiere la inscripción a una tormenta seca o a la presencia de los «carros de fuego» que acompañaban a los *schasu*?

NAVE NODRIZA

«Y el Eterno iba delante de ellos de día guiándolos con una columna de nube, y de noche con una columna de fuego para alumbrarles el camino. No se apartaba la columna de nube de día y la columna de fuego de noche, siempre delante del pueblo». (Éxodo)

Capítulo clave. El Éxodo expone con claridad quiénes velaban por la seguridad de los seiscientos mil. La descripción de las naves (columna de nube y columna de fuego) nos habla de nodrizas camufladas entre nubes y nodrizas o portadoras totalmente iluminadas que ayudaban al pueblo a caminar por el desierto durante la noche. Estas descripciones reafirman mi planteamiento inicial: Yavé fue un equipo de seres no humanos —avanzadísimos— que se propuso convertir a los nómadas que trabajaban en la región de Gosen (al servicio de los egipcios) en el «pueblo elegido». Los redactores del Éxodo confunden, lógicamente, al Eterno (la Divinidad) con la columna de nube y de fuego que marchaba por delante del pueblo. ¿Qué otra cosa podían pensar de un artefacto en forma de pepino o de enorme cilindro, capaz de volar y de inmovilizarse sobre las cabezas de la gente? Estamos hablando del año 1278 antes de Cristo, aproximadamente. ¿Y qué pensar de los seres que descendían de la columna de fuego o de nube? A todas luces eran dioses (*elohim*). Portaban armas incomprensibles para los nómadas, flotaban en el espacio y sus trajes eran brillantes y metálicos. Hoy, en los siglos XX y XXI, esta clase de naves ha sido vista y fotografiada miles de veces en todo el planeta.

Veamos algunos ejemplos:

A la una de la madrugada, un comerciante de Vermon, en Francia, entró en su domicilio y procedió a encerrar su auto. Al salir del garaje, *Monsieur* Bernard Miserey se sorprendió al observar una luz que iluminaba el pueblo. Al levantar la vista descubrió un gigantesco «cigarro» —en posición vertical—, a cosa de unos 300 metros. Era silencioso. Y, al poco, por la parte inferior del cilindro surgió un objeto en forma de disco que evolucionó sobre la zona, siguiendo el curso del río Sena. El testigo calculó que el objeto con forma de cigarro podía tener una longitud de 100 metros (como poco).

Otro caso muy parecido se registró en la pequeña aldea de La Gabalière, en la carretera 160 (también en Francia). Gerge Fortin fue el testigo: «Me encontraba trabajando en el campo con otros jornaleros. Eran las cinco de la madrugada. Y, de pronto, de entre la espesa capa de nubes vimos surgir una "nube" luminosa de color azul violeta. Era como un enorme cigarro. Se hallaba en posición horizontal, con un extremo ligeramente inclinado hacia tierra. Parecía un submarino cubierto de vapor. Después lo vimos descender hasta situarse a unos 400 metros del suelo. Allí se mantuvo unos minutos y, finalmente, se situó en posición vertical».

En esas mismas fechas (principios de los años setenta), a plena luz del día, Estanislao López fue testigo de otros dos OVNIS con forma de cilindros. Ocurrió a 20 kilómetros de Fuentesaúco, en la provincia española de Zamora. El testigo observó en el cielo algo que brillaba. Se aproximó, descendió del coche y vio dos objetos muy extraños. Parecían gigantescos cilindros, de unos 30 metros de longitud por 4 o 5 de radio. Se encontraban inmóviles y silenciosos. El color era anaranjado. A los quince minutos, el cilindro de la derecha empezó a elevarse y se perdió en el cielo. Cinco minutos después, el segundo cilindro hizo otro tanto.

Los exégetas salen del paso como pueden. El teólogo León-Dufour afirma que las columnas de nube y de fuego que menciona el Éxodo «manifiestan el doble aspecto del misterio divino: santidad inaccesible al pecador, proximidad de gracia para el elegido». Y se quedó tan feliz...

Para mí está clarísimo. Después de cincuenta años de investigación OVNI, los objetos descritos en el Antiguo Testamento son los mismos (o parecidos) a los que investigamos en la actualidad. ¿Quiere decir esto que las civilizaciones que nos visitan hoy son las mismas que descendieron sobre el Sinaí hace 3.300 años? Es posible. Como señalé en su momento, el «plan» trazado por el equipo no ha terminado...

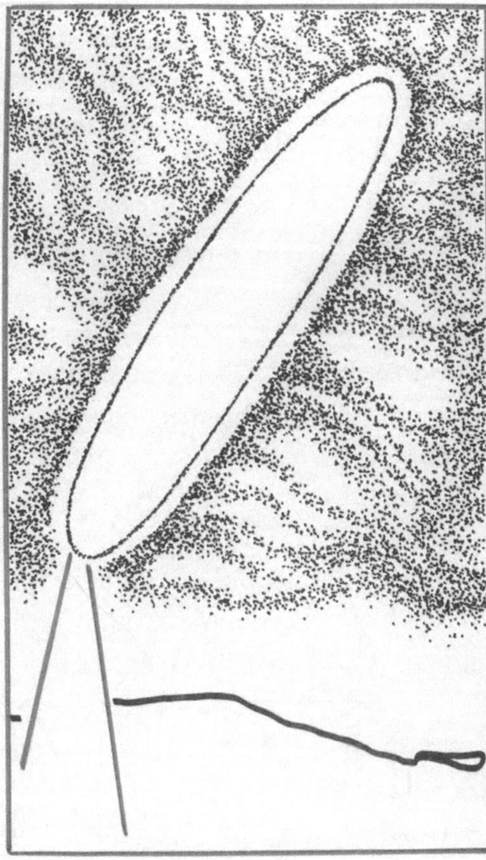

Visión remota. Tras una relajación profunda, Juanjo Benítez se proyectó mentalmente al éxodo de los schasu *por el desierto de la península sinaítica. Lo que vio fue una enorme nave ovoide que proyectaba un haz de luz por uno de sus extremos, iluminando la zona. El pueblo la seguía. (Cuaderno de campo de J. J. Benítez.)*

¿Qué podían pensar hace 3.300 años de unos seres que descendían en conos de luz de extrañas «nubes» voladoras? Sencillamente, los tomaron por Dioses (Elohim). (Dibujo de Ghot.)

De las grandes naves portadoras o nodrizas partían discos más pequeños a los que los judíos llamaron «merkabah». (Ilustración de Ghot.)

EL MAR DE LAS CAÑAS

«Y le dijo el Eterno a Moisés: "Diles a los hijos de Israel que se vuelvan y acampen delante de Pi Hajirot, entre Migdol y el mar, frente a Baalsefón (Báal Tz'fon). Frente al mar acamparéis. Y dirá el faraón que los hijos de Israel se han extraviado en medio del desierto. Entonces endureceré su corazón y os perseguirá, y Yo he de gloriarme en el faraón y todo su ejército, y sabrá Egipto que Yo soy el Eterno". Y así lo hicieron. Y anunciáronle al faraón que el pueblo (de Israel) había huido (no se había limitado a adorar al Eterno), y fue cambiada la disposición del faraón y su gente para con el pueblo (hebreo) y dijeron: "¿Qué hicimos que dejamos ir a Israel para que dejara de servirnos?". Entonces (el faraón) unció sus carros (de guerra) y partió con su gente. Tomó todos los carros (disponibles) de Egipto, unos seiscientos carros escogidos, con sus respectivos capitanes. Y el faraón, con el corazón que el Eterno había hecho endurecer, se lanzó en pos de los hijos de Israel, que habían salido con mano alta (confiados). Y los egipcios, en su persecución con los carros, los alcanzaron acampando junto al mar cerca de Pi Hajirot, frente a Baalsefón. Y al acercarse el ejército del faraón alzaron sus ojos los hijos de Israel y se aterrorizaron al ver la marcha de los egipcios, y clamaron desesperadamente al Eterno. Y reclamáronle a Moisés: "¿Acaso no había sepulturas en Egipto que nos tomaste para morir en el desierto?". ¿Qué nos ha hecho al sacarnos de Egipto? ¿No te decíamos en Egipto que nos dejaras seguir sirviendo a los egipcios, que mejor era servirles que morir en el desierto?". Pero respondió Moisés: "No temáis, tranquilizaos y veréis cómo os salvará hoy el Eterno, pues los egipcios que habéis visto hoy no los volveréis a ver más. El Eterno peleará con vosotros. Guardad, pues, silencio".

Y le dijo el Eterno a Moisés: "¿Qué clamor es este? Diles a los hijos de Israel que se pongan en marcha, y tú alza tu vara y extiende tu mano sobre el mar para que se divida y puedan entrar los hijos de Israel en lo seco. Entretanto Yo endureceré el corazón de los egipcios para que entren tras ellos y seré gloriado en el faraón y en todo su ejército, con sus carros y sus jinetes, y sabrán los egipcios que Yo soy el Eterno, al gloriarme en el faraón, en sus carros y en sus jinetes". Y el ángel de Dios, que hasta entonces andaba delante del campamento de Israel, se puso detrás de ellos, de modo que la columna de nube que iba delante se puso detrás de ellos, entre el campamento de los egipcios y el de Israel, y fue extremadamente oscura la noche, y no se acercó uno a otro en todo su transcurso. Y extendió Moisés su mano sobre el mar y el Eterno hizo soplar un fuerte viento solano toda la noche que puso el mar en seco, siendo divididas las aguas. Y entraron los hijos de Israel en el mar en seco, y las aguas fueron para ellos como muros a la derecha y a la izquierda. Y los persiguieron los egipcios y entraron tras ellos en el mar los caballos del faraón, sus carros y sus jinetes. Y al despuntar el alba se dirigió el Eterno, entre la columna de fuego y nube, al campamento de los egipcios sembrando el desconcierto entre ellos. Y quitó las ruedas de sus carros, de modo que apenas podían desplazarse penosamente. Entonces se dijeron los egipcios: "Huiremos de ante Israel, ya que el Eterno pelea por ellos contra Egipto". Y le dijo el Eterno a Moisés: "Extiende tu mano sobre el mar y vuelvan a unirse las aguas sobre Egipto, sobre sus carros y sobre sus jinetes". Y extendió Moisés su mano sobre el mar y, ya de mañana, volvió el mar a su estado usual, cubriendo a los egipcios que huían, y el Eterno los sacudió en medio del mar, de modo que no quedó de ellos ninguno. Los hijos de Israel habían cruzado el mar en seco, con las aguas levantadas como muros a la derecha y a la izquierda. Y salvó el Eterno ese día a Israel de la mano de Egipto, quedando los egipcios muertos a la orilla del mar. Y vio Israel cuán grande se mostró el Eterno con los egipcios, y temió el pueblo al Eterno y creyeron en Él y en Moisés, Su siervo». (Éxodo)

Llama la atención en estos pasajes el hecho de que el faraón se sintiera engañado. ¿Moisés no le dijo la verdad? ¿Pensó el rey de los egipcios que los *schasu*, una vez adorado Yavé en el desierto, regresarían a Gosen? Está claro que el Antiguo Testamento no cuenta toda la verdad...

Y otro «detalle» curioso... Cuando los nómadas descubren los seiscientos carros de guerra que avanzan hacia ellos protestan y se enfrentan a Moisés. Pero este los tranquiliza y les dice que esos egipcios morirán («no los volveréis a ver más»). En otras palabras: Moisés sabía lo que iba a suceder. Y me pregunto: ¿cómo lo sabía? Muy simple: el equipo estaba en contacto con él y, probablemente, le adelantaron lo que iba a ocurrir.

Y la «nube» (nave) que marchaba delante de los *schasu* se situó por detrás de los seiscientos mil, entre ambos campamentos: el de los nómadas (futuros judíos) y el del faraón.

Los exégetas y teólogos no se ponen de acuerdo sobre el lugar en el que se registró la separación de las aguas y tampoco en la forma del prodigio. He leído los estudios de Eissfeldt y no me convencen. Asegura que el paso del mar Rojo se produjo en el lago Sirbónico, en la costa del Mediterráneo (entre Egipto y Palestina). En mi opinión, esa zona —al oeste de Pelusium— no tiene nada que ver con lo descrito en el Éxodo. Otros estudiosos, como M. Noth y Helck, desplazan el milagro hasta los lagos Amargos (actual canal de Suez).

Tengo claro que la separación de las aguas en el mar de las Cañas o de los Juncos no fue un problema para la tecnología manejada por aquellas civilizaciones no humanas. En 1980, un testigo (introducido en una de estas naves), vio —desconcertado— cómo una de las montañas de los Andes se abría de par en par. Y la nave penetró en el interior. Y me pregunto: ¿seríamos capaces de explicar a Moisés la simple realidad de una radiografía? Lógicamente, al asistir a la apertura de las aguas, los *schasu* sintieron temor. Y creyeron en el Eterno (en el equipo de astronautas). Era lo previsto. Y sigo pensando: ¿por qué acabar con el ejército del faraón? Si las naves inutilizaron los carros («y quitó las ruedas de sus carros») hubiera sido sencillo que los soldados quedaran paralizados. Con eso habría sido suficiente para que los *schasu* hubieran podido huir. Pero —ya lo sabemos— a Yavé y a su banda les encantaba matar...

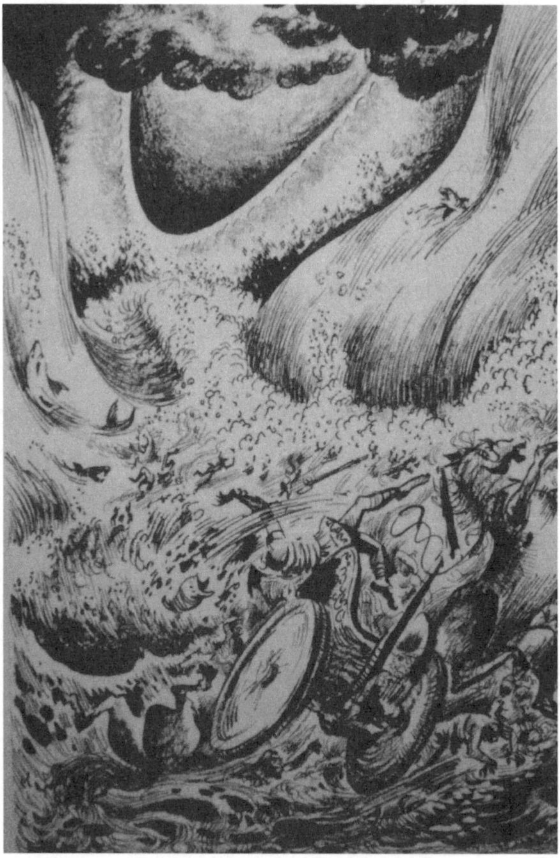

El paso del mar Rojo: más teatro, con resultado de muerte. En la separación de las aguas perecieron más de 1.200 egipcios y otros tantos caballos. (Dibujo de Ghot.)

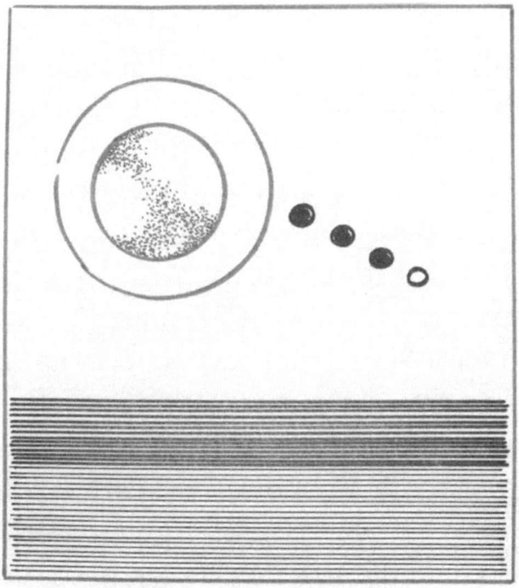

Tras una relajación profunda, al emitir ondas alfa, me proyecté al paso del mar Rojo. Y observé la presencia de cinco naves. Estos objetos «fabricaron» un cono magnético (?) que provocó la separación de las aguas. Una vez abierta la mar, las naves propiciaron un fuerte viento que secó el fondo marino, permitiendo el paso de los seiscientos mil schasu. *(Cuaderno de campo de J. J. Benítez.)*

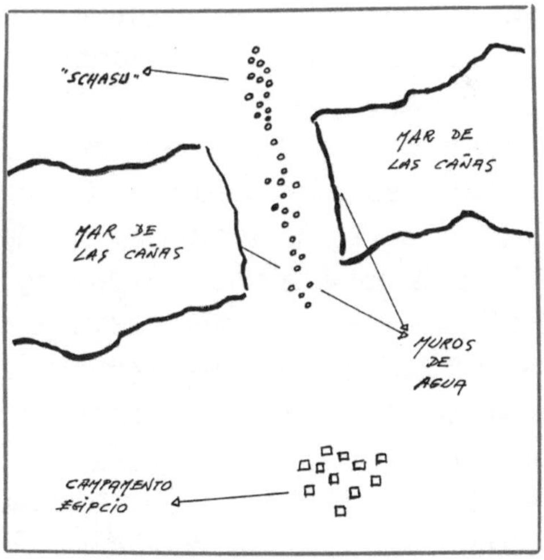

¿Por qué el equipo no paralizó el campamento egipcio, impidiendo así que los carros persiguieran a los seiscientos mil schasu? *(Cuaderno de campo de J. J. Benítez.)*

EL MANÁ

«Y condujo Moisés a Israel desde el mar Rojo por el desierto de Shur, por el cual anduvieron tres días sin hallar agua. Y llegaron a un lugar donde encontraron aguas amargas, que no pudieron beber, motivo por el que llamaron a ese sitio Mará (amargura). Y airóse el pueblo contra Moisés, preguntando: "¿Qué beberemos?". Y clamó el Eterno, Quien le mostró un árbol que echó a las aguas y estas se endulzaron. Allí dio al pueblo leyes y estatutos y lo puso a prueba... Y llegaron a Elim, donde había doce fuentes de agua y setenta palmeras, y acamparon allí junto a las aguas.

Y viajó toda la congregación de los hijos de Israel desde Elim hasta el desierto de Sin, que está entre Elim y Sinaí (Sinay), a los quince días del segundo mes de su salida de la tierra de Egipto. Y protestaba toda la comunidad de los hijos de Israel contra Moisés y contra Aarón en el desierto y les dijeron: "Era preferible morir a manos del Eterno en Egipto, cuando nos sentábamos junto a la olla de carne y comíamos pan en abundancia. En cambio, nos trajisteis a este desierto para que muramos de hambre".

Entonces le dijo el Eterno a Moisés: "He aquí que haré llover para vosotros pan del cielo y el pueblo lo recogerá, cada día la porción necesaria para cada uno, y así los pondré a prueba si andan en Mi ley o no...". Y le dijo Moisés a Aarón: "Dile a la congregación de los hijos de Israel: 'Acercaos al Eterno, pues escuchó vuestras murmuraciones'". Y al hablar Aarón a la congregación de los hijos de Israel aparecióseles la gloria del Eterno en la nube, en medio del desierto.

Y le dijo el Eterno a Moisés: "Oí las murmuraciones de los hijos de Israel. Diles que a la caída de la tarde comerán carne y por la mañana se hartarán de pan y sabrán que Yo soy el Eterno, vuestro Dios". Y por la tarde cubrióse el campamento de codornices y por la mañana una capa de rocío, quedando sobre el suelo una suerte de capa delgada, escamosa, semejante a la escarcha de la tierra. Y al ver eso los hijos de Israel, preguntáronse entre sí: "¿Qué es?", porque no sabían qué era. Y les explicó Moisés: "Es el pan que os da el Eterno para que comáis". Esto es lo que ordenó el Eterno: "Recogerá cada cual lo que necesite, un 'ómer' por cabeza, según el número de almas de cada tienda". Y así lo hicieron los hijos de Israel y recogieron algunos más y otros menos... Y cada mañana recogía cada cual su parte, que se derretía a medida que calentaba el sol... Y llamó la congregación de Israel (al pan que comía) maná (*man*), y este era como semilla de cilantro, blanco, con sabor a pasteles con miel... Y los hijos de Israel comieron el maná durante cuarenta años, hasta su arribo a tierra habitada. Lo comieron hasta que llegaron al linde de la tierra de Canaán». (Éxodo)

El equipo sigue con el teatro: Moisés (o los astronautas) lanzan un árbol a las aguas amargas y se vuelven dulces.

Asunto «maná». Los botánicos a los que consulté se inclinaron por explicar «el pan que caía del cielo» como fruto de un árbol: la *Tamarix mannifera*. En 1483, Breitenbach, decano de Maguncia, visitó el Sinaí y escribió: «El maná cae del cielo por la mañana —como si fuera rocío— y sabe como la miel; se adhiere a los dientes cuando se mastica». Para otros, como el botánico alemán Ehrenberg, el maná es una secreción de tamarisco tras recibir la picadura de una clase de cochinilla. Cuando visitamos la península del Sinaí, los beduinos nos hablaron del *mann es samâ* («maná del cielo»), que recogían al alba. Blanca y yo lo probamos. Efectivamente, sabía a miel. Algunos nómadas lo comercializan como una especie de torta o papilla, con un 80 por ciento de azúcares y un 20 por ciento de amiláceos y dextrina.

En definitiva, cada cual dio su interpretación... Pero algo no cuadraba. El Éxodo dice que el Eterno le dijo a

Moisés: «He aquí que haré llover para vosotros pan del cielo».

Llevé a cabo otro ejercicio de relajación profunda (visión remota): fui relajando cada miembro de mi cuerpo (desde los pies a la cabeza), y cuando estuve preparado, me proyecté mentalmente al desierto del Sinaí (año 1278 antes de Cristo). Y vi lo siguiente: una gran nave esférica (con un diámetro superior a los 200 metros) se encontraba inmóvil en las proximidades del campamento de los *schasu*. Podía hallarse a cien metros sobre la arena del desierto. Estaba amaneciendo. Y, de pronto, de la base de la nave surgían oleadas de «copos blancos». Eso me pareció. Eran sólidos y de unos tres o cuatro centímetros de longitud. En cada oleada eran arrojados noventa copos. La operación se prolongó durante dos horas. Abajo, en el campamento de los *schasu*, el griterío era total. Cada nómada se apresuraba a recoger un ómer (un kilo) de maná.

En otras palabras: fue el equipo el que proporcionó el maná.

Para el asunto de las codornices, los exégetas también esgrimen una explicación natural: en los meses de septiembre y octubre, estas aves emigran desde el norte de Europa hasta África. Después, en mayo, regresan a Escandinavia. Pues bien, el peregrinaje de los *schasu* por el Sinaí coincidió con la vuelta de las codornices al norte de Europa. Prácticamente se las tropezaron. Eso dicen los expertos en el Antiguo Testamento.

Por supuesto, imagino que el equipo estaba al tanto de estas migraciones y —estoy seguro— las aprovecharon. Con la tecnología de estas naves no creo que fuera muy difícil que miles de codornices terminaran derribadas en las proximidades de los campamentos de los nómadas que guiaba Moisés. Los beduinos nos contaban cómo, en cierta ocasión, agotadas por el vuelo, más de 160.000 codornices terminaron en los valles de Aleyat. Y se hartaron de comer carne...

Y el Éxodo insiste: «Y al hablar Aarón aparecíósele la gloria del Eterno en la nube, en medio del desierto». ¿Qué era la gloria del Eterno en la nube? Lo que hoy han contemplado miles de testigos: una nave brillante y luminosa, camuflada entre vapores. Pero aquellos primitivos nómadas no lo sabían...

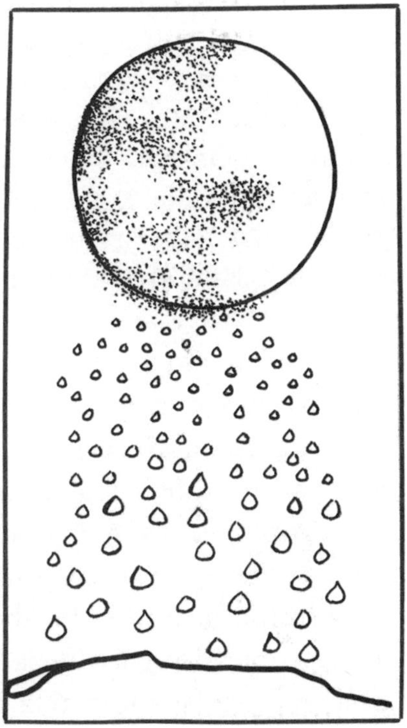

Visión remota: una nave lanza el «maná». (Cuaderno de campo de J. J. Benítez.)

SALILLAS

«Y partieron los hijos de Israel del desierto de Sin y continuaron las etapas del itinerario establecido por el Eterno y acamparon en Refidim, mas no había agua para que el pueblo bebiera. Y discutió acaloradamente el pueblo con

Moisés diciendo: "Dadnos agua para beber", pero Moisés les dijo: "¿Por qué reñís conmigo? ¿Por qué ponéis a prueba al Eterno?". Pero el pueblo estaba sediento y murmuraba contra Moisés diciendo: "¿Por qué nos hiciste subir de Egipto para matarnos de sed a nosotros, a nuestros hijos y a nuestros ganados?". Entonces clamó Moisés al Eterno: "¿Qué hago con este pueblo? Un poco más y me apedrearán". Y respondióle el Eterno: "Pasa delante del pueblo y lleva contigo a los ancianos de Israel y toma en la mano la vara con que golpeaste el río y anda. He aquí que Yo estoy enfrente de ti, allí sobre la roca de Horeb (Jórev). Tú golpearás la roca y saldrá de ella agua para que el pueblo pueda beber". Y así lo hizo Moisés, ante los ojos de los ancianos de Israel. Y llamó al lugar Masá ("prueba") y Merivá ("querella"), por haber puesto ellos a prueba al Eterno y por haber reñido con Moisés. Incluso habían preguntado: "¿Está el Eterno con nosotros, sí o no?"». (Éxodo)

Como era lógico, el equipo lo tenía todo controlado: itinerario, alimentación, seguridad de los *schasu* y preparación religiosa. Pero aquellos nómadas eran duros de cerviz y obligaron a Moisés a clamar al Eterno (probablemente una o varias naves de vigilancia). Y el problema del agua quedó resuelto. Entiendo que la tecnología de aquellos seres permitía la rápida localización de las napas de agua. Una vez ubicado el acuífero, hacer brotar el agua resultaba tarea fácil. Moisés golpeó la roca elegida y el pueblo quedó desconcertado: ¡manó agua en abundancia, como para satisfacer las necesidades de seiscientos mil y de sus ganados! De nuevo la fantástica vara de Moisés... Como decía en páginas anteriores, ¿se trataba de un artefacto tecnológico?

Algo parecido ocurrió en Salillas (Huesca, España) en diciembre de 1976. Los vecinos habían sido testigos de unas extrañas nubes alargadas y rojizas (con muchas espirales), que permanecieron durante horas sobre la población. Pues bien, a eso de la medianoche del día 12, Agustín Viñuales regresaba a su casa. Él también observó las extrañas «nubes». Y, de pronto, se le presentó un personaje de casi dos metros y medio de altura. Vestía como los submarinistas, con un traje ajustado y provisto de enormes escamas. Era una mujer. El ser le comunicó que procedía de otro planeta. Y, para convencerlo, le invitó a que tocara la pared de la iglesia. Viñuales, desconcertado, tocó el contrafuerte con la mano y brotó agua. Después, la mujer se alejó hacia dos naves con formas de cabinas telefónicas que aparecían posadas en la plaza.[1] Allí vio a otro hombre de gran altura.

LA VARA DE MOISÉS

«Y vinieron los amalecitas y combatieron con Israel en Refidim. Y le dijo Moisés a Josué (Yehoshúa): "Escoge hombres (fuertes) para (luchar por) nosotros y hazle frente a Amalec. Mañana yo permaneceré sobre la cima de la colina con la vara divina en mi mano". E hizo Josué lo que le había indicado Moisés para combatir contra Amalec. Y Moisés, Aarón y Jur subieron a la cumbre de la colina. Y cuando alzaba Moisés su mano, dominaba Israel, pero cuando abandonaba su mano era Amalec el que llevaba la mejor parte en la lucha. Es que las manos de Moisés estaban cansadas, por lo cual (sus acompañantes) tomaron una piedra y la pusieron debajo de él para que se sentara. Y Aarón y Jur sostenían las manos de Moisés, uno la derecha y el otro la izquierda, con gran firmeza. Así Josué pudo debilitar a los amalecitas, a filo de espada». (Éxodo)

[1] Amplia información en *Solo para tus ojos* (2016). *(N. del a.)*

Extraña secuencia... ¿Por qué Moisés se refiere a su cayado como «la vara divina»? Ya lo comenté: ¿le proporcionó el equipo una vara que contenía algún tipo de arma? Con el citado cayado podía extraer agua de las rocas y, como en el caso de la lucha contra los amalecitas, matar enemigos a placer. Pero el combate se prolongó tanto que a Moisés se le «durmieron» los brazos. Por eso necesitó la ayuda de sus compañeros. Los soldados que han utilizado los tristemente célebres *bazookas* (contra los tanques) saben de lo que hablo...

Y otra duda: ¿Moisés y los *schasu* sabían que estaban combatiendo contra los legítimos propietarios de aquellas tierras? Quiero creer que sí... En consecuencia, Moisés y los *schasu* fueron tan responsables del robo de las tierras y de los asesinatos como el Eterno (el equipo de astronautas).

NO PASAR

«En el tercer mes de la salida de la tierra de Egipto los hijos de Israel llegaron al desierto de Sinaí. Y viajaron desde Refidim hasta el desierto de Sinaí, donde acamparon, frente al monte. Allí subió Moisés ante Dios acudiendo a Su llamado. Y le dijo el Eterno: "Así le dirás a la casa de Jacob (Yaacov). Esto anunciarás a los hijos de Israel: 'Vosotros visteis lo que hice a Egipto y cómo los traje con alas de águila ante Mí. Escuchad ahora Mi voz y guardad Mi Pacto. Seréis para Mí propiedad preciada entre todos los pueblos, porque Mía es toda la tierra. Y seréis para Mí un reino de sacerdotes y un pueblo santo'. Tal dirás a los hijos de Israel". Y bajó Moisés y llamó a los ancianos del pueblo, y les repitió todas las palabras que le había dicho el Eterno. Y respondió todo el pueblo en coro: "Haremos todo lo que dijo el Eterno". Y Moisés Le refirió al Eterno la promesa del pueblo. Entonces le dijo el Eterno: "He aquí que vendré a ti en medio de una densa nube para que oiga el pueblo mientras hable contigo y también en ti creerán para siempre". Y Moisés le refirió (nuevamente) al Eterno la promesa (de obediencia) del pueblo. Y le dijo luego el Eterno a Moisés: "Diles que se santifiquen hoy y mañana y laven sus vestiduras, que se preparen para el día tercero, porque en el tercer día descenderá el Eterno a la vista (difusa) de todo el pueblo, sobre el monte de Sinaí. Y dispondrás al pueblo en derredor, advirtiendo: 'Guardaos de subir al monte o tocar su borde. Quien tocare el borde, morirá'. Ninguna mano —ya sea de hombre o de animal— ha de tocar el límite, porque el que lo hiciere no vivirá, pues será lapidado o asaeteado. (Solo) al prolongarse el sonido del cuerno podrán subir al monte". Y descendió Moisés del monte y santificó al pueblo, y ellos lavaron sus vestiduras. Y le dijo al pueblo: "Estad preparados. Durante tres días no os acerquéis a mujer". Y a la mañana del tercer día hubo truenos y relámpagos y una nube espesa cubrió la cima del monte y se oyó una potente voz de cuerno y estremecióse todo el pueblo en el campamento. Entonces sacó Moisés del campamento al pueblo para que fuera al encuentro de Dios y permanecieron de pie, expectantes, al pie del monte. Y todo el monte Sinaí humeaba al descender sobre la cima el Eterno en medio del fuego, y era humo como de horno, y sacudióse todo el monte. Y la voz del cuerno se intensificaba gradualmente, a medida que Moisés hablaba y Dios le respondía con voz tronante. Así descendió el Eterno sobre el monte Sinaí. Y llamó el Eterno desde allí a Moisés, que subió. Y le dijo el Eterno a Moisés: "Desciende y advierte al pueblo que no pase el límite, porque (en caso de hacerlo) caerán muchos. Y también los sacerdotes, que (usualmente) se acercan al Eterno, que se santifiquen, para que el Eterno no los destruya". Y le dijo Moisés al Eterno: "El pueblo no podrá subir al monte Sinaí porque Tú nos previniste y ordenándonos: 'Señala límites al monte y santifícalo'". Y le dijo el Eterno: "Desciende pues y subirás junto a Aarón, pero que los sacerdotes y el pueblo no lo hagan, para que no los destruya". Y bajó Moisés y previno (nuevamente) al pueblo (sobre la prohibición de subir)». (Éxodo)

Según este texto, los *schasu* necesitaron noventa días para llegar al macizo del Sinaí, al sur de la península. Y allí sigue el teatro. El equipo le dice a Moisés «que el pueblo elegido es propiedad preciada entre todos los pueblos». ¡Qué injusticia! El verdadero Dios, por supuesto, no se comportaría así... Pero los astronautas tenían un plan y no importó mentir (una vez más).

Y el Eterno (el equipo) anuncia a Moisés que llegará en medio de una densa nube, y en cuestión de tres días. Y continúa el teatro: deberán santificarse (?), lavar los vestidos y no hacer el amor durante esas tres jornadas. Y me pregunto: ¿se volvió loco el tal Yavé?

Pero, al parecer, lo que más preocupaba al equipo era que los seiscientos mil no se aproximaran a las cimas del macizo. Establece límites y amenaza —una y otra vez— con destruir al que se acerque. Y si alguien traspasa esos límites debería ser lapidado o asaeteado; es decir, muerto a distancia. ¿Por qué? Imagino que esa nave (o naves) que descendió sobre el Sinaí podía provocar radiaciones mortales o, sencillamente, no deseaban la presencia de curiosos. Si alguien se acercaba a la nave y resultaba contaminado no debería ser tocado. Las cimas del Sinaí ocupan una gran extensión y deduzco que la nave que se presentó en mitad del humo y los truenos (más teatro) tenía enormes dimensiones. Se trataba, seguramente, de una nodriza o portadora. Eso complicaba la situación, especialmente a nivel logístico. Los efectos radioactivos, además, se multiplicaban. En los siglos XX y XXI he tenido conocimiento de numerosos casos en los que la cercanía de una de estas naves no humanas ha provocado alarmantes enfermedades (a veces con resultado de muerte). Este fue el caso de Ricardo Segura y otro campesino, en la zona de Ibargué, en Colombia. Tuvieron la mala fortuna de observar un disco que se elevaba muy cerca de ellos. Ambos sufrieron graves radiaciones. El equipo de investigadores que acudió al lugar del aterrizaje OVNI detectó radiación mediante contadores Geiger con valores de 0.08 milirroentgens por hora. El pasto aparecía abrasado.

Finalmente, la descripción de la llegada del Eterno (posible nave nodriza) sobre el Sinaí resulta espectacular, digna de *Encuentros en la tercera fase*: nube, relámpagos, truenos, sonido de cuerno, temblores de tierra... No es de extrañar que los *schasu* quedaran aterrados. El teatro fue magnífico.

Y el equipo se dispuso para otra importante fase de la operación: el ingreso de Moisés en la nave nodriza (posiblemente para su adoctrinamiento..., y algo más).

Descenso del equipo de astronautas sobre el Sinaí (hace 3.300 años). Los schasu, *acampados alrededor del macizo, tomaron la presencia de la «nube» como el Eterno. (Dibujo de Ghot.)*

Visión remota. La gran nave sobre el Sinaí tenía forma cilíndrica. Dimensiones: 350 metros. Otras naves más pequeñas la escoltaban. (Cuaderno de campo de J. J. Benítez.)

DUSHARA

«Y dijo Dios todas estas palabras:

"Yo soy el Eterno, tu Dios, que te sacó de la tierra de Egipto, de la casa de la servidumbre. No tendrás otros dioses fuera de Mí. No te harás esculturas ni imágenes de lo que hay arriba en el cielo y abajo en la tierra y en las aguas debajo de la tierra. No te postrarás ante ellas ni las servirás, pues Yo, el Eterno, tu Dios, soy Dios celoso que castiga en los hijos los pecados de los padres hasta la tercera y cuarta generación de quienes Me aborrecen, pero soy misericordioso hasta la milésima generación de quienes Me aman y cumplen Mis mandamientos"». (Éxodo)

He aquí otro pasaje clave, en mi opinión. ¿Por qué Yavé ordena que no se hagan imágenes (esculturas o pinturas) «de lo que hay arriba en el cielo»? ¿Temía que los nómadas reprodujeran las columnas de humo y de fuego que los acompañaban? ¿Temía que los *schasu* recrearan a los integrantes del equipo? La iglesia católica proporciona otra interpretación. En la revista *Estudios bíblicos*, del Consejo Superior de Investigaciones Científicas (1941), se dice textualmente: «La razón de este precepto era doble. Primero, evitar que el pueblo materializase a Dios, concibiéndole según la semejanza de las imágenes. Luego, forzarle a concebir a Dios y su culto de un modo inmaterial». (Volumen I. Segunda época. Cuaderno 2. Profesor Alberto Colunga, Salamanca.)

Sí y no. Podría ser cierto que el equipo tratara de evitar que los *schasu* cayeran en la idolatría mediante la fabricación de ídolos. Pero entiendo que hay más en esa medida... Como digo, los astronautas prohibieron la realización de imágenes de todo lo que podía moverse en los cielos, en la tierra y en el agua. Y los *schasu* lo cumplieron..., a medias. En uno de mis viajes por Jordania y por el Sinaí me llamó la atención un dios cúbico, en piedra, provisto siempre con dos ojos. Lo llaman «Dushara» (en griego, «Dusares»). Consulté a los arqueólogos y coincidieron: Dushara es un dios masculino. Con la romanización se convirtió en Dioniso. Los beduinos de la zona del Sinaí fueron más allá y explicaron que Dushara —según sus remotos ancestros— era «Beth-El» («Casa de Dios»). Se trataba de cubos con ojos «que bajaban del cielo y del que salían ángeles que instruían a Moisés». Los beduinos dibujaron al dios y comprendí: estábamos ante una nave cúbica y cuadrada, según, con ventanillas (ojos) y patas. Los *schasu*, como digo, cumplieron las órdenes (pero no todos). Algunos, a escondidas, dibujaron y esculpieron las naves que escoltaban y dirigían al «pueblo elegido». Y las «casas de Dios» permanecen hasta hoy con el nombre de «Dushara». Pero hay más. En una de mis visitas a Ammān, capital de Jordania, dediqué unas horas al Museo Arqueológico. Pues bien, esa mañana descubrí algo que me obligó a pensar. En las vitrinas se alzaban varias estatuas —fabricadas con yeso— de seres de una y dos cabezas. Fueron encontradas en Ain Ghazal en 1983. Según la arqueología pertenecen al Neolítico (temprano): entre 8.000 y 6.000 años antes de Cristo. Dos de las representaciones fueron bautizadas como Uriah y Zeina. Las cabezas presentan unos ojos enormes y saltones con sendos cercos negros. La nariz aparece aplastada. Carecen de labios y las pequeñas y puntiagudas orejas se alinean con los ojos. Obviamente no son humanas. El cuello es largo y estrecho (totalmente desproporcionado) con una longitud de 30 centímetros. Los brazos son igualmente extraños: muy cortos y con manos provistas de cuatro dedos (sin pulgares). Las caderas son anchas y en las piernas se observan unas líneas rojas incomprensibles. Los trajes me recordaron los buzos de los pilotos. Estas criaturas son anteriores a las aventuras de Moisés en el desierto del Sinaí (3.300 años), pero me dieron qué pensar. ¿Cómo hubiera reaccionado el pueblo judío (y los millones de creyentes posteriores) si hubieran descubierto que los ángeles de Yavé eran seres con dos cabezas? Y el Eterno (el equipo) se lo recuerda a Moisés: «Nadie puede ver a Dios y vivir».

Y los astronautas van más allá y sentencian: «No te postrarás ante ellas (las imágenes) ni las servirás, pues Yo, el Eterno, soy Dios celoso que castiga en los hijos los pecados de los padres hasta la tercera y cuarta generación de quienes Me aborrecen». ¿Desde cuándo el Padre Azul castiga? Y, sobre todo, ¿cómo se puede ser tan miserable para castigar, en los hijos, los supuestos pecados de los padres? Lo dicho: Yavé no era Dios.

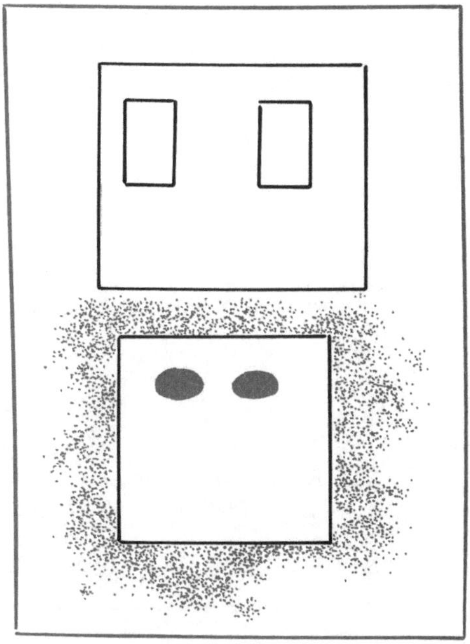

Representaciones del dios «Dushara («La Casa de Dios»). Petra. (Cuaderno de campo de J. J. Benítez.)

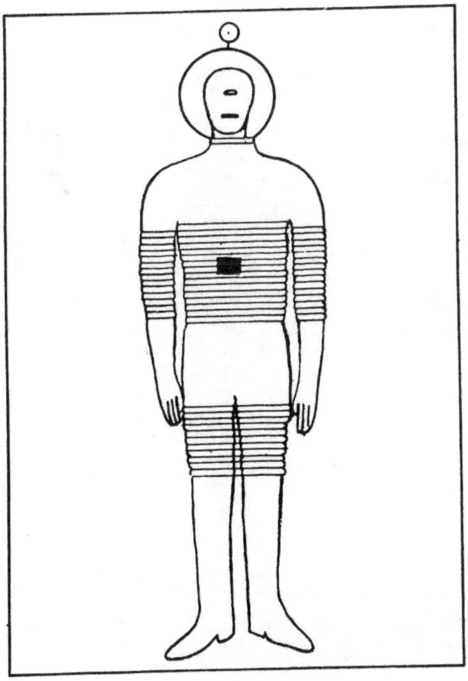

Visión remota: entre los seres que integraban el equipo de Yavé los había de muy distintas formas. (Cuaderno de campo de J. J. Benítez.)

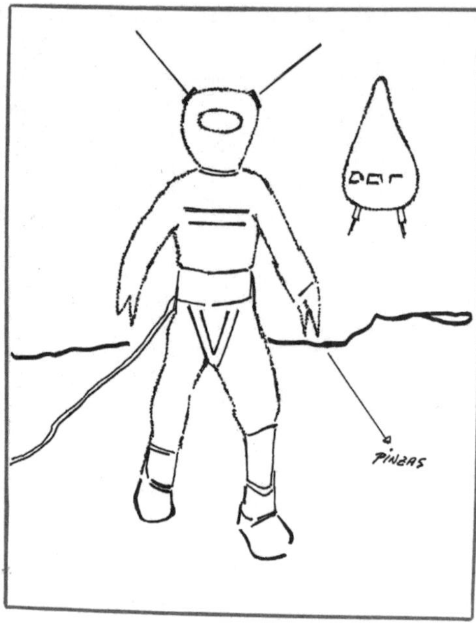

Visión remota: a la vista de criaturas como esta es lógico que el equipo prohibiera la confección de pinturas o esculturas «de lo que está arriba». (Cuaderno de campo de J. J. Benítez.)

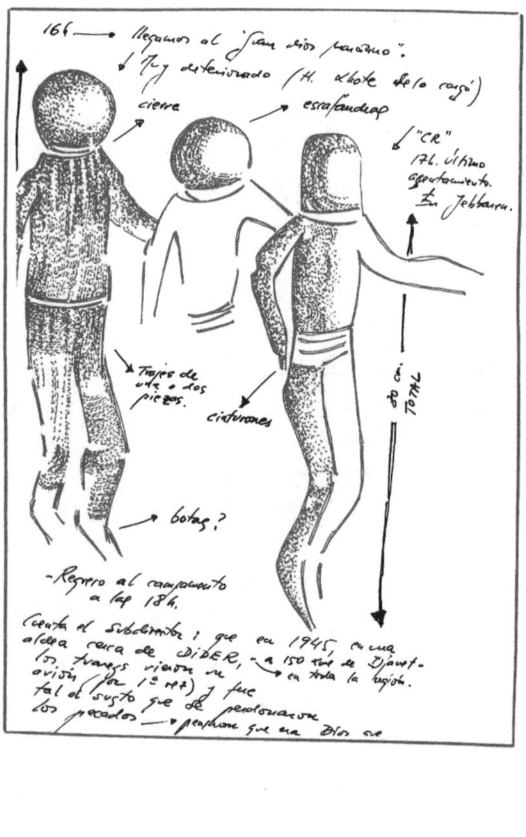

Un Yavé con escafandra no hubiera sido aceptado por los judíos creyentes de hoy. (Cuaderno de campo de J. J. Benítez.)

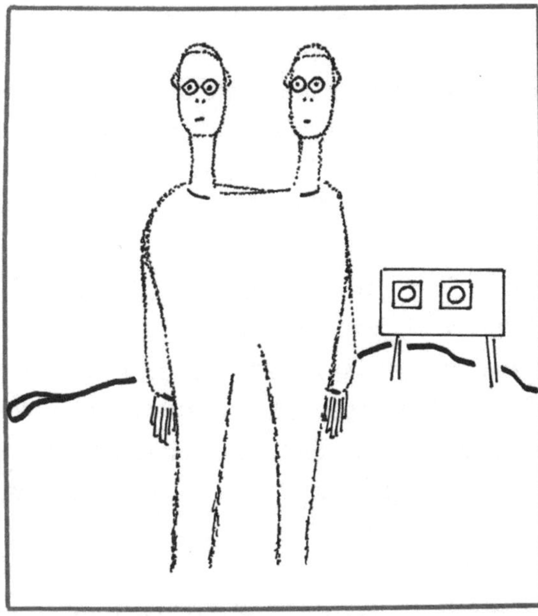

¿Seres con dos cabezas en el equipo de Yavé? (Cuaderno de campo de J. J. Benítez.)

DIOS DEL TERROR

«Y todo el pueblo oía los truenos y veía las llamas y, temblando de pavor, permanecía lejos. Y le dijeron a Moisés: "Habla tú con nosotros y te escucharemos, pero no hable Dios con nosotros para que no muramos". Y contestó Moisés al pueblo: "No temáis, pues Dios vino a probarnos y para que vierais Su majestad y no pequéis". Y permaneció el pueblo (mirando lo que ocurría) desde lejos y Moisés subió frente a la espesa nube donde estaba Dios». (Éxodo)

El equipo lo consiguió. La idea de Yavé como un dios de terror quedó instalada en los ánimos de los *schasu*. Es decir, todo lo contrario a lo que predicó el Maestro. ¿Fue necesario este comportamiento hace 3.300 años? Tengo mis dudas...

DEFENSOR DE LA ESCLAVITUD

«Y estas son las leyes que les darás. Cuando comprares un siervo hebreo (*schasu*) servirá para ti seis años, y al séptimo año saldrá libre gratuitamente. Si hubiera entrado solo (a tu servicio), solo saldrá; si fuere casado (con mujer hebrea), su mujer saldrá con él. Si su amo le diere mujer (pagana) y ella pariere para él hijos o hijas, la mujer y su prole serán para su amo, y él saldrá solo. Y si el siervo dijere: "Quiero a mi amo, a mi mujer y a mis hijos. No saldré libre", lo acercará su amo a los jueces y lo arrimará a la puerta de su casa o a la jamba de ella y horadará su oreja con un punzón, (con lo cual) ha de servirlo para siempre». (Éxodo)

¿El Padre Azul defiende la esclavitud? Por supuesto que no. En consecuencia, Yavé no era Dios.

VENGATIVO

«Si vendiere un hombre a su hija por sierva, no saldrá esta como los demás siervos. Si desagradare a su amo y este no la tomare por mujer, permitirá que ella sea redimida, pero no podrá venderla a pagano después de haberla despreciado. Y si la destinare para su hijo, le dará a ella el derecho de las hijas (la tratará como tal), y si tomare para sí otra, no disminuirá a la primera su comida, su vestidura y sus derechos conyugales, mas si no cumpliere esas tres obligaciones ella saldrá libre gratuitamente.

El que golpeare a un hombre de modo que muriere, también ha de morir, pero si lo hubiere hecho impremeditadamente, es decir, solo porque Dios lo puso ante su mano, Yo le señalaré un lugar donde pueda refugiarse.

Y al hombre que matare alevosamente a su prójimo, de Mi altar lo tomarás para que muera.

Y el que golpeare a su padre o a su madre, será muerto.

Y el que rapte a un hombre, ya sea para venderlo o para tenerlo en su poder, será muerto.

Y el que maldijere a su padre o a su madre será muerto.

Y cuando en medio de una riña un hombre golpeare a su prójimo con piedra o con el puño y (el agredido) no muriere y tuviere que guardar cama, si se levantare y anduviere con bastón, el agresor será redimido pagándole el tiempo perdido y la curación.

Cuando un hombre hiriere a su siervo o a su sierva con la vara y (la víctima) muriere bajo su mano, (el muerto) será vengado, pero si sobreviviere un día o dos, no será vengado, porque es propiedad de su amo.

Y cuando en medio de una riña de hombres resultase golpeada una mujer grávida y esta diese a luz sin que haya desgracia, (el agresor) será multado según lo imponga el marido de la mujer y entregará la multa a los jueces, pero si hubiese desgracia dará alma por alma, ojo por ojo, diente por diente, mano por mano, pie por pie, quemadura por quemadura, herida por herida, moretón por moretón». (Éxodo)

Yavé, además de machista, aparece como un ser vengativo. Lo contrario a la esencia del buen Dios.

LO ADIESTRARON

«Y subieron Moisés, Aarón, Nadav y Abiú y setenta ancianos de Israel, y vieron al Dios de Israel. Bajo sus pies había un pavimento de baldosas de zafiro, brillantes como el cielo. Pero no extendió su mano sobre los elegidos de Israel, que contemplaron a Dios, comieron y bebieron.

Y le dijo el Eterno a Moisés: "Sube hasta Mí, hasta el monte, y espera allí, que Yo te daré las tablas de piedra con la Ley y los preceptos que deberás enseñarles". Y levantáronse Moisés y su ayudante Josué (Yehoshúa) y subió Moisés al monte de Dios. Y les dijo a los ancianos (previamente): "Esperadnos aquí hasta que volvamos. Tendréis a Aarón y a Jur con vosotros para dirimir vuestros pleitos". Y subió pues Moisés al monte, que fue totalmente cubierto por la nube. Cerniose así la gloria del Eterno sobre el monte Sinaí, que quedó cubierto por la nube durante seis días, y llamó (Dios) a Moisés al séptimo día, de entre la nube. Y la gloria del Eterno parecía un fuego devorador sobre la cumbre del monte, a los ojos de los hijos de Israel. Entró entonces Moisés en la nube sobre la cumbre y estuvo allí durante cuarenta días con sus noches». (Éxodo)

Lástima que el redactor del Éxodo no describa al «Dios» que recibió en la montaña a Moisés, Aarón, Nadav y Abiú. Solo menciona el suelo sobre el que se encontraba (un azul brillante). En mis investigaciones por todo el mundo he sabido de encuentros con tripulantes que permanecen —inmóviles— sobre las rampas de acceso a las naves. ¡Y son rampas como el zafiro! Pero, al parecer, el astronauta no les dirigió la palabra. Y allí siguieron, contemplándose mutuamente. Tampoco está claro si el «ángel» comió con los *schasu*. La cuestión es que, en medio de la parafernalia habitual, Moisés es reclamado a lo alto del macizo del Sinaí. El texto del Éxodo es confuso: ¿entraron en la nube Moisés y Josué o únicamente Moisés? La cuestión es que la nube cubrió la cima durante seis días. Como ya he mencionado, se trataba de un sistema disuasorio y, al mismo tiempo, una forma de impresionar y esconder la verdadera naturaleza de Yavé. Lógicamente, en su descenso, la nave nodriza iluminó el Sinaí y los *schasu* lo tomaron por «fuego devorador».

Y Moisés penetró en la nube o niebla y —dice el Éxodo— permaneció allí durante cuarenta días, con sus noches. Y surgen las grandes preguntas: ¿Qué sucedió? ¿Lo adiestraron? ¿Fue sometido a chequeos médicos? ¿Le facilitaron el texto de la Torá (Pentateuco)? Entre los judíos ortodoxos es costumbre celebrar lo que llaman «Shavuot». Se trata de una fiesta que conmemora la entrega de los citados cinco libros sagrados a Moisés durante la estancia en la cumbre del monte Sinaí. Otros consideran que Génesis, Éxodo, Levítico, Números y Deuteronomio fueron escritos, en su totalidad, por el propio Moisés y en el transcurso de los cuarenta años en los que deambularon por el desierto. Me inclino por la primera posibilidad, dado que en esos libros aparecen sucesos que Moisés no llegó a conocer. Como veremos más adelante, murió (o desapareció) antes de cruzar el río Jordán. ¿Profetizó Moisés el paso del Jordán y la detención de las aguas? ¿Profetizó la conquista de Jericó por parte de Josué? ¿Profetizó el cerco de Jerusalén por el general Tito en el año setenta de nuestra era? Sinceramente, lo dudo. Es más lógico que todo eso (y mucho más) le fuera entregado por el equipo de astronautas (ellos, como dije, dominaban el tiempo y el espacio).

La verdad es que se han tejido muchas leyendas en torno a la dilatada estancia de Moisés con el equipo en el Sinaí. Una de las más llamativas (y probablemente falsa) aparece en *El Zohar*, un libro cabalístico, publicado en el siglo XII. En él se dice que Moisés, al penetrar en la nube, fue recibido por un ángel llamado Qemuel, jefe de doce mil mensajeros. Y, cuando el ángel trató de aproximarse a Moisés, este pronunció el nombre del Santo, de setenta y dos letras, que le fue enseñado junto a la zarza ardiente, y Qemuel se alejó. Después —según el midrás del rabí Eleazar— Moisés vio a otros ángeles del Eterno: Hadarniel y Sandalfón. En mi opinión, pura fantasía. Como digo, Moisés pudo penetrar en la gran nave nodriza y allí vivió con el equipo y allí fue instruido en las líneas generales del plan. Y es muy posible que, además de las célebres tablas de piedra de la ley, recibiera una síntesis o la totalidad de los rollos que contenían el Pentateuco.

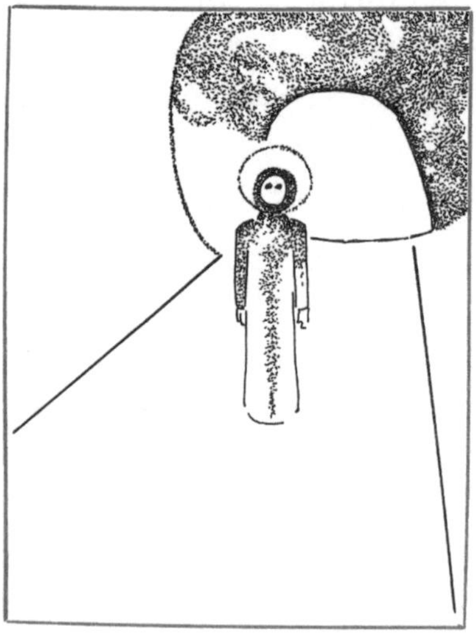

«Y vieron al Dios de Israel. Bajo sus pies había un pavimento de baldosas de zafiro, brillantes como el cielo». *(Cuaderno de campo de J. J. Benítez.)*

Moisés penetró en la niebla y fue abducido en el interior de una nave nodriza o portadora. (Dibujo de Ghot.)

Según la kábala, un ángel llamado Qemuel le salió al paso. (Dibujo de Ghot.)

El equipo facilitó a Moisés las tablas de la ley. (Dibujo de Ghot.)

La nave descendió en el Sinaí entre rayos y truenos. (Dibujo de Ghot.)

Probablemente, Moisés recibió la orden de no hablar sobre lo que vio en el interior de la nave. (Dibujo de Ghot.)

¿UN TRANSMISOR?

«Y le dijo el Eterno a Moisés: "Diles a los hijos de Israel que Me traigan ofrendas donadas por todo hombre que las diere de corazón. Tomaréis de ellos como ofrendas de oro, plata y cobre; (lana teñida de) color celeste, púrpura y carmesí; lino y pelo de cabra; cueros de carnero (teñidos de) rojo; cueros de tejón y maderas de acacia; aceite para las luminarias, especias para el aceite de la unción y para el incienso aromático; piedras de ónix y piedras de engarce para el efod y el pectoral (*joshen*). Y me harán un santuario (*micdash*) y moraré en medio de ellos. Como todo lo que Yo te muestro, el modelo del tabernáculo (*mishcán*) y el modelo de todos sus utensilios, así haréis".

"Y construirán un arca (*arón*) de madera de acacia de dos codos y medio de longitud (1.50 metros) y un codo y medio de ancho (75 centímetros) y un codo y medio de altura. Y lo revestirás de oro puro, por dentro y por fuera, y lo circundarás con una moldura de oro. Y fundirás para el arca cuatro anillos de oro, que pondrás en los cuatro ángulos, dos de un lado y dos de otro. Y harás varas de madera de acacia y las revestirás de oro, y las introducirás en los anillos sobre ambos costados del arca, para transportarla. Y las varas estarán siempre introducidas en los anillos del arca. Nunca se quitarán de allí. Y pondrás en el arca el testimonio (*edut*) que os daré. Y harás un propiciatorio (*capóret,* cubierta del arca) de oro puro, de dos codos y medio de longitud (1.50 metros) y un codo y medio de ancho (75 centímetros). Harás dos querubines de oro batido que pondrás en los dos extremos del propiciatorio, situados uno frente al otro. Ambos querubines estarán en los dos extremos. Y los querubines con sus alas extendidas hacia arriba cubrirán el propiciatorio, y sus caras mirarán una frente a la otra. Y pondrás el propiciatorio sobre el arca y en el arca pondrás el testimonio que te daré. Allí, sobre el propiciatorio, entre ambos querubines,

Me revelaré a ti y te comunicaré lo que te mandare para los hijos de Israel"». (Éxodo)

Y el equipo sigue con el teatro. Y proporcionaron las medidas del santuario que deseaba (seguramente se lo dibujaron a Moisés durante su permanencia en el Sinaí).

En cuanto a la famosa arca de la Alianza, Yavé entra de nuevo en contradicción. Prohíbe las imágenes, pero acepta las de los querubines en el propiciatorio o cubierta del arca. Todos nos hemos preguntado alguna vez: ¿Qué fue exactamente el arca de la Alianza? Los investigadores del fenómeno OVNI piensan (pensamos) que pudo tratarse de una suerte de transmisor. El oro, como es sabido, es un buen conductor de la electricidad... El equipo, mediante algún sistema que ignoramos, podía comunicarse con Moisés a distancia.

El equipo de astronautas es minucioso y sabe elegir la madera del arca: acacia. Se seca sin problemas y se sierra con facilidad. Es una madera poderosa que se deja trabajar y que se curva al vapor. Probablemente seleccionaron la *Acacia Syal*, muy abundante en la zona.

Y sigue el teatro...

J. J. Benítez frente a una réplica del arca de la Alianza, en el kibutz Almog, en Israel. (Foto: Iván Benítez.)

«"Y tú acercarás a tu hermano Aarón y a sus hijos, de entre los hijos de Israel, para hacerlo sacerdote para Mí. (Llama pues) a Aarón y a Nadav, Abiú (Avihú), Eleazar (El'azar) e Itamar, hijos de Aarón. Y harás vestiduras sagradas para tu hermano Aarón por (razones de) dignidad y esplendor. Y les dirás a los hombres diestros y sabios de corazón que hagan tales vestiduras que santificarán a Aarón haciéndole sacerdote para Mí. Y estos son los vestidos que harán: pectoral, efod, manto, túnica a cuadros, turbante y cinturón. Utilizarán para ello oro y telas teñidas de celeste, púrpura y carmesí, y también lino".

"Y harán el efod de oro, celeste, púrpura y carmesí y lino torzal, y será obra de artífice. Tendrá dos hombreras unidas en sus dos extremos. Y el cinturón con que se ceñirá el efod será de oro, celeste, púrpura, carmesí y lino torzal. Y tomarás dos piedras de ónix y grabarás sobre ellas los nombres de los hijos de Israel. Grabarás seis nombres en una piedra y seis en la otra, por el orden de su nacimiento. Harás el tallado como se tallan las piedras preciosas y grabarás los nombres de los hijos de Israel como se graban los sellos, y engarzarás las piedras en oro. Y pondrás ambas piedras sobre las hombreras del efod, en memoria de los hijos de Israel, y llevará Aarón tales nombres ante el Eterno sobre sus dos hombreras, en memoria de aquellos".

"Y harás los engarces de oro. Y harás también dos cadenillas trenzadas de oro puro y las fijarás en los engarces".

"Y el pectoral será obra de artífice, como el efod. Será de oro y de tela teñida de celeste, púrpura y carmesí, y también de lino torzal. Será cuadrado y doble, de un palmo de largo (21 centímetros) por un palmo de ancho, y lo llenarás con cuatro hileras de piedras preciosas. La primera constará de un rubí, un topacio y un ágata. Y la segunda hilera contendrá una turquesa, un zafiro y un diamante. Y la tercera tendrá un ópalo, un ágata y una amatista. Y la cuarta un berilo, un ónix y un jaspe. Las piedras irán engarzadas en oro. Y en cada piedra se grabará el nombre de cada una de las doce tribus de Israel, con grabados de sello. Y harás sobre el pectoral cadenillas trenzadas de oro puro. Y harás sobre el pectoral también dos anillos de oro que pondrás sobre ambos extremos. Y pondrás ambas trenzas sobre los dos anillos, en los extremos del pectoral. Y fijarás dos extremos de las cadenillas a los engarces del pectoral y los otros dos extremos los unirás a los engarces de la parte anterior de las dos piedras de las hombreras del efod. Y harás dos anillos de oro que pondrás en los dos extremos inferiores del pectoral, en el borde que toca la parte interior del efod. Y harás otros dos anillos de oro, que pondrás sobre las dos hombreras del efod, por delante, cerca de la unión y por encima del cinturón del efod. Y juntarás el pectoral por sus anillos a los anillos del efod, con hilo celeste, para que esté sobre el cinturón del efod, y no se moverá el pectoral de su posición sobre el efod. Y llevará Aarón los nombres de los hijos de Israel en el pectoral, o sea sobre su corazón, cuando entre al santuario, como recordatorio perpetuo ante el Eterno. Y pondrás en el pectoral los 'urim' y los 'tumim', que llevará Aarón sobre su corazón al entrar en el santuario del Eterno".

"Y el manto del efod será celeste. Tendrá en el medio una abertura para la cabeza, y alrededor de la abertura habrá un refuerzo tejido, obra de artífice, con la fortaleza necesaria para que no se desgarre. Y diseñarás en sus orillas granadas de color celeste, púrpura y carmesí, con cascabeles de oro en derredor. Harás un cascabel de oro y una granada sobre la orla de la vestidura en todo su contorno. Y los cascabeles estarán sobre Aarón durante el oficio y serán oídos al entrar al santuario y al salir de él, y (con ello) no morirá. Y harás una lámina de oro puro donde grabarás, con grabado de sello 'Santidad al Eterno'. La sujetarás con un hilo celeste delante del turbante, sobre la frente de Aarón, quien llevará (la carga de) los pecados para cuyo perdón de los hijos de Israel brinden sus ofrendas que santificarán ante el Eterno para que el Eterno otorgue Su gracia. Y bordarás una túnica de lino y harás un turbante también de lino con un cinturón, todo hecho por artífice. Y a los hijos de Aarón también harás túnicas, cinturones y tiaras para dignidad y esplendor. Y harás que tu hermano Aarón y sus hijos se vistan de la manera especificada y los ungirás santificándolos para que Me sirvan (como sacerdotes). Y les harás calzoncillos de lino blanco para cubrir su desnudez, desde los lomos hasta los muslos. Y así estarán vestidos Aarón y sus hijos al entrar al tabernáculo o al acercarse al altar para oficiar en santidad, de modo que no merezcan la muerte por cometer pecado. Ley eterna es para él y para su simiente después de él"». (Éxodo)

En el Sinaí, o quizá mediante las transmisiones con el arca de la Alianza, Moisés recibe la orden de confeccionar una serie de vestiduras que solo podrán lucir los sacerdotes del recién creado santuario o tienda de la Reunión. La prolija lista de telas, anillos, piedras preciosas y demás detalles conforman la inauguración de lo que llegaría a ser la nefasta casta sacerdotal, de tan triste recuerdo en la vida del Maestro. Y me pregunto: ¿desde cuándo las vestiduras santifican?

Por cierto, ¿por qué esas piedras en el pectoral y por qué en ese orden? ¿Tenían algún poder mágico o era puro teatro, como el resto del vestuario?

Finalmente, el equipo ordena el añadido de cascabeles en el extremo inferior de la túnica. ¿Por qué? ¿Se trató de una simple medida decorativa? Entiendo que no. De esta manera —con los cascabeles—, el equipo estaba al tanto de la llegada o salida de los sacerdotes en la referida tienda de la Reunión. De no ser así, si el intruso accedía al santuario sin los cascabeles, los astronautas podían ser sorprendidos y eso no interesaba... Y en el colmo del cinismo, «Yavé» decide matar a los que incumplan la orden.

El teatro del equipo en estos pasajes del Éxodo resulta espectacular. Obligan a confeccionar una lámina de oro puro que deberá llevar el sumo sacerdote sobre el turbante y que representa la carga de los pecados de los *schasu*. Y, para solicitar el perdón, los hijos de Israel deberán presentar sus ofrendas ante el Eterno. En otras palabras: se inaugura así el próspero «negocio» sacerdotal.

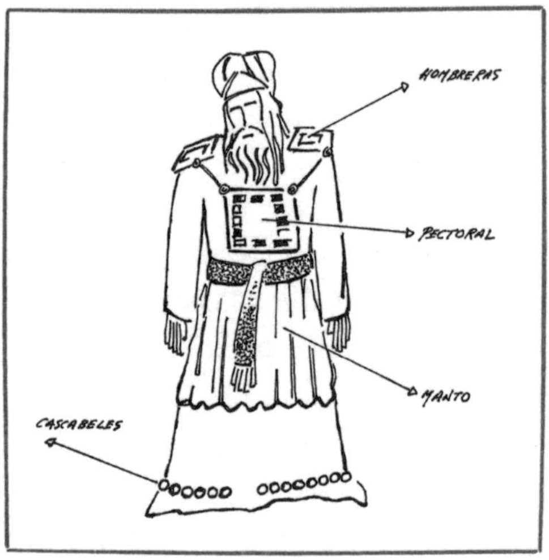

Vestiduras del sumo sacerdote, con el misterioso pectoral en el pecho. ¿Qué significaban los «urim» y los «tumim»? ¿Permitían la conexión con el equipo? (Cuaderno de campo de J. J. Benítez.)

LE REPUGNABAN

«He aquí lo que les harás hacer para que, santificados, Me sirvan (como sacerdotes). Tomarás de entre el ganado un novillo y dos carneros sin tacha (sanos), pan ázimo y tortas no leudadas mezcladas con aceite y buñuelos ázimos untados en aceite. Los harás de sémola de trigo. Y los pondrás en un canastillo y los llevarás en él, con el novillo y los dos carneros. Y cuando Aarón y sus hijos lleguen a la puerta del tabernáculo (tienda de la Reunión) los harás lavarse con agua. Y tomarás los vestidos y pondrás a Aarón la túnica y el manto del efod, el efod y el pectoral, y le ceñirás el efod con el cinturón, y pondrás el turbante sobre su cabeza y pondrás la lámina sagrada o diadema sobre el turbante. Y tomarás aceite de unción y lo derramarás sobre su cabeza y así lo ungirás (sacerdote). Y acercarás a sus hijos y les vestirás las túnicas, y los ceñirás con cinturones, como a Aarón, y les pondrás también turbantes y serán sacerdotes por ley eterna. De tal modo consagrarás a Aarón y a sus hijos. Luego aproximarás el toro ante el tabernáculo y apoyarán Aarón y sus hijos sus manos sobre la cabeza del animal. Y degollarás el toro ante el Eterno, a la puerta del tabernáculo. Y tomarás la sangre del toro y la verterás sobre los cuernos del altar con tu dedo. Verterás toda la sangre en el cimiento del altar. Y tomarás todo el sebo que cubre las entrañas, la redecilla del hígado y los dos riñones con el sebo que los envuelve y quemarás todo eso en el altar. La carne, la piel y los excrementos los quemarás fuera del campamento. Es el sacrificio expiatorio (*jatat* o *jataá,* por el pecado). Tomarás luego uno de los carneros, y apoyarán Aarón y sus hijos sus manos sobre la cabeza del animal, y degollarás el carnero y tomarás su sangre y la verterás sobre el altar en derredor. Y trozarás el carnero y lavarás sus entrañas y sus patas y las pondrás sobre sus trozos y sobre su cabeza, y quemarás todo el carnero sobre el altar. Es el holocausto (*olá*) al Eterno, ofrenda grata al Eterno que se consume totalmente. Y tomarás el segundo carnero y apoyarán Aarón y sus hijos sus manos sobre la cabeza del animal, y lo degollarás y tomarás su sangre y la verterás sobre el lóbulo de la oreja derecha de Aarón y sobre el lóbulo de las orejas derechas de sus hijos y sobre el pulgar de su mano derecha y sobre el pulgar de su pie derecho, y verterás también la sangre sobre el altar, en derredor. Y tomarás la sangre que está sobre el altar y la mezclarás con el aceite de la unción y salpicarás (la mezcla) sobre Aarón y sus hijos y sobre sus vestidos, para así santificarlos, a ellos con sus vestiduras. Y tomarás del carnero el sebo, la cola, el sebo que recubre la entraña, la redecilla del hígado, los dos riñones y el sebo que está sobre ellos y el muslo derecho, porque es carnero de ordenación. Y tomarás la canastilla de pan ázimo puesta ante el Eterno, que contiene también la torta de pan de aceite y un pastel no leudados (sin levadura), y pondrás todo sobre las manos de Aarón y de sus hijos, y lo mecerás agitándolo ante el Eterno. Después lo tomarás de sus manos y lo quemarás en el altar, encima del holocausto. Es ofrenda que consume el fuego (*ishé,* ofrenda ígnea), de olor grato al Eterno. Luego tomarás el pecho del carnero de la ordenación, que es de Aarón, y lo agitarás ante el Eterno, y esa porción será tuya. Y sacrificarás el pecho de la ofrenda agitada y el muslo de la ordenación, es decir, lo que fue mecido y que fue apartado del carnero de la ordenación, que es de Aarón y de sus hijos. Esa será la parte de Aarón y sus hijos a perpetuidad de los sacrificios pacíficos que brindarán los hijos de Israel al Eterno. Y los vestidos sagrados que son de Aarón, después de él serán para la ordenación de sus hijos. Siete días los vestirá el que fuere sacerdote de sus hijos, en lugar de él, cuando viniere al tabernáculo para oficiar en el santuario. Y tomarás el carnero de la ordenación y cocinarás su carne en lugar sagrado. Y comerá Aarón con sus hijos la carne del carnero y el pan que estará en el canastillo, a la puerta del tabernáculo de reunión. Comerán lo que ha servido para su expiación, para ser santificados, pero ningún extraño comerá tales cosas, que son santas. Y si quedare algo de carne de la ordenación y del pan para el día siguiente, lo quemarás por el fuego. No será comido, porque es cosa santa. Y harás a Aarón y a sus hijos lo que Yo te ordene. Los consagrarás durante siete días. Cada día ofrecerás el novillo de la expiación en el altar y lo santificarás. Durante esos siete días harás la expiación en el altar y así será santificado. Y el altar será santísimo y todo el que lo tocare adquirirá con ello santidad. Y esto es lo que harás sobre el altar. Sacrificarás en él diariamente dos carneros de un año de edad, uno por la mañana y otro por la tarde. Y con cada carnero ofrecerás la décima parte (de un efá) de sémola mezclada con un cuarto de hin de aceite de aceitunas machacadas, y la libación será de un cuarto de hin de vino para el primer carnero. El segundo carnero lo brindarás a la tarde, igual que el de la mañana, con su correspondiente libación. Será ofrenda ígnea, de olor grato al Eterno. Será holocausto perpetuo para vuestras generaciones a la puerta del tabernáculo, ante el Eterno, donde Yo estaré presente para hablarte». (Éxodo)

El teatro se convierte en pesadilla. Los rituales, sacrificios de animales y el jugueteo con la sangre son propios de mentes esquizofrénicas. Al pobre sumo sacerdote lo embadurnan de sangre de pies a cabeza. ¿Eso es santificarlo? ¿Degollar carneros es santificar a Dios? ¿Colocar las manos sobre la cabeza de un animal significa redimir los pecados de un pueblo?

En mi opinión, semejante orquestación solo tenía un propósito: armar una religión, necesaria para los futuros planes del equipo de astronautas.

Pero se pasaron diez pueblos... ¿A qué viene manchar los lóbulos de las orejas de los sacerdotes con la sangre de los carneros? Hoy suena a circo...

¿Tomar la carne del sacrificio —y mecerla— ante el Eterno? ¿Qué clase de religión es esa? Como digo, ¿estaba el equipo desequilibrado?

Y Yavé insiste: «Es ofrenda de olor grato al Eterno». ¿La peste de la carne quemada es grata al Padre Azul? ¿Estamos locos?

Y el equipo advierte: «Ningún extraño comerá los animales sacrificados porque son santos». Además de paranoico, el equipo mantiene su racismo.

Ahora comprendo el rechazo de Jesús de Nazaret por este tipo de holocaustos. Sencillamente, le repugnaban.

Y me pregunto: si el equipo deseaba (necesitaba) forjar una religión, ¿por qué no pensó en algo menos cruento? ¿Era necesario en aquellos momentos? La santidad —desde mi punto de vista— no tiene nada que ver con el sacrificio de animales. La santidad —inalcanzable en la materia— es perfección.

ARRANCA EL «NEGOCIO» ECLESIÁSTICO

«Y le dijo el Eterno a Moisés: "Cuando cuentes el número de los hijos de Israel, cada uno ofrecerá al Eterno un rescate por su alma, para que no sufran plaga por el empadronamiento. Para ello cada cual pagará medio siclo sagrado (*shékel hacódesh*) —de veinte gueras el siclo—, que será ofrenda al Eterno. Todo el que fuere censado, o sea de veinte años para arriba, dará tal ofrenda al Eterno. Será igual para el rico y para el pobre esta contribución para el Eterno, para perdonar sus almas. Y tomarás los aportes por los rescates y los pondrás para sufragar el servicio del tabernáculo, y será para los hijos de Israel como memoria al Eterno como expiación de sus almas"». (Éxodo)

Medio siclo sagrado podría equivaler en la actualidad a un dólar. Calculando que los mayores de veinte años sumaban alrededor de cien mil almas, el ingreso para los sacerdotes superaba los cien mil dólares anuales.

Era el arranque de un próspero «negocio». Y el equipo de Yavé vuelve a mentir. ¿Desde cuándo las almas son perdonadas con dinero? Es más: ¿necesitan las almas ser perdonadas?

TIRANO

«Y le dijo el Eterno a Moisés: "Diles a los hijos de Israel: 'Ciertamente guardaréis Mis sábados, porque es señal (del Pacto) entre Mí y vosotros por vuestras generaciones, para recordar siempre que Yo soy el Eterno, vuestro santificador. Y guardaréis el sábado, pues santo es para vosotros. Quien lo profane morirá, porque el alma del que trabajare en sábado será extirpada de entre su pueblo. Se trabajará seis días, y el séptimo será día de descanso total dedicado al Eterno. Todo el que hiciere trabajo ese día ha de morir. Y respetarán los hijos de Israel el sábado durante todas sus generaciones, perpetuamente. Entre Mí y los hijos de Israel será señal eterna (del Pacto), pues en seis días hizo el Eterno el cielo y la tierra, y el séptimo día no trabajó y descansó'".

Cuando terminó el Eterno de hablar con Moisés en el monte Sinaí le dio dos Tablas del Testimonio, tablas de piedra escritas con el dedo de Dios». (Éxodo)

El equipo, nuevamente, ordena algo injusto. Si alguien se ve obligado a cuidar de un enfermo (en sábado), y para ello tiene que recorrer una distancia (es decir, hacer un trabajo), ¿deberá ser lapidado? Si ese *schasu* necesita leña para cocinar y alimentar a sus hijos y se ve en la necesidad de salir de su tienda y proceder a cortar un árbol, ¿tiene que ser asesinado?

El equipo, en su afán de levantar una religión entre los *schasu*, volvió a pasarse diez pueblos...

Y siguen las mentiras: ¿creó Dios el mundo en seis días? ¿De verdad descansó tras la creación? Nadie, en su sano juicio, cree algo así. Fue una bella metáfora; nada más. Pero Yavé la utiliza en su beneficio.

El Maestro (Jesús de Nazaret) se opuso a la tiranía del sábado con todas sus fuerzas. Y esto le costó la vida.

En el presente pasaje del Éxodo hay algo que llama igualmente la atención: las tablas de piedra fueron escritas «con el dedo de Dios». ¿Qué significa? Sencillamente, que Yavé (el equipo) escribió (de su puño y letra) los famosos diez mandamientos. Y esto, como ya mencioné, me lleva a pensar que los astronautas fueron los verdaderos redactores del Pentateuco. Fue el equipo quien escribió los cinco libros del Antiguo Testamento, entregándolos a Moisés. Solo así se entienden las profecías contenidas en los citados libros y, sobre todo, los «códigos» que encierran los textos. «Códigos» encriptados a los que me referiré en su momento. Ni Moisés ni los *schasu* estaban en condiciones de llevar a cabo semejante labor.

CONFIRMADO: YAVÉ NO ERA DIOS

«Y como viese el pueblo que Moisés demoraba mucho en descender de la montaña, se acercó el pueblo a Aarón y le dijo: "Levántate y haznos dioses que nos protejan, porque no sabemos qué fue de ese Moisés que nos hizo subir de la tierra de Egipto". Entonces les contestó Aarón: "Quitad los arillos de oro que hay en las orejas de vuestras mujeres, de vuestros hijos y de vuestras hijas y traédmelos". Y quitóse toda la gente los aros de sus orejas y los llevaron a Aarón, que los tomó en sus manos y fabricó con ellos mediante el buril un becerro de fundición. Y dijeron: "Estos son tus dioses, oh Israel, los que te hicieron subir de la tierra de Egipto". Y el propio Aarón construyó un altar para el becerro y anunció: "Mañana será fiesta solemne al Eterno". Y madrugaron al otro día y ofrecieron (al becerro) holocaustos y sacrificios pacíficos y luego se sentaron para comer, beber y divertirse.

Pero le dijo el Eterno a Moisés: "Anda, desciende, porque se corrompió el pueblo que liberaste de la tierra de Egipto. Con rapidez se apartaron del camino que les tracé haciendo un becerro de fundición, arrodillándose ante él y ofreciéndole holocaustos. Hasta dijeron: 'Estos son tus dioses, oh Israel, los que te hicieron subir de la tierra de Egipto'". Y añadió el Eterno: "He visto a este pueblo, y he aquí que es pueblo de dura cerviz. Déjame pues que se desahogue mi cólera contra ellos y los consuma, pero haré de ti un pueblo grande". E imploró Moisés al Eterno, su Dios:

"¿Por qué, oh Eterno, ha de encenderse Tu ira contra Tu pueblo, al que sacaste de la tierra de Egipto con gran poder y fuerte mano? ¿Por qué han de decir los egipcios: 'Los sacó con mala intención, para matarlos en las montañas y extirparlos de la faz de la tierra'? Aquieta Tu cólera y reprime Tu impulso de castigar a Tu pueblo"... Entonces arrepintióse el Eterno de Su intención de castigar a Su pueblo». (Éxodo)

El presente pasaje merece varias consideraciones. A saber:

1. Los *schasu* (nómadas y bandoleros en su mayoría) conservaban la costumbre de adorar a múltiples dioses. Dudo, incluso, que recordaran a los lejanos patriarcas (Abraham, Isaac, Jacob, etc.). Era lógico, por tanto, que reclamaran la fabricación de unos dioses que los protegieran.
2. Asombra la debilidad de Aarón, que fue testigo de las diez plagas de Egipto, del paso por el mar Rojo y de la presencia de la columna de nube y de fuego. Pero así es la naturaleza humana.
3. Resulta obvio que el equipo vigilaba a los seiscientos mil. Y Yavé se apresura a anunciar a Moisés lo que está sucediendo en el campamento de los *schasu*.
4. De nuevo Yavé (el equipo) simula su enfado por la fabricación del becerro de oro. Y anuncia que consumirá a los *schasu*. Insisto: ¿desde cuándo el Padre Azul está sujeto a la cólera? He aquí una nueva confirmación: Yavé no era Dios. Estamos, repito, ante unos seres no humanos con un plan bien determinado que, por supuesto, cumplirán.
5. Y Yavé vuelve a contradecirse. En el mismo texto habla de pulverizar (consumir) al pueblo que sacó

de Egipto y hacer de Moisés «un pueblo grande». ¿En qué quedamos?

6. Todo esto se me antoja puro teatro. Ellos (el equipo) dominaban el tiempo y sabían lo que iba a suceder. Sabían que los *schasu* adorarían un becerro de oro y que esta transgresión justificaría los cuarenta años de absurdo peregrinaje por la península del Sinaí. Todo estaba calculado.
7. ¿De verdad las palabras de Moisés convencieron a Yavé para que no castigara a los *schasu*? Si el pasaje es cierto, lógicamente, Yavé no tenía nada que ver con el verdadero Dios. Como ya he referido en otras oportunidades, el Padre Azul (el buen Dios) jamás se arrepiente de nada. La naturaleza del Número Uno no guarda relación con la naturaleza humana (nosotros sí estamos capacitados para el arrepentimiento).

Por tanto, confirmado: Yavé no era Dios.

3.000 ASESINATOS

«Y volvióse y descendió Moisés del monte con las dos Tablas del Testimonio en sus manos, tablas que estaban escritas en sus dos caras. Y las tablas habían sido hechas por Dios, de Quien era también la escritura grabada en ellas. Y oyó Josué la algarabía del pueblo y le dijo a Moisés: "Voz de batalla hay en el campamento", pero Moisés le respondió: "No es cántico triunfal ni voz de debilidad, sino voz de júbilo". Y cuando Moisés se acercó al campamento y vio el becerro y las danzas, encolerizóse sobremanera y rompió las tablas arrojándolas contra las piedras de la falda del monte. Y tomó el becerro que habían hecho y lo quemó en el fuego y lo hizo polvo y lo esparció sobre el agua, que hizo beber a los hijos de Israel. Y le preguntó Moisés a Aarón: "¿Qué te hizo este pueblo para que le hicieras incurrir en pecado tan grande?" y respondióle Aarón: "No se encolerice mi señor. Bien sabes cuán inclinado al pecado es este pueblo. Me pidieron: 'Haznos un dios que nos proteja, porque ese Moisés, el hombre que nos sacó de la tierra de Egipto, no sabemos dónde anda'. Entonces les dije que me dieran el oro que tuviesen y me lo dieron y, luego de echarlo al fuego, salió este becerro". Y vio Moisés que el pueblo estaba corrompido por Aarón, convirtiéndose en motivo de burla para sus adversarios. Y plantándose a las puertas del campamento, ordenó: "Quien esté por el Eterno, venga conmigo". Y uniéronse a él todos los hijos de Leví. Y les dijo: "Así dijo el Eterno, Dios de Israel: Envainad cada uno de vosotros vuestra espada e id de puerta en puerta por el campamento y mate cada varón a su hermano o a su compañero o a su pariente cercano (que no sean de la tribu de Leví)". Y cumplieron los hijos de Leví la orden de Moisés y ese día perecieron unos tres mil hombres del pueblo. Y dijo Moisés: "Hoy os habéis consagrado al Eterno al oblarle cada cual a su hijo o a su hermano. Por ello seréis bendecidos". Y al día siguiente le dijo Moisés al pueblo: "Vosotros habéis cometido un gran pecado, por lo que ahora subiré al Eterno y quizá logre el perdón para vuestro pecado". Y volvió Moisés a la presencia del Eterno, implorando: "Ruégote perdones a este pueblo que cometió el gran pecado de hacerse dioses de oro. Y si no les perdonares ruégote me borres del libro que escribiste". Y le contestó el Eterno a Moisés: "Quien ha pecado contra Mí, borrado ha de ser de Mi libro. Ve ahora y guía al pueblo hacia donde te dije. Mi ángel irá delante de ti, pero en el día de Mi visitación haré que se acuerden de su pecado". Y el Eterno castigó al pueblo por el becerro de oro que les hizo Aarón». (Éxodo)

Detalle interesante: el Éxodo reconoce que las tablas de piedra fueron grabadas por Yavé (es decir, por el equipo de seres que adoptaron dicho nombre). Uno de aquellos diez mandamientos decía: «No matarás». Pero Moisés es el primero que no cumple lo dispuesto por «Dios». ¿O fue una orden (secreta) de Yavé? Y ordena a la gente de Leví (leales a Moisés) que pasen a cuchillo a los que adoraron y danzaron frente al becerro de oro. Imagino la catástrofe. ¡Tres mil asesinados! El Éxodo no explica por qué se libraron las mujeres y los ancianos. No lo entiendo: ellos también se inclinaron ante el dios de oro. «Y por esas 3.000 muertes —dijo Moisés— seréis bendecidos». ¡Qué canalla!

Y Moisés —tan feliz— regresó a la cima del Sinaí, rogando a Yavé que perdonara a su pueblo. Asombra que el equipo no le reprochara la matanza que acababa de llevar a cabo. Ello me inclina a pensar que se lo recomendaron bajo cuerda... Y Moisés, envalentonándose, exige al equipo que, si Yavé no concede el perdón, «lo borren del libro que escribiste» (refiriéndose al Pentateuco, entregado en su día a Moisés). Esto me lleva a confirmar lo apuntado en páginas anteriores: el equipo de astronautas fue el responsable de la escritura de los cinco libros que integran la Torá (Pentateuco). Pero Yavé no presta atención a la exigencia de Moisés y ordena que guíe al pueblo al lugar que le marcó. «Mi ángel (posiblemente una nave) irá delante de ti». Después lanza una amenaza velada: «Pero el día de Mi visitación, haré que se acuerde de su pecado».

¿Qué tramaba el equipo? Pronto lo sabremos...

EL «EQUIPO», POR DELANTE

«Y le dijo el Eterno a Moisés: "Anda, márchate con el pueblo que hiciste subir de la tierra de Egipto, a la tierra que juré a Abraham, a Isaac y a Jacob cuando les prometí: 'A tu simiente te la daré'. Y enviaré delante de ti a un ángel para que expulse a los cananeos, los amorreos, los jeteos, los perezeos, los heveos y los jebuseos, para darte la tierra que mana leche y miel pero Yo no subiré en medio de ti, pues eres pueblo de dura cerviz, no sea que te extermine en el camino". Y oyó el pueblo esa mala nueva y se acongojó, al punto de que cada cual prescindió de sus adornos. Y le dijo el Eterno a Moisés: "Diles a los hijos de Israel: Vosotros sois un pueblo de dura cerviz. Si por un momento subiera con vosotros os aniquilaría. Quitaos pues vuestros adornos y ya sabré lo que hacer con vosotros". Y quitáronse sus adornos los hijos de Israel al pie del monte Sinaí. Y Moisés trasladó la tienda (de la Reunión) fuera del campamento, lejos de él, y llamóla tienda de la cita (*óhel moed*). Y todo el que buscaba al Eterno iba hacia la tienda de la cita (con el Eterno), fuera del campamento. Y cuando iba Moisés a la tienda acudía todo el pueblo, que se agolpaba a la puerta y lo miraba hasta que entraba. Y cuando entraba Moisés a la tienda, descendía la columna de la nube y deteníase en la puerta. Entonces el Eterno hablaba con Moisés. Y cada cual se arrodillaba a la entrada de sus respectivas tiendas. El Eterno le hablaba a Moisés cara a cara, como habla un hombre con su prójimo. Luego retornaba Moisés al campamento, en tanto que su servidor Josué no se apartaba del interior de la tienda». (Éxodo)

Nueva e injusta alusión de los *elohim* a la entrega de tierras a los *schasu*: «Y enviaré delante de ti a un ángel para que expulse a los cananeos, los amorreos, los jeteos, los perezeos, los heveos y los jebuseos, para darte la tierra que mana leche y miel».

Como dije, ese «ángel» que expulsará a los legítimos propietarios de Canaán no fue otra cosa que una o varias naves de exploración, dotadas de armas capaces de pulverizar los ejércitos y demoler las ciudades. A ese supuesto Dios le importaba un pimiento que las tierras tuvieran legítimos dueños. Y le traía sin cuidado que las naves terminaran con las vidas de miles de inocentes (no importaba que fueran niños o mujeres o ancianos). Desde el primer momento de esta trágica historia, Yavé se comportó como un vil asesino.

En un momento determinado —supongo que por razones de seguridad—, Moisés (por orden del Eterno) traslada la tienda de la Reunión (en la que Moisés se comunicaba habitualmente con el equipo) fuera del campamento. En esos momentos —cuando Moisés entraba en la referida tienda— una de las naves descendía y aterrizaba frente a la puerta.

Distribución de algunos de los legítimos propietarios de Canaán cuando llegaron los schasu.

Cuando entraba Moisés a la tienda de la Reunión, la columna de nube descendía frente a la puerta. (Cuaderno de campo de J. J. Benítez.)

Y el Eterno (probablemente uno o varios astronautas) hablaba con Moisés cara a cara, «como habla un hombre con su prójimo». Esta afirmación contradice otras expresiones del supuesto Dios. Ejemplo: «No podrás ver Mi rostro, porque nadie que Me vea queda vivo». Así dice el Éxodo (38, 20-21). Ejemplo: «Entonces le dijo Moisés: "Muéstrame ahora Tu gloria". Y le contestó Dios: "Yo haré pasar toda Mi bondad ante tu vista y pronunciaré Mi nombre ante ti y haré merced a quien Me plazca...". Y agregó: "He aquí un lugar sobre la peña y allí estarás tú, y será que mientras vaya pasando Mi gloria te pondré en una hendidura de la roca y te cubriré con Mi palma hasta que Yo haya pasado, y cuando aparte Mi palma, verás Mis espaldas, pero Mi rostro no será visto"». ¿Se refería, quizá, al paso de las naves?

LOS CÓDIGOS SECRETOS

«Y le dijo el Eterno a Moisés: "Esculpe para ti dos tablas de piedra como las primeras, y escribiré en ellas las palabras que había sobre las tablas que quebraste. Y prepárate para subir mañana temprano al monte Sinaí, en cuya cima te presentarás ante Mí. Nadie subirá contigo ni nadie aparecerá en toda la montaña, ni siquiera ovino ni vacuno". Y esculpió (Moisés) dos tablas de piedra como las primeras, y madrugó Moisés y subió al monte Sinaí, como le había ordenado el Eterno, llevando en sus manos las dos tablas de piedra. Y descendió el Eterno en la nube y Moisés se acercó invocando Su Nombre... Y estuvo (Moisés) allí con el Eterno, cuarenta días con sus cuarenta noches. (En ese tiempo) no comió pan ni bebió agua, y escribió sobre las tablas las palabras del Pacto: los Diez Mandamientos (*Aséret Had'varim*). Y al descender Moisés del monte Sinaí con las dos tablas del testimonio en las manos, no advirtió que la piel de su rostro brillaba tras su conversación con Dios. Y vieron Aarón y todos los hijos de Israel que resplandecía la piel del rostro de Moisés y temieron acercarse a él. Pero Moisés los llamó y entonces acudieron a él Aarón y los jefes de la congregación y les habló. Y acercáronse también todos los hijos de Israel y entonces Moisés les refirió todo lo que le había dicho el Eterno en el monte Sinaí. Y cuando Moisés terminó de hablar con ellos cubrióse el rostro con un velo. Y al ir Moisés ante el Eterno para hablar con él se quitaba el velo hasta que salía (del Tabernáculo), y entonces comunicaba a los hijos de Israel lo que le había sido ordenado, y veían los hijos de Israel el resplandeciente rostro de Moisés, que volvía a cubrirse con el velo hasta que iba nuevamente a hablar con Él». (Éxodo)

Insisto: ¿qué le sucedió a Moisés en esos cuarenta días que permaneció con el equipo, probablemente en el interior de la gran nave nodriza? Necesariamente tuvieron que alimentarlo, aunque el Éxodo asegura que no comió ni bebió. Hoy sabemos que hay otras formas de alimentar a una persona (por ejemplo, por vía intravenosa). Y me pregunto:

¿se debía el resplandor que emitía su rostro a esta clase de alimentación o fue consecuencia de otro experimento? Y lo más importante: como ya mencioné, ¿le entregaron en esa ocasión el texto de los cinco libros que forman la Torá (Pentateuco)? Solo así se explicaría la existencia de los llamados «códigos secretos» en el referido Antiguo Testamento.

¿Qué son los «códigos secretos» de la Biblia? Grant R. Jeffrey los describe con rigor en su libro *Escrita por la mano de Dios*. Veamos una síntesis:

«... Hace varios años (el libro fue escrito en 1998), unos especialistas en computación de Israel descubrieron un fenómeno increíble: palabras en código ocultas dentro del texto de la Biblia. Hallaron, dentro del texto hebreo del Antiguo Testamento, códigos ocultos que revelaban un conocimiento asombroso de hechos y personalidades del futuro. La existencia de estos códigos solo puede explicarse por el hecho de que Dios haya inspirado a los autores».

Y añado de mi cosecha: o bien porque tales códigos fueron incluidos en el texto por el mencionado equipo de astronautas. Ellos disponían de los medios para hacerlo.[1]

[1] Según Jeffrey, el rabí Dov Weissmandl, un brillante estudioso judío de nacionalidad checoslovaca, especialista en astronomía, matemáticas y estudios judaicos, descubrió una oscura referencia a estos códigos en un libro escrito por un rabino del siglo catorce: Rabbeynu Bajaiá. Dicha referencia describía un patrón de letras codificadas dentro de la Torá. Este hallazgo, durante los años previos a la Primera Guerra Mundial, inspiró al rabí Weissmandl a buscar otros ejemplos de códigos ocultos en la Torá. Durante la guerra descubrió que podía localizar determinadas palabras, frases y pares de palabras relacionadas, tales como «martillo» y «yunque», si encontraba la primera letra y luego saltaba una cantidad determinada de letras hasta encontrar la segunda; luego, la misma cantidad hasta encontrar la tercera, y así sucesivamente. El rabino se asombró al hallar que había muchas palabras significativas ocultas dentro del texto de la Torá a intervalos regulares. Estos intervalos variaban de cada dos letras a cada cien letras de separación. *(N. del a.)*

Pero sigamos con el informe «Jeffrey»:

«... Si bien el rabí Weissmandl encontró muchos nombres codificados contando manualmente las letras del texto, no registró por escrito sus descubrimientos. Afortunadamente, algunos de sus alumnos sí lo hicieron. A lo largo de las siguientes décadas, algunos alumnos de Israel que se habían enterado de la investigación, comenzaron a investigar la Torá por su propia cuenta para confirmar si realmente existían dichos códigos. Sus hallazgos finalmente derivaron en estudios de investigación llevados a cabo por la Universidad Hebrea que han demostrado la validez de los códigos en "secuencia de letras equidistantes" (ESL). En la última década, la introducción de computadoras ha permitido que los estudiosos judíos exploraran el texto del Pentateuco de una manera que hubiera sido imposible para las generaciones anteriores».

«... En 1988, tres expertos en matemáticas y computación de la Universidad Hebrea y de la Universidad Tecnológica de Jerusalén (Doron Witzum, Yoav Rosenberg y Eliyahu Rips) completaron un proyecto de investigación que fue la continuación de la investigación original del rabí Weissmandl. Como resultado de ello, en agosto de 1994, publicaron un trabajo denominado "Secuencias equidistantes de letras en el libro del Génesis", que fue publicado en Statistical Science, una de las revistas más prestigiosas del mundo.

Los científicos eligieron al azar 300 pares de palabras, en hebreo, que tuvieran una relación lógica en cuanto a su significado. Por ejemplo: martillo y yunque, árbol y hoja u hombre y mujer. Y utilizaron las computadoras para localizar esos pares de palabras en el texto del Génesis.[1] Al

[1] «Una vez que la computadora encontraba la primera letra en hebreo de la palabra "martillo", buscaba la segunda letra a diversos inter-

finalizar el programa, los investigadores quedaron perplejos: los referidos pares de palabras aparecían ubicados muy próximos unos de otros. Ningún ser humano pudo hacer algo así, y mucho menos hace 3.300 años. Conclusión de los investigadores: "Solo una inteligencia sobrenatural (o muy avanzada técnicamente) pudo haber producido el intrincado patrón de las palabras secretamente codificadas en la Biblia"».

«... En un trabajo de seguimiento, en 1994, el equipo judío de investigadores registró los resultados de un nuevo experimento que implicaba la búsqueda de palabras codificadas relacionadas con eventos que tuvieron lugar cientos de años después de la vida de Moisés. Para ello seleccionaron los nombres de 34 sabios y rabinos importantes que vivieron desde el principio del siglo IX hasta finales del XVIII. Las biografías de estos ilustres judíos se encuentran en la Enciclopedia de los grandes hombres de Israel. Utilizaron las computadoras para buscar en el texto del Antiguo Testamento (Torá) pares de palabras que contuvieran los nombres de los famosos rabinos, junto con sus fechas de nacimiento o muerte (utilizando el mes y día hebreos). Y, ante el asombro general, el programa encontró cada uno de los 34 nombres de los rabinos en el texto del Génesis. Los matemáticos israelíes calcularon que la posibilidad de que esto fuera una simple casualidad era de una contra 775 millones».

valos o espacios entre las letras. Si el programa no podía encontrar la segunda letra de la palabra "martillo" que seguía a la primera letra a un intervalo de dos letras, la buscaba a un intervalo de tres letras, luego de cuatro letras y así sucesivamente. Una vez que hallaba la segunda letra, digamos, al intervalo duodécimo, avanzaba con el mismo intervalo de doce letras, buscando la tercera, y continuaba haciéndolo en todas las 78.064 letras hebreas del libro del Génesis. La computadora también buscaba palabras codificadas, verificándolas en sentido inverso». *(N. de Grant R. Jeffrey.)*

«... Los científicos de la revista *Statistical Science*, que revisaron los datos, estaban pasmados. Solicitaron que el programa fuera ejecutado por segunda vez. En esta ocasión buscaron los nombres de otros 32 importantes sabios judíos. El resultado fue el mismo: los nombres de los sabios aparecían codificados en el Génesis. Las investigaciones fueron publicadas en agosto de 1994 bajo el título "Secuencias equidistantes de letras en el libro del Génesis"».

«... En octubre de 1995, un artículo en la revista *Bible Review*, escrito por el doctor J. Satinover, informaba que la probabilidad matemática de que estos 66 nombres de sabios judíos coincidieran con sus fechas de nacimiento y muerte fueran producto del azar en el Génesis era inferior a uno contra 2,5 miles de millones. Los investigadores intentaron descubrir códigos secretos ejecutando un programa de computación en otros textos religiosos hebreos que no fuera la Biblia (como, por ejemplo, el Pentateuco samaritano). Los investigadores no pudieron detectar códigos secretos. Se ejecutaron pruebas similares en el Talmud y en una traducción al hebreo de *Guerra y paz*, de Tólstoi. Resultado negativo. También se investigó en Tobías y en Macabeos, pero no se hallaron códigos de este tipo».

«... Los investigadores de los códigos secretos de la Biblia se preguntaron si el holocausto judío (Segunda Guerra Mundial) podía aparecer en el Antiguo Testamento. Pues bien, cuando utilizaron las computadoras para buscar las palabras "Hitler", "nazis" y "holocausto", el programa descubrió que cada uno de estos nombres aparecía codificado en el Deuteronomio (10, 17-22)».[1]«... Nadie ha podido

[1] «La palabra "Hitler", en hebreo, se encuentra deletreada a un intervalo de 22 letras. También se hallaron los nombres de varios de los

localizar códigos secretos en ninguna literatura hebrea, fuera de la Biblia... Los códigos bíblicos no pueden utilizarse para pronosticar hechos futuros. La información codificada en la Torá (Antiguo Testamento) solo puede ser interpretada con precisión cuando un hecho histórico ya ha ocurrido».

En otras palabras: si Yavé no era Dios, tuvo que ser el equipo de astronautas (otras civilizaciones no humanas) quien enterró en el Pentateuco los referidos códigos secretos. Su tecnología —supercomputadoras— lo permitió.

Palabra	*Hebreo*	*Intervalo*	*Ref. comienza en*
Yitzchak	יצחק	(1)	Gn. 48:15
Rabin	רבין	(138)	Gn. 48:15
Será asesinado	ירצח	(85)	Gn. 48:13
Yigal	יגאל	(-241)	Gn. 48:16
Amir	עמיר	(15)	Gn. 48:15
Israel	ישראל	(1)	Gn. 48:14
5682 – Año en que nació Rabin	התרפב	(-225)	Gn. 48:14
1° de Adar – Día en que nació Rabin	אאדר	(-177)	Gn. 48:15
5756 – Año en que murió Rabin	תשנו	(118)	Gn. 48:19
Heshvan – Mes en que murió Rabin	חשרן	(-285)	Gn. 48:13
Oslo	ארסלו	(182)	Gn. 49:3

Los códigos hablan del asesinato del primer ministro Yitzchak Rabin. (Archivo: J. J. Benítez.)

campos de concentración. Auschwitz y Belsen (campos de concentración) estaban codificados cerca de las palabras "Berlín" y "Hitler"». *(N. de Grant R. Jeffrey.)*

Nombre	*Comienza*	*Pal.*	*Let.*	*Interv.*	*Termina*	*Pal.*	*Letra*
Yeshua	Éx. 30:16	19	1	(12)	Éx. 30:18	1	2
Nazareno	Éx. 30:16	15	3	(8)	Éx. 30:16	20	4
Mesías	Éx. 30:13	12	3	(60)	Éx. 30:18	3	2
Siloh	Éx. 30:14	7	1	(40)	Éx. 30:16	12	2
Pascua	Éx. 30:9	7	4	(-9)	Éx. 30:10	1	3
Galilea	Éx. 29:19	7	3	(-39)	Éx. 29:21	8	3
María	Éx. 30:15	7	2	(60)	Éx. 30:18	11	1
María	Éx. 30:16	13	1	(61)	Éx. 30:20	8	2
María	Éx. 30:17	5	3	(92)	Éx. 30:23	14	2
Pedro	Éx. 30:16	2	2	(32)	Éx. 30:17	1	2
Mateo	Éx. 30:20	8	2	(20)	Éx. 30:21	6	2
Juan	Éx. 29:19	9	1	(14)	Éx. 29:20	12	2
Andrés	Éx. 29:27	15	4	(115)	Éx. 29:36	7	4
Felipe	Éx. 29:24	9	4	(50)	Éx. 29:27	4	5
Tomás	Éx. 30:18	14	4	(11)	Éx. 30:19	7	2
Jacobo	Éx. 30:7	6	2	(-59)	Éx. 30:10	14	5
Simón	Éx. 29:19	7	3	(-39)	Éx. 29:21	8	3
Nataniel	Éx. 30:4	8	2	(-100)	Éx. 30:12	8	2
Judas	Éx. 29:13	9	2	(24)	Éx. 29:15	2	1
Tadeo	Éx. 30:16	2	2	(32)	Éx. 30:17	1	2
Matías	Éx. 30:20	8	2	(20)	Éx. 30:21	6	2
Sea crucificado	Éx. 30:20	1	1	(8)	Éx. 30:20	8	1

El Éxodo (30) habla de Jesús de Nazaret y de sus apóstoles. Asombroso. (Archivo: J. J. Benítez.)

Palabra	*Hebreo*	*Intervalo*	*Ref. comienza en*
Saddam (Hussein)	סאדאם	(6)	Gn. 8:12
Y también en Irak	והנ בעיר	(6)	Gn. 29:9
América	אמריקה	(100)	Gn. 29:2
George Bush	גורג בוש	(-3129)	Gn. 33:8
Schwarzkopf	שורצקופ	(6777)	Gn. 29:24
El misil causará terror	יבהל טיל	(2)	Gn. 19:29
Cierran la puerta	ואת הדלת סגרו	(1)	Gn. 19:10
Rusos	רוסי	(-1)	Gn. 19:2
Scud-B	סקאד בי	(15)	Gn. 19:1
el 3º de Shevat	בגי בשבט	(-258)	Gn. 20:14

La guerra del Golfo en los códigos secretos de la Biblia. (Archivo: J. J. Benítez.)

Solo una altísima tecnología —capaz de controlar el tiempo— habría podido introducir «hechos futuros» en los textos del Antiguo Testamento. (Dibujo de Ghot.)

Imagen de Moisés (visión remota). Su rostro aparecía iluminado. (Cuaderno de campo de J. J. Benítez.)

NAVE SOBRE LA TIENDA DE LA REUNIÓN

«Y cubrió la nube la tienda del encuentro y la gloria del Eterno colmó el tabernáculo. Y Moisés no pudo entrar en la tienda del encuentro al posarse sobre ella la nube, pues la gloria del Eterno llenaba el tabernáculo. Y al alzarse la nube (como señal) marchaban los hijos de Israel en sus jornadas. Y mientras la nube no se alzaba ellos no marchaban. Solo lo hacían cuando la nube se alzaba. Y la nube del Eterno estaba sobre el tabernáculo de día, y durante la noche se convertía en fuego, a los ojos de toda la casa de Israel, en todas sus jornadas». (Éxodo)

En esta ocasión, una de las naves se estaciona tan cerca de la tienda de la Reunión (o del encuentro) que Moisés no tiene posibilidad de entrar. La descripción de la nave es idéntica a la recogida hoy por los investigadores OVNI: de día como una nube (quizá vapor o nube camuflando la nave) y de noche como fuego (intensa luminosidad).

Y se repite la descripción de las marchas de los *schasu*: caminaban cuando la «nube» se alzaba y se detenían cuando la «nube» hacía estacionario.

Así termina el Éxodo. Sin duda, uno de los mejores libros de OVNIS del mundo.

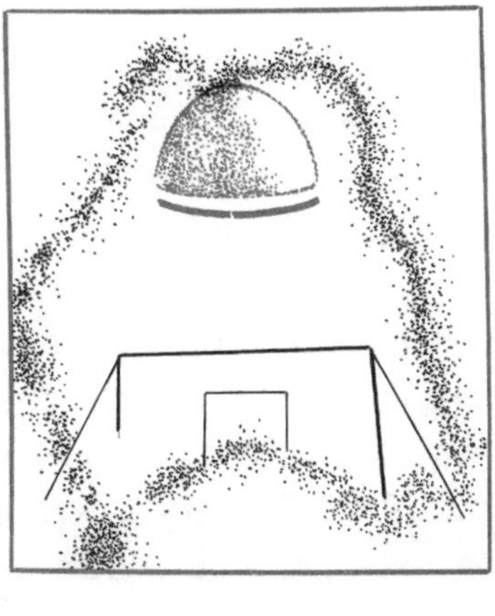

La «nube» (nave) sobre la tienda de la Reunión. Visión remota. (Cuaderno de campo de J. J. Benítez.)

Cuando la «nube» se alzaba, los schasu *emprendían la marcha. (Dibujo: Ghot.)*

CIRCO

«Y llamó el Eterno a Moisés y le habló desde el tabernáculo diciéndole: "Diles a los hijos de Israel: Cuando alguno de vosotros quisiere brindar una ofrenda de ganado al Eterno, le hará de vacuno o de ovino. Si fuere de vacuno, será macho sin mácula. Así lo presentará a la entrada del tabernáculo ante el Eterno. Y apoyará su mano en la cabeza del animal, que le será aceptado para la expiación. Y degollará el ternero ante el Eterno, y los sacerdotes, hijos de Aarón, ofrecerán la sangre, que rociarán en derredor del altar que está junto a la entrada del tabernáculo. Luego desollará el holocausto, que trozará. Y encenderán los hijos de Aarón fuego sobre el altar con la leña que habrán preparado, y pondrán los trozos con la cabeza y la grasa sobre la leña que estará prendida sobre el altar. Pero lavará con agua las entrañas y las patas y hará quemar el sacerdote todo lo que está en el altar. Es ofrenda ígnea (*ishé*), de olor grato al Eterno.

Y si su ofrenda fuere del rebaño, ya sea carnero o macho cabrío, lo traerá sin mácula. Y lo degollará al costado norte del altar, y los sacerdotes, hijos de Aarón, rociarán su sangre en derredor del altar. Y lo trozará con la cabeza y la grasa, y el sacerdote pondrá todo sobre los leños del fuego que está sobre el altar, pero lavará las entrañas y las patas con agua, y el sacerdote hará quemar todo sobre el altar. Es ofrenda ígnea, de olor grato al Eterno.

Y si el sacrificio fuere de aves, presentará tórtolas o pichones de palomas. Entonces el sacerdote llevará la víctima al altar, le quitará la cabeza y la quemará en el altar, dejando que la sangre corra por el costado del altar. Y le sacará el buche con sus plumas y lo arrojará al costado oriental del altar, junto al lugar de las cenizas. Luego partirá el ave por entre las alas, sin separarlas del todo. Y el sacerdote hará quemar la víctima sobre el altar, sobre los leños que están sobre el fuego. Es ofrenda ígnea, de olor grato al Eterno"». (Levítico)

¡Vaya y revaya!... No sabía que al Padre Azul le gustara el olor a vaca o a carnero quemados. Yavé sigue con el circo religioso. Eso sí, para los sacrificios es preciso que el animal sea de primera clase. Naturalmente, la carne sobrante era para los sacerdotes. ¿O se la quedaba el equipo?

La manipulación de las tórtolas y de las palomas parece obra de un sádico.

Más adelante, el Levítico (XVI: 18-20) dice textualmente (Biblia judía):

«Y saldrá al altar que está ante el Eterno y hará expiación por el altar, y tomará sangre del novillo y del macho cabrío y rociará con ella los cuernos del altar. Y rociará la sangre con su dedo índice siete veces y así quedará el altar purificado de las impurezas de los hijos de Israel».

¡Vaya y revaya!... ¿Desde cuándo un altar queda purificado al ser rociado siete veces con sangre de un animal? Y sigue el circo...

Y dice el Levítico:

«Luego entraron Moisés y Aarón en el tabernáculo y al salir bendijeron al pueblo, (momento en que) aparecióse la gloria del Eterno ante todo el pueblo. Y salía fuego de ante el Eterno, fuego que consumió el holocausto y la grasa que estaban en el altar, y el pueblo, al contemplar eso, entre exclamaciones (de admiración) prosternóse en tierra».

Una nave se presenta sobre la tienda de la Reunión y lanza fuego (¿láser?) sobre los animales sacrificados. Los *schasu*, aterrorizados, se tiran al suelo. Lógico...

Y sigo leyendo el Levítico:

«Y tomaron Nadab (Nadav) y Abiú (Avihú), hijos de Aarón, sendos incensarios donde pusieron incienso no prescrito y presentaron así un fuego extraño al Eterno. Entonces salió un gran fuego del Eterno que los consumió, muriendo así ante el Eterno. Y le dijo Moisés a Aarón: "Esto es lo que dijo el Eterno: 'Yo seré santificado en quienes se Me acerquen y ante todo el pueblo seré glorificado'". Y Aarón permaneció silencioso».

La crueldad del equipo no tiene límite. ¿Era necesario matarlos? Si fue un error de Nadav y Abiú, ¿dónde estaba la supuesta misericordia de Yavé, de la que hace tanta ostentación? El verdadero Dios no hubiera actuado de esa forma. Pero, como dije, Yavé era otra cosa...

CON LA LIEBRE SE COLUMPIARON

«Y les dijo el Eterno a Moisés y a Aarón: "Decidles a los hijos de Israel: Estos son los animales que podréis comer entre los que hay sobre la tierra. Todo el que tiene pezuñas partidas y rumia podréis comer, pero no comeréis los que solo rumian o solo tienen pezuña partida. (Por ejemplo) el camello, que rumia pero no tiene pezuña partida, será inmundo para vosotros; el conejo, que rumia, mas no tiene pezuña partida, es inmundo; la liebre, que rumia y no tiene pezuña partida, es inmunda para vosotros; el cerdo, que tiene pezuña partida y no rumia, es inmundo para vosotros. De los (animales) que viven en el agua comeréis los que tienen aletas y escamas, tanto de los mares como de los ríos y arroyos. Todo ser viviente de los mares, ríos y arroyos que no tenga aletas y escamas será abominable para vosotros. Serán para vosotros cosas inmundas sus carnes y sus cuerpos muertos. Todo lo que en el agua no tenga aletas y escamas será para vosotros abominación. Y de las aves no comeréis el águila, el quebrantahuesos y el halieto; el milano, el buitre y (otras aves) de su especie; el cuervo y (otras aves) de su especie; el avestruz, la lechuza, la gaviota, el gavilán y (otras aves) de su especie; el mochuelo, el somorgujo y el búho; el cisne, el pelícano y el buitre egipcio; la cigüeña, la garza y (otras aves) de su especie, la abubilla y el murciélago. Todo volátil que anda a cuatro patas (insectos) os será detestable, pero podréis comer de tales criaturas si, aparte de sus cuatro patas, tuvieren dos piernas largas para saltar en la tierra. Así, podréis comer la langosta (otros insectos de) su especie, el *sol'am* y (otros insectos de) su especie, el saltamontes y (otros insectos de) su especie y el grillo y (otros insectos de) su especie. Los demás volátiles de cuatro patas serán para vosotros abominables. Y por ellos os tornaréis impuros: quien tocare el cuerpo muerto de ellos quedará impuro hasta el atardecer... También estos animales, entre los que andan por la tierra, serán para vosotros detestables: la comadreja, el ratón y la tortuga y (otros animales de) su especie. También el erizo, el camaleón, el lagarto, el caracol (de tierra) y el topo"». (Levítico)

Para mí está claro: el equipo dictó normas higiénico-sanitarias, camufladas como leyes o recomendaciones religiosas. Era la única forma de velar por la salud de los *schasu*. El marisco, en el Sinaí, a 50 grados, era un peligro si no se consumía en el momento de la captura. El cerdo, por su parte, podía presentar la tenia o la triquinosis. Pero el equipo se columpió a la hora de enumerar los animales impuros. La liebre, por ejemplo, no es un rumiante. El continuo movimiento de la boca es consecuencia del rápido crecimiento de los dientes. La liebre intenta frenar ese crecimiento con el referido movimiento. ¿No sabía Yavé —el supuesto Dios— que la liebre no es un rumiante?

YAVÉ Y LA HOMOSEXUALIDAD

«Y le dijo el Eterno a Moisés: "Diles a los hijos de Israel: si una mujer ha dado a luz un varón, quedará impura siete días. Será impura como en el tiempo de su menstruación. Y el día octavo será circuncidado el prepucio (del niño), y ella permanecerá durante treinta y tres días purificándose de su sangre. No tocará nada sagrado y no entrará al santuario hasta que se cumplan los días de su purificación. Pero si diere a luz una niña será impura durante dos semanas, como en su menstruación, y sesenta y seis días permanecerá purificándose de su sangre. Y al cumplirse los días de su purificación, ya sea por hijo o por hija, traerá al sacerdote un cordero de un año por holocausto y un pichón de paloma o una tórtola por ofrenda expiatoria, a la entrada del tabernáculo, ante el sacerdote, quien presentará la ofrenda al Eterno y hará expiación por la mujer, que así quedará purificada del flujo de su sangre"». (Levítico)

Yavé, de nuevo, machista... ¿Y por qué debía la mujer purificarse de su sangre?

Pero hay más:

«Y la mujer —prosigue el Levítico—, cuando tuviere flujo de sangre en su carne, será apartada durante siete días. Quien la tocare quedará impuro hasta el atardecer. Y todo aquello sobre lo cual se acostare o se sentare la mujer con flujo quedará impuro. Y todo el que tocare el lugar donde ella reposare lavará sus ropas y se bañará con agua, y será impuro hasta el atardecer. Y quien tocare cualquier objeto donde ella se sentó ha de lavar sus ropas y se bañará con agua, y será impuro hasta el atardecer. Y si (el flujo) está sobre la cama o sobre el objeto donde ella se sentó, quien lo tocare será impuro hasta el atardecer. Y el varón que (no obstante todo eso) se acostare con ella, sobre él recaerá la impureza de ella y quedará impuro por siete días, y todo lugar de reposo donde él se acueste será impuro».

El comportamiento del supuesto Dios es vergonzoso.

Después, Yavé arremete contra los homosexuales:

«Y con varón no te acostarás como te acuestas con mujer. Es depravación. Ni tampoco te acostarás con animal impurificándote, ni mujer alguna se pondrá delante del animal para ayuntarse con él. Es abominación... Y si un hombre yaciere con varón como se acuesta con mujer, ambos serán castigados con la muerte por su abominación. Su sangre recaerá sobre ellos. Y si un hombre tomare a una mujer y a su madre, por su lascivia serán quemados al fuego él y ellas, ya que no debe haber lascivia entre vosotros. Y si un hombre se ayuntare con un animal será castigado con la muerte. También será matado el animal. Y la mujer que se acercare a cualquier animal para ayuntarse con él será castigada con la muerte. También será matado el animal. Su sangre recaerá sobre ellos».

Sin comentarios...

¿Y qué dictaminó el Levítico sobre los sacerdotes? Dice así el Levítico:

«(Y el sumo sacerdote) tomará mujer virgen. No tomará viuda, ni divorciada, ni desflorada, ni prostituta, sino virgen de su pueblo por mujer... Y le dijo el Eterno a Moisés: "Dile a Aarón: 'Quien de tu simiente tuviere algún defecto, no se aproximará al altar para ofrecer el pan de su Dios. No se acercará pues el ciego, el cojo, el de nariz aplastada o el que tuviere un miembro más largo que otro, o el quebrado de pie o de mano, o el jorobado o el sordo o el que tuviere ojos defectuosos, sarna, costras o testículos aplastados... Únicamente no podrá entrar detrás del velo ni acercarse al altar, ya que por su deformidad corporal podría contaminar Mi santuario, por cuanto Yo, el Eterno, los santifico'"».

Yavé se muestra repulsivo e injusto. Todo lo contrario a lo que es el Padre Azul...

Respecto a los prisioneros de guerra, las órdenes del equipo son igualmente arbitrarias y machistas. Veamos:

«Cuando salieres a la guerra —dice el Deuteronomio— contra tus enemigos y el Eterno los entregare en tu mano y tomares cautivos y entre ellos vieres a una mujer hermosa y la deseares, la tomarás por mujer. La llevarás a tu casa y ella se raerá sus cabellos y se cortará las uñas, y se quitará la vestidura de su cautiverio y se quedará en tu casa y llorará por (la pérdida de) su padre y de su madre durante un mes entero. (Solo) después de eso podrás llegarte a ella y ser su marido y ella tu mujer».

Acto seguido, Yavé arremete contra los travestis:

«Ninguna mujer —afirma el Deuteronomio— usará atuendo de hombre y ningún hombre usará vestimenta de mujer. Tales cosas son abominaciones para el Eterno tu Dios».

Menos mal que Yavé no era Dios...

Después, el mismo Deuteronomio expresa qué hacer con una mujer que pierde su virginidad:

«Pero si la acusación resultare cierta y no se hallare verificación de la virginidad de la mujer, la llevarán a la entrada de la casa de su padre y los hombres de la ciudad la apedrearán hasta que muera».

Curioso. En el Antiguo Testamento no encontré un solo caso en el que un varón fuera condenado por haber perdido su virginidad. El machismo del equipo es total y despreciable.

Más leyes machistas:

«Cuando un hombre tomare una mujer y la desposare y luego ella no hallare favor a sus ojos por haber hallado en ella algo abominable, escribirá una carta de repudio (divorcio) que la entregará en su mano y luego la despedirá de su casa». (Deuteronomio)

El machismo de Yavé llega a extremos cómicos. Veamos qué dice el citado Deuteronomio:

«Cuando dos hombres pelearen entre sí y la mujer de uno de ellos se acercare para librar a su marido de las manos del que lo está golpeando y en tal empeño asiere al antagonista de sus partes vergonzosas, le cortarás la mano (por el atrevimiento) sin piedad».

Obviamente, al buen Dios, al Padre Azul, no se le podía ocurrir semejante canallada. Y termino el presente capítulo con otra disposición surrealista: «Maldito sea —dice el Deuteronomio— el que yaciere con su suegra».

CONTRA LOS TATUAJES

«No comeréis nada con la sangre ni practicaréis la adivinación ni la magia. No os cortaréis los contornos de vuestros cabellos ni los de la barba. No sajaréis vuestra carne por los muertos ni os haréis tatuajes en la piel... No acudiréis a nigromantes ni a adivinos, para no ser impurificados por ellos... Y todo varón o mujer de ellos que evoque a los muertos y practique la adivinación será muerto lapidado». (Levítico)

El colmo... A los *elohim* no les gustaban los tatuajes ni los echadores de cartas.

LA USURA

«Y le dijo el Eterno a Moisés: "Saca del campamento al blasfemo, y que todos cuantos le oyeron maldecir pongan sus manos sobre su cabeza, y que sea muerto lapidado por toda la congregación. Y les dirás a los hijos de Israel que todo el que blasfemare con el Nombre del Eterno será condenado a muerte y será lapidado por toda la congregación. Y el que matare a un hombre será condenado a muerte. Y el que matare un animal lo pagará: animal por animal. Y al que hiriere a su prójimo se le hará como hizo él: fractura por fractura, ojo por ojo, diente por diente. Se le hará la misma herida que le hizo a su prójimo. Quien matare una bestia la pagará, pero quien matare a un hombre será muerto"». (Levítico)

¿Misericordia? ¿De qué misericordia habla Yavé? ¿El blasfemo no la merece?

Y me pregunto: ¿practica el Padre Azul la ley del talión? Obviamente no. De hecho, el buen Dios no sabe qué es eso. Pero Yavé —repito— no era Dios.

Y sigue el Levítico:

«Si tu hermano padeciere estrechez (económica), lo acogerás como a forastero y a peregrino, para que viva contigo. No le prestarás a interés ni te aprovecharás de su pobreza, sino que temerás a tu Dios, para que tu hermano viva contigo. No le prestarás dinero a interés y no le darás tu comida con intención de ganancia».

La realidad ha sido (es) otra. Los judíos han sido (son) odiados por su usura. Fueron (son) maestros en el arte de prestar dinero. Los *schasu* descubrieron rápidamente el nuevo becerro de oro: el dinero. Y prescindieron de las palabras de Yavé. Hoy, la banca mundial está en manos de los judíos.

EL EQUIPO PROFETIZA

«Mas si no Me escuchareis y no cumpliereis estos Mis mandamientos y os burlareis de Mis preceptos y vuestra alma aborreciere Mis juicios, haciendo que Mi Pacto quede nulo, esto os haré: echaré sobre vosotros el terror, la tisis y la fiebre que consume los ojos y entristece el alma, y sembraréis vuestra simiente en vano, porque vuestros enemigos la comerán. Y volveré Mi rostro contra vosotros y seréis llagados ante vuestros enemigos, que se ensañarán duramente con vosotros y huiréis sin que nadie os persiga. Y si después persistiereis en vuestro desdén septuplicaré Mis castigos por vuestros pecados, quebrantando vuestra envalentonada fuerza y tomando vuestro cielo como hierro y vuestra tierra como cobre. Y se desgastará vuestra fuerza inútil y no dará fruto vuestra tierra y no dará fruto el árbol de la tierra. Y si todavía persistiereis en vuestra terquedad contra Mí añadiré sobre vuestras heridas siete veces más por vuestros pecados. Y lanzaré contra vosotros las bestias salvajes del campo, que os despojarán de vuestros hijos, exterminarán vuestro ganado y reducirán vuestra población, y vuestros caminos quedarán desolados. Y si a pesar de todo persistiereis en vuestro proceder, os castigaré todavía siete veces más por vuestros pecados. Y emplearé contra vosotros una espada vengadora por la invalidación de Mi Pacto, y seréis agrupados en vuestras ciudades, donde enviaré terrible peste, y seréis entregados en la mano del enemigo. Y cuando os haya dejado de dar pan diez mujeres lo cocerán en un solo horno, y vuestro pan será repartido (racionado) por su peso, con lo que comeréis sin satisfaceros.

Y si con todo continuareis no escuchándome y desdeñándome, seguiré dando rienda suelta a Mi ira y os intensificaré Mi castigo siete veces más, al punto de que comeréis la carne de vuestros hijos y la de vuestras hijas. Y destruiré vuestros altares idólatras y vuestras imágenes del sol, y pondré vuestros cadáveres sobre los cadáveres de vuestros ídolos, y Mi alma os aborrecerá. Y haré de vuestras ciudades eriales y de vuestros santuarios una desolación y no aspiraré más los olores (de vuestros sacrificios) que Me eran gratos. Y haré que la tierra se convierta en un desierto y vuestros enemigos se asombrarán de ello. Y os dispersaré entre los pueblos…». (Levítico)

En efecto: esta actitud no tiene nada que ver con el espíritu del buen Dios (al menos, con mi idea sobre la naturaleza del Padre Azul). El Número Uno es incapaz de la venganza. Yavé, en cambio, es vengativo y cruel. Con estas manifestaciones demuestra —una vez más— que no es Dios. Y el equipo vuelve a profetizar: cuando dice que los *schasu* comerán la carne de sus hijos se está refiriendo, veladamente, al cerco de Jerusalén por Tito (año 70 de nuestra era). Los judíos se vieron en la necesidad de devorar a sus hijos muertos.

PREPARANDO EL EJÉRCITO

«Y le dijo el Eterno a Moisés (Moshé) en el desierto de Sinaí, en el tabernáculo, el día primero del segundo mes del segundo año después de la partida de la tierra de Egipto: "Haced el censo de toda la congregación de los hijos de Israel, por sus familias y sus casas paternas, tomando en consideración los varones de veinte años para arriba, o sea todos los aptos para empuñar armas en Israel"». (Números)

Y los *schasu* hicieron el censo solicitado por el equipo. Y este fue el resultado:

En la tribu de Rubén (primogénito de Israel) fueron censados 46.500. Los hijos de Simeón sumaron 59.300. Los de Gad alcanzaron 45.650. Los hijos de Judá sumaron 74.600. Los de Isacar: 54.400. Los de Zabulón: 57.400. Los hijos de José (Efraín y Manasés): 40.500. En la tribu de Manasés fueron contados 32.200. En la de Benjamín: 35.400. En la tribu de Dan sumaron 62.700. En la de Aser: 41.500. En la de Neftalí: 43.400.

Total: 593.550 (sin contar a los levitas que estaban al servicio de la tienda de la Reunión, como sacerdotes).

Acto seguido, Yavé (el equipo de astronautas) informa a Moisés sobre la configuración del futuro ejército de los *schasu*. Esto sucede a los dos años de la salida de Egipto. Es evidente que Yavé y los suyos sabían lo que se avecinaba...

Números dice:

«Y le dijo el Eterno a Moisés: "Cada uno junto al estandarte correspondiente a su tribu, acamparán los hijos de Israel, en disposición de abanico frente al tabernáculo de reunión. Al oriente acamparán las huestes de la tribu de Judá... Y los que acampen al lado de ellos serán los de la tribu de Isacar... Luego se situará la tribu de Zabulón... Y los ochenta y seis mil cuatrocientos hombres alistados en el campamento de Judá son los que primero partirán.

Hacia el sur estará el estandarte del campamento de Rubén... Y acamparán a su lado los de la tribu de Simeón... Luego la tribu de Gad... Los acampados bajo el estandarte de Rubén son los segundos que se pondrán en marcha.

Después avanzará el tabernáculo de reunión portado por los levitas...

Hacia el poniente estará el estandarte de Efraín... Y junto a ellos estarán los de la tribu de Manasés... Luego estará la tribu de Benjamín... Los de Efraín serán los terceros en marchar.

El estandarte de Dan ondeará en el lado norte... Junto a ellos estarán los de la tribu de Aser... Luego estará la tribu de Neftalí... Los últimos que partirán serán los censados del campamento de Dan..."».

En otras palabras, si los mayores de veinte años sumaban 593.550 *schasu*, el «pueblo elegido» podía superar el millón de almas (sin contar a los mencionados levitas).

Resulta desconcertante que Dios se dedicase a organizar un ejército, situando a los guerreros en forma de abanico y dando las órdenes de partida a cada tribu. Estimo que el buen Dios está para algo más sublime...

¿FUE YAVÉ MISERICORDIOSO?

«El extraño que se acercare al santuario será castigado con la muerte. Todos los levitas censados por Moisés y Aarón por orden del Eterno, varones desde un mes de edad para arriba, sumaron veintidós mil». (Números)

Y el equipo sigue dando órdenes. ¡Y qué órdenes!

Sigo leyendo en Números:

«Al ponerse en marcha las huestes, vendrán Aarón con sus hijos y bajarán el velo santo y cubrirán con él el Arca del Testimonio. Pondrán encima una cubierta de cuero de tejón, y sobre ella un paño teñido de color celeste, e insertarán las varas (que sujeta el Arca). Y sobre la mesa de la proposición extenderán un paño celeste y pondrán sobre ella las fuentes, los cálices, los tazones y las jarras de las libaciones. Y también estará sobre la mesa el pan perpetuo. Luego extenderán sobre ellos un paño de tinte carmesí y lo cubrirán con cueros de tejón, y pondrán las varas. También con paño celeste cubrirán el candelabro, sus candelas, sus pinzas y sus cazoletas, como asimismo los utensilios del aceite. Cubrirán todo con cueros de tejón y lo pondrán sobre angarillas (para el transporte). Tenderán un paño celeste sobre el altar de oro y después de cubrirlo con cueros de tejón le pondrán las varas. Tomarán todos los utensilios para oficiar y los pondrán en un paño celeste, cubriéndolo encima con cueros de tejón, e insertarán las varas. Y sacarán las cenizas del altar y lo cubrirán con un paño carmesí. Y pondrán sobre él todos sus utensilios para oficiar, vale decir, los incensarios, los garfios para la carne, las palas, las bandejas y demás utensilios del altar, y cubrirán todo con cueros de tejón, e insertarán las varas. Cuando Aarón y sus hijos hayan terminado de cubrir todos los elementos del santuario, vendrán los hijos de Coat para transportarlos al ponerse en marcha el campamento, pero sin tocar las cosas santas, no sea que mueran... Y vigilaréis que no venga a ver (los hijos de Coat) cuando son envueltas las cosas santas, pues en caso contrario han de morir».

Asombroso. Al equipo le fascinan los paños de colores y los cueros de tejón... Y continúa el absurdo circo: los hijos de Coat (otros sacerdotes) no podrán ver las cosas santas. Si alcanzan a verlas cuando son envueltas, el equipo (Yavé) los fulminará. ¿Y qué son las cosas santas? Números las identifica como cálices, garfios, palas, bandejas, etc. Absurdo. Verdaderamente absurdo...

Pero el absurdo no queda ahí. Algo más adelante, Números dice:

«Y le dijo el Eterno a Moisés: "Ordena a los hijos de Israel que saquen del campamento a todo leproso, a todo el que tiene flujo y a todo impuro por (contacto con) muertos. Harás salir del campamento a todo varón o mujer (en tales condiciones) para que no impurifiquen el campamento en medio del cual Yo habito"».

¿Es este un Dios misericordioso?

«Y le dijo el Eterno a Moisés: "Diles a los hijos de Israel —prosigue Números—: cuando un hombre o una mujer cometa cualquier pecado contra su prójimo obrando engañosamente contra el Eterno, confesará su pecado y restituirá el valor del daño agregándole un quinto, a favor de la víctima, pero si no hubiere ya ningún damnificado, hará la restitución al Eterno y será entregada al sacerdote, además del carnero que ofrecerá por la expiación de su pecado. Toda ofrenda alzada de los hijos de Israel presentada al sacerdote será de este"».

Por si había alguna duda, Yavé (el equipo) deja claro que las ofrendas son del sacerdote. Y fortalece así el «negocio» de los levitas. El hecho de pagar por los pecados (o supuestos pecados) le costaría muy caro al Maestro. Jesús de Nazaret, como se recordará, sanaba gratis.

En ese mismo capítulo, Números dice:

«Y le dijo el Eterno a Moisés: "Diles a los hijos de Israel: cuando la mujer de cualquier hombre se desviare (de su fidelidad) y lo engañare acostándose con otro hombre subrepticiamente sin que hubiere testigos ni fuere sorprendida en el acto, y el marido la celare, háyase ella manchado o no, él la llevará ante el sacerdote y ofrecerá por ella una oblación de un diezmo de un efá de harina de cebada, sin verter aceite ni incienso. Será oblación de celos, recordatoria de la iniquidad cometida. Y el sacerdote tomará agua santa en un vaso de arcilla y tomará también polvo del piso del tabernáculo y lo echará en el agua. Y el sacerdote presentará la mujer ante el Eterno y descubrirá su cabeza, despeinándola, y pondrá la oblación de celos en sus manos, mientras el sacerdote tendrá en su mano el vaso con el agua amarga de la maldición. Y el sacerdote la juramentará y le dirá: 'Si ningún hombre (extraño) se acostó contigo y si no te impurificaste con otro en lugar de tu marido, líbrate de esta agua amarga de la maldición, pero si fuiste infiel a tu marido y te impurificaste acostándote con otro aparte de tu marido (serás condenada)'. En tal caso el sacerdote juramentará a la mujer diciendo: 'Haga el Eterno de ti execración entre tu pueblo para que tu vientre se hinche y se sequen tus muslos, y entren en tus entrañas estas aguas malditas que hinchen tu vientre y quiebren tus muslos...'. Al beber el agua, en caso de ser la mujer culpable de contaminación por infidelidad a su marido, la maldición entrará en sus entrañas con su amargura y se le hinchará el vientre y se le secarán los muslos, convirtiéndose ella en execración en medio de su pueblo. Si, por el contrario, ella no se hubiere impurificado, quedará indemne y será fecunda. Esta es la ley de los celos, para cuando una mujer haya sido infiel a su marido y se haya impurificado, y el espíritu de los celos se haya apoderado del marido. Llevará pues a su mujer ante el Eterno y el sacerdote hará con ella lo que prescribe esta ley, con lo cual el marido quedará libre de culpa y la mujer sobrellevará su pecado"».

¡Machistas!... Y me pregunto: ¿por qué Yavé no estableció las aguas amargas para el varón? ¿Es que el hombre no cometía adulterio? Por cierto, ¿quién preparaba dichas aguas amargas? Todo apunta a Yavé y a su gente (el equipo de astronautas). No imagino al buen Dios elaborando potingues venenosos...

ILUMINABA EL ARCA

«Y al llegar Moisés al tabernáculo para hablar con Él, escuchó la voz que le hablaba desde arriba del propiciatorio que estaba sobre el Arca del Testimonio, entre los querubines». (Números)

Parece confirmarse la vieja hipótesis: el Arca de la Alianza (del Testimonio) servía de transmisor entre Moisés (en la tienda de la Reunión o tabernáculo) y el equipo (posiblemente en las naves).

«Y el día en que se inauguró el tabernáculo —reza Números—, la nube divina cubrió el lugar donde estaba el Arca del Pacto. Al caer el sol la nube iluminó la santa morada como si fuera fuego, hasta la mañana siguiente. Y así era siempre: la nube la cubría (de día), en tanto que de noche tenía la apariencia de fuego. Y al elevarse la nube, partían los hijos de Israel; y en el lugar en que se detenía acampaban los hijos de Israel. De tal modo, por orden del Eterno partían los hijos de Israel y también por Su orden acampaban y permanecían acampados mientras estuviere la nube sobre el tabernáculo. Cuando la nube permanecía sobre la santa morada (aunque fuese) muchos días, los hijos de Israel cuidaban lo concerniente al servicio del Eterno y no emprendían la marcha. Tampoco se movían aunque la nube permaneciera allí pocos días. (En suma), el Eterno disponía cuándo debían acampar por el tiempo que fuere y cuándo debían partir. En ocasiones la nube se elevaba (señal de partida) de mañana y en otras se elevaba de noche. Ya fuere dos días o un mes o todo un año, mientras la nube quedaba posada sobre el tabernáculo los hijos de Israel no se movían, y cuando se levantaba ellos se movían».

De nuevo la descripción de una nave. De día se situaba sobre la tienda de la Reunión (posiblemente envuelta en una nube de camuflaje) y de noche iluminaba la zona (y añado: «como si fuera de día»).

Era el equipo quien decidía cuándo los *schasu* debían caminar y cuándo detenerse. Ese era el plan...

La nave o naves hacían estacionario sobre la llamada tienda de la Reunión (o del Testimonio), donde se encontraba el Arca de la Alianza. Y el pueblo observaba. (Dibujo Ghot.)

Algo más adelante, Números insiste:

«Y ocurrió el día veinte del mes segundo del segundo año que la nube se elevó de sobre la morada del Testimonio. Y los hijos de Israel se pusieron en movimiento (siguiendo a la nube) a través del desierto de Sinaí, hasta que la nube se posó en el desierto de Parán».

El texto es explícito: «se posó»; es decir, la nave aterrizó.

UN YAVÉ IRÓNICO

«Y ocurrió que el pueblo se quejó, lo que fue mal visto por el Eterno, Cuya ira encendióse de tal manera que el fuego hizo estragos en el extremo del campamento. Y el pueblo clamó a Moisés, y cuando este oró al Eterno el fuego se desvaneció. Y llamó ese lugar Tabera (Tav'erá, incendio), porque el fuego del Eterno había consumido el (extremo del) campamento. Y la turba que estaba entre ellos (los no hebreos que los habían acompañado en el éxodo de Egipto) anheló vivamente carne para comer e incluso los hijos de Israel lloraban amargamente exclamando: "¡Quién nos diera carne para comer! Extrañamos el pescado que comíamos en Egipto de balde, los pepinos, los melones, los puerros, las cebollas y los ajos, pero ahora nuestras almas están secas, sin nada. Solo hacia el maná pueden dirigirse nuestros ojos...". Y Moisés oía el llanto de la gente a la entrada de cada tienda, y encendióse sobremanera la cólera del Eterno... Entonces le dijo el Eterno a Moisés: "Reúneme setenta hombres de los ancianos de Israel que sean escribientes y llévalos al tabernáculo de reunión y haz que te acompañen (en tu labor). Y Yo descenderé y hablaré allí contigo y pondré sobre ellos el espíritu (profético) que es sobre ti, y entonces ellos compartirán contigo la carga de (cuidar y conducir) este pueblo, para que no la soportes tú solo. Y dile al pueblo: "Santificaos para mañana, porque comeréis carne, ya que llorasteis en los oídos del Eterno inquiriendo quién os dará carne para comer y alegando que en Egipto estabais bien. Por lo tanto el Eterno os dará carne y la comeréis, pero la comeréis no un día ni dos ni cinco ni diez ni veinte días, sino un mes entero, hasta que os salga por la nariz y sea para vosotros repugnante, por menospreciar al Eterno que es con vosotros y por llorar ante Él lamentándoos por haber salido de Egipto"». (Números)

Otra vez la ira del equipo... Otra vez Yavé más que cabreado, hasta el punto de incendiar un extremo del campamento. Era un «Dios» impaciente y agresivo. Y cuando los *schasu* reclaman carne para comer, el equipo —irónico— advierte que la carne les saldrá por las narices... Y lanza las codornices sobre la zona donde acampaban: «Y vino un fuerte viento insuflado por el Eterno, que trajo desde el mar codornices y las hizo caer junto al campamento, en una extensión de un día de camino hacia uno y otro lado del campamento, en derredor de él. Su acumulación alcanzaba a casi dos codos de altura (un metro) sobre la faz de la tierra. Y la gente pasó recogiendo codornices todo ese día y toda esa noche y todo el día siguiente. El que menos recogió apiló diez jómer (alrededor de 20 kilos). Y esparcieron las aves alrededor de todo el campamento. Y cuando la carne estaba aún entre sus dientes, el Eterno, en Su ira, causó entre ellos gran matanza. Y llamóse ese lugar Quivrot Hataavá ("sepulcros del deseo"), porque allí fue enterrado el pueblo codicioso». (Números)

Como ya comenté, Yavé (el equipo) aprovechó las migraciones de las aves —hacia el norte— para abastecer a los *schasu*. Y las naves, probablemente, provocaron el viento que alteró las enormes bandadas, arrojándolas a tierra. Los casos de OVNIS (en la actualidad) que provocan vientos impetuosos se cuentan por cientos. Pero, inexplicablemente (el texto de Números no lo aclara), el equipo cae de nuevo en la ira y fulmina a numerosos *schasu* (causando gran matanza). Parece uno de los «deportes» favoritos de Yavé: matar gente (a miles), sean ancianos, niños, jóvenes o mujeres.

Pero el desastre sigue...

YAVÉ COTILLA

«Y hablaron Miriam y Aarón contra Moisés por causa de la mujer cusita (de Cush, Etiopía) que él había tomado por mujer... Y oyó eso el Eterno... Y de pronto el Eterno le dijo a Moisés, a Aarón y a Miriam: "Salid los tres al tabernáculo". Y los tres salieron. Entonces el Eterno descendió en la columna de la nube y se detuvo a la entrada del tabernáculo y llamó a Aarón y a Miriam, que se aproximaron presurosos. Entonces les dijo: "Escuchad Mis palabras. Si hubiere un profeta entre vosotros, Yo, el Eterno, Me haría conocer a él en una visión y le hablaría en un sueño... No es así con Mi siervo Moisés, que me es fiel en gran manera. Con él hablo cara a cara, en visión clara y no con acertijos, y él contempla el semblante del Eterno. ¿Por qué entonces os habéis atrevido a hablar contra Mi siervo Moisés?". Y encendióse la ira del Eterno contra ellos y se retiró. Y cuando la nube se retiró del tabernáculo he aquí que Miriam se convirtió en leprosa, blanca como la nieve, y Aarón al ver que estaba leprosa, le imploró a Moisés: "Señor mío, haz que no seamos castigados por el pecado cometido al obrar imprudentemente...". Clamó entonces Moisés al Eterno: "Ruégote, oh Dios, le devuelvas la salud"... Y fue encerrada Miriam durante siete días fuera del campamento, y el pueblo no partió hasta que Miriam fuese traída de nuevo (sana)».

Enésima contradicción de Yavé: Moisés sí veía cara a cara al equipo. Y al enterarse de las habladurías contra Moisés, el equipo reacciona de forma infantil, provocando la lepra (?) en Miriam. ¿Qué clase de Dios es este?

LOS EXPLORADORES

«Y le dijo el Eterno a Moisés: "Envía a hombres para que exploren la tierra de Canaán (C'náan), que di a los hijos de Israel. De cada tribu mandaréis un hombre, el principal de cada tribu". Y Moisés, por mandato del Eterno, envió a los jefes de los hijos de Israel desde el desierto de Parán. Y estos son sus nombres: de la tribu de Rubén, Samúa (Shamúa) hijo de Sacur (Zacur); de la tribu de Simeón, Safat (Shafat) hijo de Jorí; de la tribu de Judá, Caleb (Calev) hijo de Jefoné (Yefuné); de la tribu de Isacar, Igal (Yig'al); de la tribu de Efraín, Oseas (Hoshea) hijo de Nun; de la tribu de Benjamín, Paltí hijo de Rafú; de la tribu de Zabulón, Gadiel hijo de Sodí; de la tribu de Manasés, Gadí hijo de Susí; de la tribu de Dan, Amiel hijo de Guemalí; de la tribu de Aser, Setur hijo de Miguel (Mijael); de la tribu de Neftalí, Najbí hijo de Vofsí; de la tribu de Gad, Gueuel hijo de Mají. Tales son los nombres de los hombres que envió Moisés a reconocer la tierra. Y a Oseas hijo de Nun lo llamó Josué (Yehoshúa). Y envió (a sus emisarios) para explorar la tierra de Canaán diciéndoles: "Id por allí hacia el sur y subid a la montaña, y ved cómo es la tierra y cómo son quienes la habitan, si son fuertes o débiles, pocos o muchos. Evaluad la tierra cerciorándoos si es buena o mala, y mirad las ciudades verificando si son abiertas o fortificadas. Ved qué tal es la tierra, si fértil o estéril, si hay en ella árboles o no los hay, y procuraréis traer (muestras) del fruto de la tierra". A la sazón los viñedos daban los primeros racimos (septiembre). Fueron pues a reconocer la tierra, desde el desierto de Sin (Tzin) hasta Rejov, en dirección a Jamat. Yendo hacia el sur llegaron a Hebrón (Jevrón), donde moraban Ajimán, Sesay (Sheshay) y Talmay, hijos de Anac. Hebrón había sido fundada siete años antes que Zoan (Tzóan o Tanis) en Egipto. Y llegaron hasta el valle de Escol (Eshcol) y cortaron allí una rama de vid con racimos de uvas, que llevaron entre dos por medio de una pértiga, y también granadas e higos. Ese lugar fue llamado valle de Escol, (precisamente) por causa del sarmiento que se llevaron los hijos de Israel (*eshcol,* racimo). Y retornaron de esa búsqueda al cabo de cuarenta días. Y se presentaron ante Moisés y toda la congregación de los hijos de Israel, en Cades (Cádesh), desierto de Parán, y refirieron lo que habían visto y entregaron el fruto de la tierra. Y le relataron a Moisés: "Fuimos a la tierra donde nos enviaste y en verdad mana leche y miel. Este es el fruto de ella. Pero la gente que mora allí es poderosa. Sus ciudades son fortificadas y muy grandes. Además hemos visto allí a los hijos de Anac. Los amalecitas viven en la tierra del sur; los hititas (jeteos), los jebuseos y los amorreos moran en las montañas, y los cananeos habitan junto al mar y en la costa del Jordán". Y Caleb hizo callar al pueblo (atemorizado) delante de Moisés y dijo: "Hemos de subir para heredar la tierra porque podemos hacerlo". Pero quienes lo acompañaron arguyeron: "No podemos subir contra esa gente, porque es más fuerte que nosotros", y dieron un informe desfavorable acerca de la tierra que habían ido a escudriñar para los hijos de Israel, diciendo: "La tierra que hemos ido a explorar devora a sus moradores, que son de gran estatura. Son gigantes, hijos de Anac. Ante ellos nosotros parecíamos langostas, a nuestros ojos y seguramente también a sus ojos"». (Números)

Extraña escena... El equipo sabía (perfectamente) cómo era la tierra que se disponían a robar. Conocían sus ciudades y a sus legítimos dueños. ¿Por qué Yavé ordena que envíen exploradores? O bien se trata de otra maniobra teatral o querían saber cómo reaccionarían los *schasu*. Lo importante, para mí, es que el equipo reconoce —indirectamente— que esa tierra (Canaán) no es suya y que trata de usurparla.

Pero las cosas no salen bien (¿o sí?) y los exploradores se oponen a la conquista de Canaán. Y sigue el texto (supuestamente sagrado):

«Entonces levantóse la congregación y alzó sus voces de angustia. La gente lloró esa noche. Y todos los hijos de Israel murmuraron contra Moisés y Aarón y les dijeron: "¡Ojalá hubiésemos muerto en la tierra de Egipto o en este desierto! ¿Para qué nos trajo el Eterno a esta tierra? ¿Para que perezcamos por la espada y nuestras mujeres y nuestros hijos se conviertan en presa? ¿No sería mejor para nosotros volver a la tierra de Egipto? Elijámosnos otro jefe y volvamos a Egipto". Entonces postráronse Moisés y Aarón delante de la comunidad de los hijos de Israel, y Josué hijo de Nun y Caleb hijo de Jefoné, de los emisarios para explorar la tierra, se rasgaron sus vestiduras y les dijeron a los hijos de Israel: "El país por el que hemos pasado es muy buena tierra. Si el Eterno se complace en nosotros nos dará la tierra, que mana leche y miel, pero no os rebeléis contra el Eterno ni temáis a los pobladores de esa tierra, porque son pan (comido) para nosotros, ya que el Eterno se ha apartado de ellos para favorecernos. No los temáis". Pero la muchedumbre trató de apedrearlos, y entonces apareció la gloria del Eterno en el tabernáculo ante los hijos de Israel». (Números)

El equipo, como ya he mencionado, estaba al tanto de lo que hacían o decían los *schasu*. Su tecnología lo permitía. Y en plena crisis —cuando intentan apedrear a Josué y al resto— hace acto de presencia una de las naves (la gloria del Eterno), que se sitúa sobre la tienda de la Reunión. Mano de santo. Ahí termina la crisis... Y sigue el texto:

«MAÑANA OS VOLVERÉIS»

«Y le dijo el Eterno a Moisés: "¿Hasta cuándo este pueblo Me seguirá provocando? ¿Hasta cuándo seguirá no creyendo en Mí, a pesar de todas las señales (prodigios) que les mostré? Los castigaré con gran mortandad y haré de ti un pueblo más grande y poderoso que ellos". Y Moisés le respondió al Eterno: "Lo sabrán los egipcios, de quienes libraste a este pueblo, y también la gente de esta tierra (de Canaán). Todos saben que Tú, el Eterno, te apareces a Tu pueblo cara a cara con Tu nube y Tu columna de nube de día y de noche. Si matares a Tu pueblo como a un solo hombre, murmurarán los demás pueblos a los que alcanzó Tu fama: 'El Eterno mató a su pueblo en el desierto por Su incapacidad para llevarlo a la tierra prometida'. Por lo tanto ruego a mi Señor, Cuya fuerza es inmensa, obre conforme a Su palabra, (en el sentido de) que el Eterno, paciente y misericordioso, perdona el pecado (al arrepentido), si bien no lo justifica, pues hace recaer la iniquidad de los padres (no arrepentidos) sobre los hijos hasta la tercera o cuarta generación. Perdona pues la trasgresión de este pueblo con Tu gran misericordia, así como lo perdonaste (en el trayecto) desde Egipto hasta aquí". Y contestóle el Eterno: "Lo perdono accediendo a tu rogativa, pero ten por seguro que, por Mi vida y por Mi gloria que cubre toda la tierra, todos los que han visto Mi gloria y los prodigios que les he mostrado en Egipto y en el desierto Me pusieron a prueba diez veces, desoyéndome, no verán la tierra que a sus padres juré dar. Ninguno de quienes Me han provocado la verá. Pero a Mi siervo Caleb, inspirado por otro espíritu y totalmente leal a Mí, lo llevaré a la tierra que visitó y su simiente la poseerá. Y mañana mismo os volveréis y marcharéis por el desierto, camino del mar Rojo (Yam Suf)"». (Números)

Me pregunto: ¿todo teatro? Estoy casi seguro. El equipo amenaza con destruir a los *schasu*, pero sabe muy bien qué va a ocurrir. Y los condena a dar media vuelta y regresar al mar Rojo. Eso significará un retraso en el «plan». Espero que el lector adivine por qué...

MISTERIOSO LAMENTO

«Y le dijo el Eterno a Moisés: "¿Hasta cuándo he de soportar a esta mala gente que murmura contra Mí? Diles: 'Por mi vida que esto haré con vosotros: en este desierto yacerán vuestros cadáveres. Todos los que fueron censados de veinte años para arriba y murmuraron contra Mí, no entrarán en la tierra que os prometí como morada. Solo Caleb hijo de Jefoné y Josué hijo de Nun entrarán. También entrarán vuestros hijos, los que dijisteis que serían botín de extraños. Ellos disfrutarán la tierra que vosotros habéis desdeñado. En cuanto a vosotros, en este desierto quedarán vuestros cadáveres. Pero vuestros hijos errarán en el desierto durante cuarenta años sobrellevando la rebeldía, hasta que vuestros cuerpos se extingan en el desierto. Por la cantidad de días que fue explorada la tierra (prometida), o sea cuarenta días, un año por cada día, cargaréis vuestra iniquidad y sabréis Mi alejamiento de vosotros. ¡Ay de Mí, el Eterno, si no hiciere tal cosa a esta mala gente rebelada contra Mí! En este desierto desaparecerán para siempre". Y los hombres a quienes Moisés mandó escudriñar la tierra y volvieron con informes malévolos soliviantando a la comunidad, perecieron por la plaga con que los castigó el Eterno». (Números)

¡Más de seiscientos mil *schasu* fueron condenados a vagar por el desierto durante cuarenta años! Y, simplemente, porque los exploradores dijeron la verdad (¿informes malévolos?) y el pueblo protestó. El comportamiento de Yavé (del equipo) me parece impropio de un Dios.

Y Yavé se lamenta y jura que castigará «a esta mala gente»... Y digo yo: y si era mala gente, ¿por qué la eligió? ¿O estamos ante otra escenificación, minuciosa y diabólicamente dibujada?

Finalmente, el equipo termina con las vidas de todos los exploradores, excepto Caleb. ¡Qué extraño! ¿Por qué enviar una plaga y eliminar a esos once jefes? Solo se me ocurre una explicación: esos exploradores dijeron la verdad (las ciudades aparecían fortificadas y de difícil conquista y sus dueños eran fuertes y bien armados). Y esa verdad no interesaba a Yavé. Esos exploradores, en definitiva, se convirtieron en personajes incómodos que podían volver a sublevar a los *schasu*. Solución: anularlos.

¡Vaya Dios!

TIRÁNICO Y ABSURDO

«Y cuando los hijos de Israel estaban en el desierto ocurrió que fue hallado un hombre que cortaba leña un día sábado. Y los que lo sorprendieron cortando leña lo trajeron ante Moisés y Aarón y toda la congregación, y lo pusieron en prisión, al no decidirse en el momento lo que había que hacerse con él. El Eterno (al ser consultado) le dijo a Moisés: "Que muera ese hombre irremisiblemente. Lapídelo todo el pueblo fuera del campamento". Y lo sacaron fuera del campamento y lo lapidaron, matándolo, como el Eterno le había ordenado a Moisés». (Números)

Comprendo que Yavé deseaba una religión para los *schasu* pero, ¿construida sobre la sangre y el terror? El equipo, una vez más, demuestra su tiranía... La vida, para aquel supuesto Dios, no valía nada.

¿SER SANTOS?

«Y le dijo el Eterno a Moisés: "Diles a los hijos de Israel que se hagan flecos (*tzitzit*) en los bordes de sus mantos, por todas sus generaciones, y se pongan sobre los flecos del extremo un cordón celeste. Y los flecos os servirán para recordar, al verlos, todos los mandamientos del Eterno para cumplirlos y no desviaros de ellos siguiendo a vuestro corazón y a vuestros ojos, caminos usuales de vuestras idolatrías. Os acordaréis así de cumplir Mis mandamientos para ser santos ante vuestro Dios (Lo ordeno) Yo, el Eterno, vuestro Dios, que os libró de la tierra de Egipto para ser vuestro Dios. Yo, el Eterno, vuestro Dios"». (Números)

Además de las matanzas, el equipo sigue empeñado en hacer teatro. Ahora le toca a los flecos de los mantos. Ridículo. Cumplir o no cumplir unos mandamientos depende siempre de la voluntad, no de unos flecos más o menos bonitos.

Y me pregunto: ¿se puede ser santo cumpliendo esos diez mandamientos? El equipo se columpia de nuevo. El equipo sabía muy bien que la santidad (es decir, la perfección) es imposible en la materia (en esta vida). Nadie —aunque cumpla los mandamientos— alcanzará jamás la perfección. Es la ley. Después, tras la muerte, sí emprenderemos un larguísimo camino hacia esa santidad. No antes. Y, como digo, Yavé y los astronautas lo sabían. Pero estaban empeñados en crear una religión... Una religión en la que tendría que desenvolverse el Maestro. ¿Y quién ha dicho que religión es igual a perfección?

HE PERDIDO LA CUENTA

«Pero Coré (Coraj), hijo de Isar (Yitz'har), hijo de Coat (K'hat), hijo de Leví; Datán y Abiram (Aviram), hijos de Eliab (Eliyav); y On, hijo de Pélet, de la tribu de Rubén, se ensoberbecieron y se levantaron contra Moisés, acompañados por doscientos cincuenta hombres de los hijos de Israel, toda gente de renombre, y conjuráronse contra Moisés y Aarón enrostrándoles: "Os arrogáis demasiado. Toda la congregación es santa y el Eterno está en medio de ella. ¿Por qué entonces os encumbráis sobre el pueblo del Eterno?". Al oír esto, Moisés echóse rostro a tierra y luego les dijo a Coré y su gente: "Mañana el Eterno hará saber quién es Suyo y quién es santo y a quién quiere a Su lado, ya que el que sea escogido por Él podrá acercársele. Esto haréis. Vosotros (Coré y su gente) tomaréis incensarios, y prenderéis fuego en ellos, y sobre el fuego el incensario ante el Eterno. Aquel a quien elija el Eterno, será el santo. Esto os bastará, hijos de Leví". Y Moisés le dijo a Coré: "Os ruego me escuchéis, hijos de Leví. ¿Es poca cosa para vosotros que el Dios de Israel os separara de los demás hijos de Israel para permitiros acercaros a Él para encargaros el servicio de la morada del Eterno y la celebración de los oficios ante la comunidad? Con ello os acercáis a Él, vosotros y vuestros hermanos los hijos de Leví. ¿Pretendéis también el sacerdocio? Ciertamente os conjurasteis contra el Eterno, pero ¿qué culpa tiene Aarón para que murmuréis contra él?". Y Moisés mandó llamar a Datán y a Abiram, hijos de Eliab, y al acudir ellos le dijeron: "No subiremos. ¿Es poca cosa que nos hayas sacado de la tierra que mana leche y miel para traernos a la muerte en el desierto para engrandeceros como príncipe sobre nosotros? No nos trajiste a una tierra que mana leche y miel ni nos diste heredad alguna de campos y viñedos. ¿Quieres acaso sacarle los ojos a toda esta gente? ¡No subiremos! (adonde nos mandas)". Y airóse tanto Moisés que le dijo al Eterno: "No Te inclines a la oblación de ellos. No les he tomado un solo asno ni les he hecho mal alguno". Y le dijo Moisés a Coré: "Tú y toda tu compañía venid mañana ante el Eterno; tú, ellos y Aarón. Y cada uno tomará su incensario y pondrá incienso en él y lo ofrecerá ante el Eterno. Lo ofrecerán tú, tus doscientos cincuenta partidarios y Aarón, cada cual con su incensario". Cada uno, pues, tomó su incensario y prendió fuego en él y le echó incienso, y se reunieron a la entrada del tabernáculo con Moisés y Aarón. Y Coré logró convocar a toda la congregación contra ellos a la entrada del tabernáculo de reunión, y entonces aparecióse la gloria del Eterno a toda la comunidad.

Y el Eterno le dijo a Moisés y a Aarón: "Alejaos de esta gente, y los consumiré en un momento". Entonces (Moisés y Aarón) se prosternaron rostro a tierra e imploraron: "Oh Dios, Dios de los espíritus de toda carne, ¿por un hombre que peque castigarás a toda la congregación?".

Y el Eterno le respondió a Moisés: "Dile a la congregación: 'Alejaos de las moradas de Coré, Datán y Abiram'". Y dirigióse Moisés, con los ancianos de Israel, adonde estaban Datán y Abiram (procurando disuadirlos) y (al no lograrlo) advirtió a la congregación: "Os ruego os alejéis de las tiendas de estos malvados y no toquéis nada de sus pertenencias, para que no seáis arrastrados con todos sus pecados". Apartáronse, pues, de las tiendas de Coré, Datán y Abiram y sus alrededores, y salieron Datán y Abiram a la entrada de sus tiendas, con sus mujeres y sus hijos mayores y menores. Y dijo Moisés: "Ahora sabréis que el Eterno me ordenó hacer todas estas cosas y que no fue por mi voluntad que las hice. Si estos hombres murieren de muerte común y su destino fuere el de los demás hombres, significará que el Eterno no me envió, pero si el Eterno abriere la boca del suelo para tragarlos a ellos y sus pertenencias y bajaran vivos al abismo y la tierra los cubriere, sabréis que esos hombres han provocado al Eterno". Y apenas pronunció tales palabras la tierra se abrió bajo los pies (de los rebeldes). Y la tierra abrió su boca y los tragó, junto con sus tiendas y todas sus pertenencias. Ellos y todo lo que les pertenecía fueron cubiertos por la tierra, quedando totalmente eliminados de la congregación. Y todos los demás de Israel se habían alejado precipitadamente al oír a Moisés, porque pensaron: "No sea que nos trague la tierra". Y salió un fuego del Eterno que consumió a los doscientos cincuenta hombres que ofrecían incienso». (Números)

Resulta obvio que Moisés fue advertido por el equipo sobre la nueve matanza (al menos sobre la provocada al abrir la tierra). De lo contrario, Moisés no hubiera pronunciado aquellas palabras... Y Yavé, siempre violento, abre la tierra (¿utilizando explosivos?) y asesina a hombres, mujeres, niños y ancianos. Después lanza fuego (¿láser nuevamente?) sobre los doscientos cincuenta rebeldes. Y los calcina. De nuevo, el «Dios» misericordioso...

En ese mismo capítulo de Números, el equipo —no se sabe bien por qué— lanza una plaga contra los *schasu* y asesina a catorce mil setecientos.

La verdad es que he perdido la cuenta de los asesinatos de Yavé...

SE REPITE EL «MILAGRO» DEL AGUA

«Y llegaron los hijos de Israel, toda la comunidad, al desierto de Sin (Tzin), en el mes primero, y acampó el pueblo en Cades (Cadesh), donde murió Miriam (la leprosa) (hermana de Moisés y Aarón) y fue sepultada. Y como no había agua para la gente se reunieron contra Moisés y Aarón. Y riñeron con Moisés, a quien increparon: "¡Ojalá nosotros hubiéramos muerto al morir nuestros hermanos delante del Eterno! ¿Por qué trajiste al pueblo de Israel a este desierto para que muramos, nosotros y nuestro ganado? ¿Por qué nos hiciste salir de Egipto para traernos a este lugar tan malo? No es lugar para sembrar ni para cultivar higueras ni viñedos ni granados y ni siquiera hay agua para beber". Entonces Moisés y Aarón se prosternaron a la entrada del tabernáculo, y aparecióseles la gloria del Eterno.

Y le dijo el Eterno a Moisés: "Toma la vara y reúne a la comunidad, y tu hermano Aarón, y habladle a la roca ante la vista de ellos, y de la roca manará agua que darás a la gente y a los animales". Y Moisés tomó la vara ante el Eterno, como Él le había ordenado. Y Moisés y Aarón reunieron a la congregación delante de la roca y les dijo: "Oíd ahora, rebeldes. ¿Podremos hacer brotar agua de esta roca?". Y levantó Moisés su mano y con la vara golpeó la roca dos veces, y comenzó a salir de ella agua en abundancia, bebiendo entonces la congregación y los animales (hasta saciarse).

Y le dijo el Eterno a Moisés: "Por cuanto no creísteis en Mí glorificándome a los ojos de los hijos de Israel, no haréis entrar a este pueblo a la tierra que les prometí". Esa fuente de aguas se llamó Meriba (*merivá,* "querella"), porque allí los hijos de Israel querellaron al Eterno y Él se glorificó ante ellos». (Números)

Parece claro que la o las naves estaban pendientes de los *schasu*. Y conocían sus conversaciones y preocupaciones. Y se repite el «milagro» del agua...

SERPIENTES ABRASADORAS

«Y partieron del monte Hor, camino del mar Rojo, para rodear la tierra de Edom, e impacientóse el pueblo durante el trayecto. Y protestó el pueblo contra Dios y contra Moisés: "¿Por qué nos trajiste de Egipto para morir en el desierto, donde no hay pan ni agua? Nuestra alma está harta del pan liviano (que comemos) (maná)". Entonces el Eterno envió al pueblo serpientes abrasadoras que causaron con sus mordeduras gran mortandad. El pueblo (atemorizado) acudió a Moisés implorando: "Hemos pecado murmurando contra el Eterno y contra ti. Pide al Eterno que aleje las serpientes de nosotros". Y Moisés intercedió por el pueblo. Y le dijo el Eterno a Moisés: "Haz una serpiente (como las reales) y ponla en lo alto de un mástil, y sucederá que el hombre mordido que la mire vivirá". E hizo Moisés una serpiente de cobre pulido y la colocó sobre un mástil». (Números)

¿Serpientes abrasadoras? ¡Qué extraño! Acudí, una vez más, a la visión remota y quedé perplejo. Las «serpientes», en realidad, eran bolas de luz —zigzagueantes— que impactaban en los *schasu*, ocasionándoles graves heridas (incluso la muerte). La gente se presentaba con quemaduras de segundo y de tercer grado. Y el equipo echa mano del teatro y ordena a Moisés que fabrique una serpiente de cobre y la coloque en lo alto de un mástil. Todos miraban a lo alto del poste, pero nadie se curaba del impacto de las bolas (*¿foo fighters?*). Seiscientos años después, bajo el reinado de Ezequías, el poste con la serpiente de cobre fue destrozado por considerarlo «motivo de idolatría». Ezequías lo llamó Nejustán («bagatela de bronce»). Inexplicable: el equipo falló.

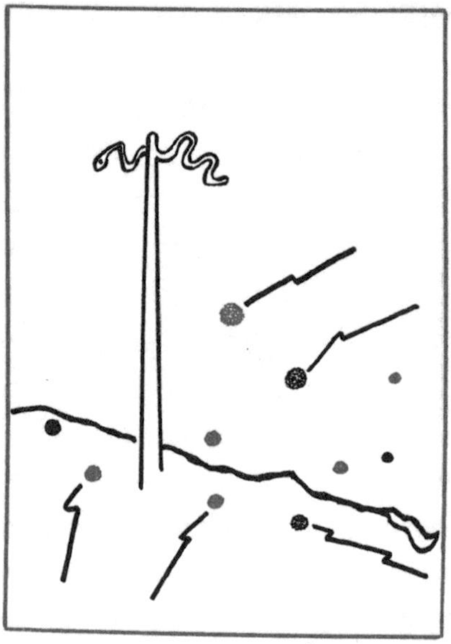

Visión remota: decenas de bolas o pequeñas luces voladoras y silbantes se lanzaron sobre los schasu, *provocando graves quemaduras. Moisés levantó un poste con una serpiente de cobre, pero fue inútil. (Cuaderno de campo de J. J. Benítez.)*

LA BURRA DE BALAAM

«Cuando iba (Balam),[1] se encendió la ira de Yavé y el Ángel de Yavé se puso en el camino para estorbarle. Él montaba la burra y sus dos muchachos iban con él. La burra vio al Ángel de Yavé plantado en el camino, la espada desenvainada en la mano. La burra se apartó del camino y se fue a campo traviesa. Balaam pegó a la burra para hacerla volver al camino.

Pero el Ángel de Yavé se puso en un sendero entre las viñas, con una pared a un lado y otra al otro. Al ver la burra el Ángel de Yavé, se arrimó a la pared y raspó el pie de Balaam contra la pared. Él le pegó otra vez.

Volvió el Ángel de Yavé a cambiar de sitio, y se puso en un paso estrecho donde no había espacio para apartarse ni a la derecha ni a la izquierda. Vio la burra al Ángel de Yavé

[1] Balaam era adivino. Según Números, Balaam debía maldecir al pueblo de Israel. Esa era la orden del rey moabita BALAQ. Pero la presencia del Ángel de Yavé le hace cambiar de opinión. *(N. del a.)*

y se echó con Balaam encima. Balaam se enfureció y pegó a la burra con un palo.

Entonces Yavé abrió la boca de la burra, que dijo a Balaam: "¿Qué te he hecho yo para que me pegues con esta ya tres veces?". Respondió Balaam a la burra: "Porque te has burlado de mí. Ojalá tuviera una espada en la mano; ahora mismo te mataba". Respondió la burra a Balaam: "¿No soy yo tu burra, y me has montado desde siempre hasta el día de hoy? ¿Acaso acostumbro a portarme así contigo?". Respondió él: "No".

Entonces abrió Yavé los ojos de Balaam, que vio al Ángel de Yavé, de pie en el camino, la espada desenvainada en la mano; y se inclinó y postró rostro en tierra. El Ángel de Yavé le dijo: "¿Por qué has pegado a tu burra con esta ya tres veces? He sido yo el que he salido a cerrarte el paso, porque delante de mí se tuerce el camino, la burra me ha visto y se ha apartado de mí tres veces. Gracias a que se ha desviado, porque si no, para ahora te habría matado y a ella la habría dejado con vida"». (Números)

De no ser por los palos a la burra, la escena resultaría cómica. Yavé, ahora, se hace ventrílocuo...

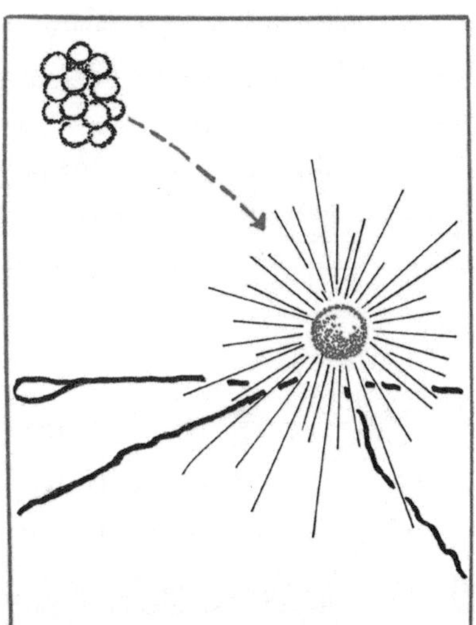

Visión remota: de la nave grande surge una esfera que se interpone en el camino de Balaam. (Cuaderno de campo de J. J. Benítez.)

«Israel se estableció en Sittim. Y el pueblo se puso a fornicar con las hijas de Moab. Estas invitaron al pueblo a los sacrificios de sus dioses, y el pueblo comió y se postró ante sus dioses. Israel se adhirió así a Báal de Peor, y se encendió la ira de Yavé contra Israel.

Dijo Yavé a Moisés: "Toma a todos los jefes del pueblo y empálalos en honor de Yavé, cara al sol; así cederá el furor de la cólera de Yavé contra Israel". Dijo Moisés a los jueces de Israel: "Matad cada uno a los vuestros que se hayan adherido a Báal de Peor".

Sucedió que un hombre, un israelita, vino y presentó ante sus hermanos a la madianita, a los mismos ojos de Moisés y de toda la comunidad de los israelitas, que estaban llorando a la entrada de la tienda de la Reunión. Al verlos Pinjás, hijo de Eleazar, hijo del sacerdote Aarón, se levantó de entre la comunidad, lanza en mano, entró tras el hombre a la alcoba y los atravesó a los dos, al israelita y a la mujer, por el bajo vientre. Y se detuvo la plaga que azotaba a los israelitas. Los muertos por la plaga fueron 24.000.

Yavé habló a Moisés y le dijo: "Pinjás, hijo de Eleazar, hijo del sacerdote Aarón, ha aplacado mi furor contra los israelitas, porque él ha sido, de entre vosotros, el que ha sentido celo por Mí... Por eso digo: Le concedo a él Mi alianza de paz. Habrá para él y para su descendencia después de él una alianza de sacerdocio perpetuo"». (Números)

¿«Dios»? vuelve a enfurecerse con los *schasu*. Enésimo cabreo. Y manda empalar a todo el que comió y bebió frente a los dioses moabitas. Y lanzó sobre ellos una nueva plaga —ignoramos de qué tipo (probablemente la peste)— y mató a 24.000. Para el que no lo sepa, el empalamiento

—clavar a una persona por el ano hasta que el puntiagudo poste asome por el cráneo— es una de las muertes más lentas y dolorosas que ha podido inventar el ser humano. ¿O no fue el ser humano? Y en el colmo de la injusticia, Yavé glorifica a Pinjás, el asesino de la lanza.

MACHISTA

«Si (una mujer casada) formulare un voto en casa de su marido o contrajese una obligación mediante juramento, y su marido, al saberlo, no dijese nada y no la desaprobara, serán válidos el voto o el juramento con el que la mujer hubiere ligado su alma. Pero si su marido, al saberlo, lo desaprobare, quedarán anulados, y el Eterno perdonará a la mujer. Cada voto o juramento con que la mujer afligiere su alma podrá ser confirmado o anulado por su marido. Pero si el marido guardare silencio (sobre tales obligaciones) día tras día, ratifica (implícitamente) todos los votos y juramentos que la mujer ha hecho». (Números)

La mujer, entre los judíos de entonces, era una criatura de segundo o tercer orden. Y Yavé lo permitía.

32.000 VÍRGENES

«Y le dijo el Eterno a Moisés: "Venga a los hijos de Israel de los midianitas". Y arengó Moisés al pueblo: "Alistaos para la guerra contra Midián, para cumplir la orden de venganza que dio el Eterno contra ellos. De cada una de las tribus de Israel saldrán (a pelear) mil". De tal modo fueron armados mil hombres por cada tribu de Israel, formando un ejército de doce mil... Y lucharon contra los midianitas, como le había ordenado el Eterno a Moisés, y mataron a todo varón, entre ellos a los cinco reyes de Midián: Enví, Réquem, Sur (Tzur), Jur y Reva, y también a Balaam (el de la burra habladora). Tomaron todas sus mujeres y sus niños, sus ganados y sus posesiones, y quemaron todas sus ciudades y sus fortalezas... Y airóse Moisés contra los jefes de millares y los jefes de centenas del ejército que retornaban de la guerra. Y Moisés los increpó, diciéndoles: "¿Habéis dejado vivir a todas las mujeres? Fueron ellas las que por consejo de Balaam indujeron a los hijos de Israel a ser infieles al Eterno cuando ocurrió lo de Báal Peor, de modo que hubo plaga en la comunidad. Ahora pues, mataréis a todo varón entre los niños y a toda mujer que se haya acostado con hombre. Las que no hayan conocido varón serán para nosotros...". Y resultó que del botín tomado por los combatientes quedaban seiscientas setenta y cinco mil cabezas de ganado ovino, setenta y dos mil de ganado vacuno y setenta y un mil de ganado asnal, y además treinta y dos mil mujeres que no habían compartido lecho con varón... Como tributo para el Eterno fueron apartadas seiscientas sesenta y cinco cabezas de ovino, setenta y dos vacas y sesenta y un asnos». (Números)

Si la crueldad del equipo de astronautas era químicamente pura, la de Moisés no se quedaba atrás. Mandó matar a cientos de niños y «regaló» las 32.000 vírgenes entre sus soldados.

Y me pregunto: ¿para qué quería Yavé tanta oveja, tanta vaca y tanto burro? Solo hay una explicación: para los sacerdotes que le servían en la tienda de la Reunión.

LEGITIMACIÓN DEL ROBO

«Y le dijo el Eterno a Moisés en los llanos de Moab, junto al Jordán, cerca de Jericó: "Diles a los hijos de Israel:

cuando crucéis el Jordán para ir a la tierra de Canaán, desposeeréis a todos los moradores de la tierra ante vosotros y destruiréis todas sus esculturas e imágenes fundidas y derribaréis todos sus altares. Y desposeeréis a los habitantes de la tierra y moraréis en ella, porque Yo os la he dado a vosotros. Y dividiréis la tierra echando suertes entre vuestras tribus, y aumentaréis la heredad a las tribus más numerosas y la disminuiréis a las menos numerosas"». (Números)

Yavé (el equipo) anuncia y legitima el robo de las tierras de Canaán (la tierra prometida), habitada por numerosas etnias, legítimas propietarias desde tiempos inmemoriales. En otras palabras: el actual estado judío es un fraude. Son precisamente los palestinos los herederos de aquellos pueblos, vilmente expoliados por Yavé.

VERGONZOSO

«Pero Sijón, rey de Hesbón, no quiso dejarnos pasar, porque el Eterno había endurecido su alma y colmado su corazón de porfía, para entregarlo en tu mano hasta el día de hoy. Y me dijo el Eterno: "Comienzo ya a entregarte a Sijón y su tierra. Conquístala y apodérate de ella". Y Sijón vino a nuestro encuentro con toda su gente para enfrentarnos en Jahaz (Yah'tza). Y el Eterno nuestro Dios nos lo entregó, y lo aniquilamos a él, a sus hijos y a toda su gente. Y conquistamos todas sus ciudades en esa ocasión y en cada una de ellas no dejamos que quedaran (vivos) los hombres, las mujeres y los niños. Solo nos llevamos de allí el ganado y los despojos de las ciudades conquistadas. Desde Aroer, ciudad situada a orillas del Arnón, hasta Gallad (Guil'ad), no hubo ciudad demasiado poderosa para nosotros. Todas nos fueron entregadas por el Eterno nuestro

Dios, ante nosotros. Solo a la tierra de los hijos de Ammón no entraste (oh Israel), ni tampoco a orillas del torrente de Jaboc (Yaboc) ni a las ciudades de las montañas, como nos lo había ordenado el Eterno nuestro Dios». (Deuteronomio)

Lástima que el texto bíblico no especifique cómo fueron entregadas esas ciudades a los *schasu*. Practiqué una nueva visión remota y surgió lo que sospechaba: las naves fulminaron las murallas y, posteriormente, a los ejércitos.

¡Vergonzoso!

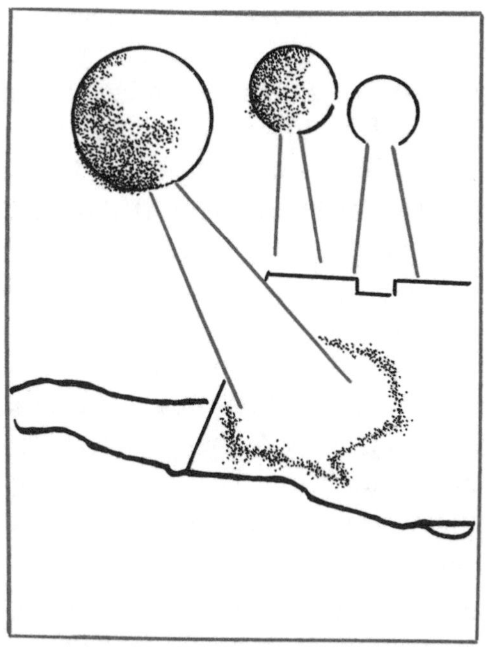

Visión remota: las naves de Yavé destruyeron las ciudades fortificadas y, posteriormente, a sus ejércitos. (Cuaderno de campo de J. J. Benítez.)

SIGUE EL ROBO DE TIERRAS

«Después nos volvimos y subimos camino a Basán, cuyo rey, Og, salió a nuestro encuentro para enfrentarnos en guerra acompañado por toda su gente, en Edrey. Entonces me dijo el Eterno: "No le temas, por cuanto Yo te lo entregaré, junto con todo su pueblo y su tierra, en tu mano, y harás con él lo que hiciste con Sijón, rey de los amorreos, que moraba en Hesbón". De tal manera el Eterno nuestro Dios entregó en nuestras manos a Og y a toda su gente y nosotros los batimos hasta que no quedó ninguno de ellos. Y en esa ocasión conquistamos todas sus ciudades, sin omitir ninguna, sesenta ciudades en total, toda la región de Argob (Argov), del reino de Og, en Basán. Casi todas las ciudades estaban fortificadas con altos muros y pesados portales asegurados con fuertes cerrojos, pero también había ciudades no amuralladas. Destruimos todas, como habíamos hecho con las de Sijón, rey de Hesbón, y exterminamos a los hombres, las mujeres y los niños. Y tomamos para nosotros el ganado y los despojos de las ciudades conquistadas. Y quitamos a los dos reyes amorreos la tierra de allende el Jordán, desde el torrente del Arnón hasta el monte Hermón (Jermón). Los sidonios al Hermón lo llaman Sirión, pero los amorreos lo llaman Senir. También tomamos todas las ciudades de llanura y todo Galaad y todo Basán hasta Salca (Saljá) y Edrey, pertenecientes al reino de Og, en Basán. Solo Og, rey de Basán, había quedado del resto de los refaím. Su lecho, que era de hierro, se ve (todavía) en Rabá, de los hijos de Ammón. Mide nueve codos (4.5 metros) de longitud y cuatro codos (2 metros) de ancho, tomando el codo común de un hombre». (Deuteronomio)

Sigue el robo de las tierras... Y me pregunto: ¿cómo debo interpretar la frase «Yo te lo entregaré, junto con todo su pueblo y su tierra»? Solo encuentro una explicación: el equipo de Yavé iba por delante arrasando con sus poderosas armas. El equipo y sus naves... De no haber sido así, los seiscientos mil *schasu* no hubieran podido conquistar esas tierras.

CÍNICO

«Yo, el Eterno, tu Dios, soy un Dios celoso que hace recaer la iniquidad de los padres en los hijos hasta la tercera y la cuarta generación de los que me aborrecen, pero Mi misericordia alcanza hasta mil generaciones a los que Me aman y cumplen Mis mandamientos». (Deuteronomio)

Yavé injusto, sí... ¿Qué culpa tienen los hijos de los errores de los padres? En mi pueblo, a esto lo llaman venganza.

Y Yavé clama: «¡No matarás!». Pero él (con minúscula) (el equipo) tiene las manos manchadas de sangre. Hasta el momento son más de 300.000 los asesinados...

Y digo más: ¿es posible la misericordia en mitad del odio y la venganza?

Lo dicho: Yavé es lo opuesto al Padre Azul.

DIOS DE PACOTILLA

«Todo lo que Yo te mando has de hacer, sin añadir ni quitar nada. Cuando apareciere en medio de ti un profeta o un soñador que te anunciare alguna señal o algún prodigio y realmente viniere la señal o el prodigio y él propusiere: "Vayamos tras otros dioses que tú no conociste y sirvámosles", no escucharás las palabras de tal profeta o soñador, porque ello es una prueba a que te somete el Eterno tu Dios para comprobar si en verdad Le amas con todo tu corazón y con toda tu alma. Es al Eterno vuestro Dios a Quien seguiréis. A Él Le temeréis. Sus mandamientos guardaréis. Su voz obedeceréis. Le serviréis a Él y a Él os acercaréis. Y ese profeta o soñador será muerto, por haber hablado en detrimento del Eterno vuestro Dios —que os libró de la tierra de Egipto, casa de servidumbre—, para desviaros del camino que Él os ordenó seguir. Así extirparéis el mal de en medio de vosotros.

Si tu hermano hijo de tu madre, o tu hijo, o tu hija, o la mujer de tu regazo, o tu amigo, que es como tu alma, te incitare secretamente diciendo: "Vayamos a adorar a otros dioses que no conociste tú ni tus padres" —dioses de los pueblos que están alrededor de ti, ya sean cercanos o lejanos, de uno al otro confín de la tierra—, no accederás ni lo escucharás ni tus ojos se apiadarán de él ni lo encubrirás, sino que lo matarás sin misericordia. Tu mano será la primera en matarle y después vendrá la mano de todo tu pueblo. Lo lapidarás con piedras hasta que muera...

Si en alguna de las ciudades que el Eterno tu Dios te dio por residencia oyeres decir que ciertos hombres impíos han estado instigando a los moradores de su ciudad a que adoren a otros dioses que no conocieron indagarás el caso diligentemente y si descubrieres que ello es verdad y que tal abominación se ha cometido, irremisiblemente castigarás a los habitantes de esa ciudad a filo de espada, hasta aniquilarlos junto con sus pertenencias y sus animales. Y recogerás todos sus despojos en medio de la plaza y los quemarás con fuego, para el Eterno tu Dios. Quedará toda la ciudad convertida en ruinas y nunca será reedificada». (Deuteronomio)

Ante semejante cúmulo de despropósitos se me ocurren algunas consideraciones:

Primera: si Yavé fuera Dios no necesitaría probar a nadie. Y recuerdo el lamentable suceso de Abraham, cuando estuvo a punto de sacrificar a su hijo Isaac.

Segunda: ¿por qué temer a Dios? Mi concepto del Padre Azul es otro. Hay que amarle y sentirle. Cumplir los mandamientos es de sentido común.

Tercera: el ser humano debe ser respetuoso con todas las ideas, aunque se opongan —aparentemente— al Padre

Azul. Sé que eran otros tiempos y que los *schasu* eran de dura cerviz, pero eso no justifica las matanzas ordenadas por Yavé (el supuesto Dios).

Cuarta: ¿en los cielos hay democracia?

¿MURIÓ MOISÉS?

«Y le dijo el Eterno a Moisés: "He aquí que se aproxima el día de tu muerte. Llama a Josué y esperad a la entrada del tabernáculo de reunión, donde Yo le impondré Mis cargos". Y fueron Moisés y Josué al tabernáculo, donde el Eterno se les apareció en medio de una columna de nube, a la entrada del santuario. Entonces le dijo el Eterno a Moisés: "He aquí que yacerás con tus padres (morirás), y este pueblo se alzará prostituyéndose tras dioses extraños del país donde entrará, y Me abandonará y romperá el pacto que establecí con él. Ese día se encenderá Mi cólera contra ellos y los abandonaré y les ocultaré Mi rostro y serán aniquilados por la multitud de males que les sobrevendrán, de manera que dirán a la sazón: 'Ciertamente nos ocurre esta desgracia por no estar nuestro Dios entre nosotros...'". Así Moisés, siervo del Eterno, murió allí en la tierra de Moab, frente a Bet Peor, y nadie conoció su sepultura hasta hoy. Y Moisés tenía ciento veinte años de edad al morir». (Deuteronomio)

He recorrido la zona de Moab en muchas ocasiones. Jamás hallé la más pequeña pista o leyenda sobre la tumba de Moisés (otro personaje sanguinario del Antiguo Testamento). Y me pregunto: ¿murió realmente el patriarca?, ¿fue introducido por el equipo en una nave y trasladado a otro lugar? Estos hechos ocurrieron hacia el año 1240 antes de Cristo, aproximadamente. En mi opinión resulta sospechoso que «Él mismo (Yavé) lo sepultara».

ENÉSIMA CONFIRMACIÓN DEL ROBO

«Y aconteció después de la muerte de Moisés (Moshé), siervo del Eterno, que el Eterno habló a Josué (Yehoshúa) hijo de Num, ayudante de Moisés, diciendo: "Moisés, siervo mío, ha muerto. Por lo tanto levántate, pasa este Jordán (Yardén), tú y toda esta gente, a la tierra que les doy a los hijos de Israel. Cada lugar que pisare la planta de vuestros pies, a vosotros lo he dado, conforme hablé a Moisés. Desde el desierto y este Líbano (Lavanón) hasta el río Grande, el río Éufrates (Prat), todo el país de los heteos (*jitim*), y hasta el mar Grande donde se pone el sol, será vuestra frontera"». (Josué)

¿Y quién era Yavé para usurpar esa tierra? Ha quedado demostrado que no era Dios. En consecuencia —insisto— estamos ante un atraco. Un vil robo que todavía perdura...

EL PASO DEL JORDÁN

«Y dijo Josué a los hijos de Israel: "Venid aquí y oíd las palabras del Eterno vuestro Dios". Y dijo Josué: "En esto conoceréis que el Dios viviente está con vosotros y que Él indefectiblemente arrojará ante vosotros al cananeo, y al hitita, y al heveo, y al perezeo, y al guergueseo, y al amorreo y al jebuseo. He aquí que el Arca del Pacto del Señor de toda la tierra pasará ante vosotros sobre el Jordán. Ahora, pues, tomaos doce hombres de las tribus de Israel, por cada tribu un hombre. Y acontecerá que cuando las plantas de los pies de los sacerdotes que portan el Arca del Eterno, Señor de toda la tierra, descansen en las aguas del Jordán, las aguas del Jordán serán cortadas, incluso las aguas que bajan desde arriba; y se detendrán en un montón". Y sucedió que, cuando el pueblo salió de sus tiendas para pasar el Jordán, andando los sacerdotes portadores del Arca del Pacto delante del pueblo; y cuando los que llevaban el Arca llegaron al Jordán, y los pies de los sacerdotes que transportaban el Arca se mojaron en el borde del agua —el Jordán llega completamente a las orillas durante la época de la cosecha—, las aguas que venían de arriba se detuvieron y se levantaron en un montón, muy lejos (de allí), junto a Adam, ciudad que está al lado de Sartán; en tanto que las aguas que bajaban al mar de Aravá, el mar Salado, acabáronse, siendo cortadas, y el pueblo pasó frente a Jericó. Y los sacerdotes que portaban el Arca del Pacto del Eterno se detuvieron en terreno seco en medio del Jordán (quedando allí) mientras todo Israel pasaba sobre el suelo seco, hasta que toda la nación pasó el Jordán (sin mojarse).

Y sucedió, cuando toda la nación hubo pasado el Jordán, que el Eterno le habló a Josué diciendo: "Tomaos doce hombres del pueblo, de cada tribu un hombre, y ordénales, diciendo: 'Alzad de aquí, de en medio del Jordán, del lugar donde se han mantenido firmes los pies de los sacerdotes, doce piedras; traedlas y depositadlas en el lugar donde pasaréis esta noche'". Entonces Josué llamó a los doce hombres a quienes había preparado de entre los hijos de Israel, de cada tribu un hombre; y les dijo Josué: "Pasad ante el Arca del Pacto del Eterno vuestro Dios en medio del Jordán, y tomad cada uno de vosotros una piedra sobre el hombro, conforme al número de las tribus de los hijos de Israel. Que esta sea una señal entre vosotros, que cuando vuestros hijos pregunten en el futuro diciendo: '¿Qué significan estas piedras?', les responderéis: 'Porque las aguas del Jordán fueron cortadas ante el Arca del Pacto del Eterno; cuando cruzó el Jordán las aguas del Jordán fueron cortadas, y estas piedras serán un memorial para los hijos de Israel por siempre'". Y los hijos de Israel hicieron como Josué les había ordenado, y tomaron doce piedras de en medio del Jordán, como el Eterno le había dicho a Josué, conforme al número de las tribus de los hijos de Israel, y las llevaron consigo hasta el lugar donde acampaban y las depositaron allí. Josué hizo colocar doce piedras en el medio del Jordán, en el lugar donde estaban firmes los pies de los sacerdotes que portaban el Arca del Pacto, y allí están hasta el día de hoy. Y los sacerdotes que llevaban el Arca permanecieron en medio del Jordán hasta que se hubo concluido de hacer todo lo que el Eterno ordenara a Josué que dijese al pueblo, conforme a todo lo que Moisés había mandado a Josué, y el pueblo diose prisa en cruzar (el río). Y ocurrió cuando todo el pueblo había cruzado, que el Arca del Eterno pasó también, y los sacerdotes, ante el pueblo. Y los hijos de Rubén (Reuvén) y los hijos de Gad, y la media tribu de Manasés, pasaron armados ante los hijos de Israel, como les había dicho Moisés. Alrededor de cuarenta mil hombres armados listos para la guerra pasaron en presencia del Eterno en formación de batalla, a la llanura de Jericó.

Ese día el Eterno engrandeció a Josué a la vista de todo Israel, y le temieron, como habían temido a Moisés todos los días de su vida.

Y el Eterno habló a Josué, diciendo: "Ordena a los sacerdotes que portan el Arca del Testamento que salgan del Jordán". Josué pues ordenó a los sacerdotes, diciendo: "Salid del Jordán". Y ocurrió que cuando los sacerdotes que llevaban el Arca del Pacto del Eterno salieron de en medio del Jordán, tan pronto como los talones de los pies de los sacerdotes llegaron a tierra firme las aguas del Jordán volvieron a su lugar y llegaron a las orillas, como antes». (Josué)

Resulta obvio que Josué también estaba en contacto con el equipo...

Al igual que sucedió en el paso del mar Rojo, no creo que el embalse de las aguas del Jordán fuera un problema para la tecnología de los astronautas de Yavé. En 1267, un terremoto provocó el corte de las aguas del Jordán durante

24 horas. Y algo parecido sucedió en 1924 y 1927. Otros terremotos removieron las rocas de las orillas del Jordán y toneladas de piedras terminaron taponando el cauce durante 21 horas. En el caso que nos ocupa —aceptando que los *schasu* sumaran del orden de 600.000 almas—, el paso por el cauce seco del Jordán tuvo que prolongarse entre 14 y 20 horas (como poco).

Y Yavé (y su equipo) prepararon otra gran matanza...

Me propuse «ver» el paso del Jordán por parte de los 600.000 schasu. Me puse cómodo y me relajé. La emisión de ondas alfa cerebrales hizo el resto: y en segundos me vi transportado —mentalmente— al momento del cruce del río Jordán por Josué, el Arca de la Alianza y los miles de nómadas que formaban el futuro pueblo de Israel. Una enorme nave cilíndrica se situó sobre la zona de Adam, a 28 kilómetros. Y detuvo las aguas, embalsándolas. Y el cauce del Jordán quedó seco, permitiendo el cruce de hombres y ganado. La nave nodriza se mantuvo sobre la ciudad de Adam durante 27 horas. (Cuaderno de campo de J. J. Benítez.)

Paso del río Jordán por parte de los seiscientos mil schasu. *(Cuaderno de campo de J. J. Benítez.)*

EL «CAPITÁN»

«Y el maná cesó al día siguiente, después de que comieron del producto de la tierra. No volvieron a tener maná los hijos de Israel, pero comieron el fruto de la tierra de Canaán ese año.

Y aconteció cuando Josué estaba cerca de Jericó, que levantó la vista y he aquí que vio a un hombre parado frente a él con una espada empuñada en la mano, y Josué le abordó diciéndole: "¿Eres tú para nosotros o para nuestros adversarios?". Y él (el hombre) le dijo: "No, sino que soy capitán del ejército del Eterno, y ahora he venido". Y Josué se hincó rostro a tierra, y le preguntó: "¿Qué dice mi Señor a Su siervo?". Y el capitán del ejército del Eterno le dijo a Josué: "Quítate el calzado de tus pies, porque el lugar donde te hallas es sagrado". Y Josué así lo hizo». (Josué)

El libro de Josué explica que los *schasu* no volvieron a recibir el maná. Esto contradice la hipótesis de algunos exégetas que afirman que el «pan divino» pudo tratarse del fruto de un árbol llamado *Tamarix mannifera*. De haber sido así, al entrar en Canaán, el *Tamarix* hubiera seguido proporcionando su fruto.

Y seguimos con el teatro. ¿Quién era el extraño «capitán» que se presenta ante Josué? La conversación es un diálogo de besugos. ¿Por qué Josué hincó el rostro en tierra? ¿Qué vio? ¿Se trataba de un astronauta? Posiblemente... Un astronauta disfrazado, ¡y con espada! ¿Y por qué ese terreno era sagrado? Lo dicho: más teatro...

¿UTILIZARON EXPLOSIVOS?

«A la sazón Jericó estaba fuertemente cerrada (cercada) a causa de los hijos de Israel. Nadie salía y nadie entraba.

Y le dijo el Eterno a Josué: "Mira, he dado en Tu mano a Jericó, y al rey de ella, y a sus hombres esforzados. Y tú circundarás la ciudad, todos los hombres de guerra, que darán la vuelta a la ciudad una sola vez. Esto haréis durante seis días. Y siete sacerdotes portarán siete trompetas de cuernos de carnero ante el Arca, y al séptimo día rodearéis la ciudad siete veces, y los sacerdotes tocarán las trompetas. Y será que cuando hicieren resonar con fuerza las trompetas, todo el pueblo prorrumpirá en un potente alarido, y entonces el muro de la ciudad caerá a plomo, y el pueblo subirá, un hombre tras otro". Y Josué hijo de Nun convocó a los sacerdotes, y les dijo: "Tomad el Arca del Pacto, y que siete sacerdotes lleven siete trompetas de cuerno de carnero ante el Arca del Eterno". Y él (Josué) le dijo al pueblo: "Pasad, y rodead la ciudad, y que siete sacerdotes pasen delante del Arca del Eterno". Y así fue que cuando Josué hubo hablado al pueblo, pasaron ante el Arca del Eterno los siete sacerdotes que llevaban las siete trompetas, y las tocaban, y el Arca del Pacto del Eterno les siguió. Y los hombres armados iban delante de los sacerdotes que tocaban las trompetas, y la retaguardia iba detrás del Arca, (en tanto que los sacerdotes) tocaban las trompetas continuamente. Y Josué le ordenó al pueblo diciéndole: "No gritaréis, ni haréis que vuestra voz sea oída, ni pronunciaréis palabra alguna con vuestras bocas, hasta el día en que yo os pida que gritéis. Entonces gritaréis". Así hizo que el Arca del Eterno rodeara la ciudad, dando vuelta en su entorno una sola vez. Y volvieron al campamento y pasaron la noche en el campamento.

Y Josué se levantó temprano a la mañana siguiente, y los sacerdotes levantaron el Arca del Eterno. Y los siete sacerdotes que portaban las siete trompetas al frente del Arca del Eterno emprendieron la marcha soplando las trompetas continuamente, y los hombres armados iban delante de ellos, y la retaguardia iba después del Arca del Eterno, (en tanto que los sacerdotes) tocaban las trompetas continuamente. Y al segundo día rodearon la ciudad una vez, y volvieron al campamento. Así lo hicieron durante seis días. Y ocurrió en el séptimo día que madrugaron y circundaron de la misma manera siete veces. Solo ese día rodearon la ciudad siete veces. Y aconteció al séptimo día, cuando los sacerdotes tocaron las trompetas, que Josué dijo al pueblo: "Gritad, porque el Eterno os ha dado la ciudad"... Consiguientemente, el pueblo gritó, y (los sacerdotes) hicieron sonar las trompetas. Y ocurrió, cuando la gente oyó el sonido de las trompetas, que gritó con gran algarabía, y el muro (las murallas de Jericó) cayó a plomo, de modo que el pueblo subió a la ciudad, un hombre tras otro, y tomaron la ciudad. Y destrozaron completamente todo lo que había en la ciudad, sea hombre o mujer, joven o viejo, y el buey, y la oveja y el asno, a filo de espada... Y quemaron la ciudad con fuego, y todo lo que había dentro. Solo la plata, y el oro, y los vasos de bronce y de hierro los pusieron en la tesorería de la Casa del Eterno». (Josué)

En la conquista de Jericó, el equipo se esmeró. El teatro, en esa oportunidad, fue espectacular (con una coreografía perfectamente medida y estudiada). Las vueltas a la ciudad —con trompetas y guerreros a la cabeza del Arca de la Alianza— no tiene igual.

Pero lo más asombroso (para este pecador) llegaría durante las excavaciones arqueológicas llevadas a cabo en las ruinas de Jericó entre los años 1930 y 1936. El profesor John Garstang encontró algo que lo dejó desconcertado: la muralla exterior de la milenaria ciudad se había desplomado «hacia el exterior». La interior —también de ocho metros de grosor— cayó, misteriosamente, en sentido contrario: hacia la ciudad. Esto no tenía sentido. Generalmente, en los ataques a las poblaciones fortificadas, los muros caían siempre «hacia la ciudad», consecuencia del empuje de los ejércitos. Garstang descubrió también que la muralla interior de Jericó presentaba múltiples grietas, como si alguien hubiera utilizado explosivos. Y me pregunto: ¿explosivos entre ambos muros? Esto sí explicaría el singular derrumbe de las murallas (una hacia el exterior y la interior hacia la población). En otras palabras: ¿el equipo de astronautas utilizó explosivos (o algo parecido)? ¿Aprovechó el griterío de los *schasu* para disimular (o amortiguar) la detonación entre las murallas?

Pero lo más grave, para mí, fue el resultado final de la conquista de Jericó: ¡50.000 asesinados! No se respetó a nadie (humano o animal). Eso sí, el oro y la plata pasaron a la «tesorería» de Yavé; es decir, a los sacerdotes. ¿Qué clase de Dios permite semejante masacre?

Visión remota: naves sobre Jericó antes de su destrucción. (Cuaderno de campo de J. J. Benítez.)

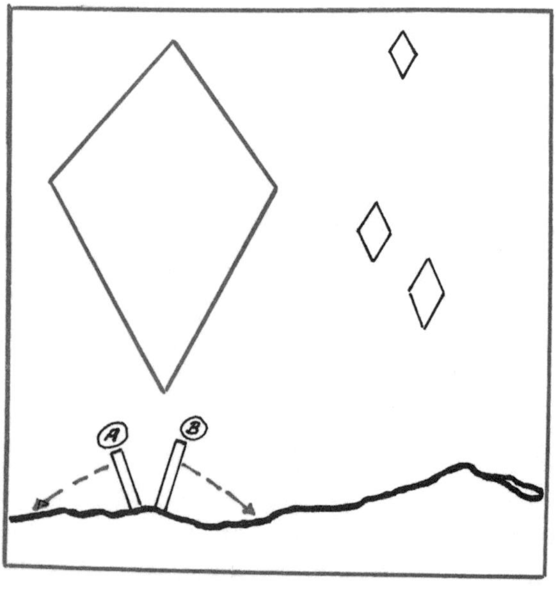

La muralla exterior de Jericó (A) se desplomó hacia afuera. La interior (B) cayó en sentido contrario (hacia la ciudad). Según la arqueología, esto solo se explica por el uso de explosivos entre ambos muros. (Cuaderno de campo de J. J. Benítez.)

CASTIGO INJUSTO

«Pero los hijos de Israel cometieron una transgresión en lo concerniente a lo que es el anatema, por cuanto Acán (Aján), hijo de Carmí, hijo de Zabdi (Zavdi), hijo de Zera (Zéraj), de la tribu de Judá, se apropió de lo que no debía, por lo cual se encendió la ira del Eterno contra los hijos de Israel.

Y Josué envió hombres de Jericó a Haay, que está junto a Bet Aven, al oriente de Bet El, y les habló, diciendo: "Subid y espiad la tierra". Y los hombres subieron y espiaron a Haay. Y retornaron a Josué, y le dijeron: "Que no toda la gente suba, sino que dos o tres mil hombres suban y castiguen a Haay. No fatigues a todo el pueblo (yendo allí), porque ellos son pocos". De manera que subieron del pueblo unos tres mil hombres, que huyeron ante los hombres de Haay. Y los hombres de Haay hirieron a unos treinta y seis hombres, y los persiguieron (desde) delante del portón (de la ciudad) hasta Sebarim (Shevarim) y los castigaron al bajar. Y los corazones de la gente se derritieron, volviéndose como agua. Y Josué rasgó sus vestiduras, y se hincó rostro a tierra ante el Arca del Eterno hasta la tarde, y él y los ancianos de Israel, y esparcieron polvo sobre sus cabezas. Y dijo Josué: "¡Ah Señor Dios! ¿Por qué has traído a este pueblo por sobre el Jordán para entregarnos en manos de los amorreos para que perezcamos? ¿No estábamos contentos acaso viviendo del otro lado del Jordán? ¡Oh Señor, qué puedo decir después de que Israel ha vuelto sus espaldas ante el enemigo! Porque cuando los cananeos y todos los habitantes de la tierra lo sepan nos rodearán y cortarán nuestro nombre de la tierra, y ¿qué harás Tú por Tu gran Nombre?".

Y le dijo el Eterno a Josué: "Levántate. ¿Por qué te has postrado con tu rostro sobre tierra? Israel ha pecado, y también ha transgredido Mi pacto que Yo le impuse. Sí, han tomado de lo que no debían tomar, y también han robado, y también han mentido, y han puesto (lo robado) con sus cosas propias. Por tanto los hijos de Israel no pueden estar erguidos ante sus enemigos. Vuelven sus espadas ante sus enemigos, porque se han tornado malditos. No será más con vosotros, a menos que destruyáis a los malditos de entre vosotros. Levántate, santifica al pueblo y dile: 'Santificaos para mañana, porque así dice el Eterno, el Dios de Israel: Hay un anatema en medio de ti, oh Israel. No puedes hacer frente a tus enemigos salvo que quites de tu seno a los malditos'. A la mañana, por lo tanto, agrupa a las tribus, y será que la tribu que el Eterno designe se acercará por sus familias, y la familia que el Eterno designe se acercará por casas, y la casa que el Eterno designe se acercará hombre por hombre. Y será que el que ha incurrido en anatema será quemado con fuego, él y todo lo que posee, porque ha trasgredido el pacto del Eterno al cometer una felonía en Israel".

De tal modo Josué madrugó a la mañana siguiente y agrupó a Israel por sus tribus, y la tribu de Judá fue designada (por Dios). Y acercó a la familia de Judá, y tomó la familia de los zareos. Y acercó a la familia de Judá, hombre por hombre, y fue tomado Zabdi. Y acercó su casa hombre por hombre, y fue tomado Acán, hijo de Carmí, hijo de Zabdi, hijo de Zera, de la tribu de Judá. Y le dijo Josué a Acán: "Hijo mío, ruégote des gloria al Eterno el Dios de Israel, y haz confesión a Él, y dime ahora qué has hecho, sin ocultarme nada". Y Acán le respondió a Josué, diciendo: "En verdad he pecado contra el Eterno, el Dios de Israel, y así y así he hecho. Cuando vi entre los despojos un hermoso manto babilónico y doscientos siclos de plata y una barra de oro de cincuenta siclos de peso, los codicié y los tomé, y he aquí que están escondidos en la tierra en medio de mi tienda, y el dinero está debajo (del manto)". Consiguientemente Josué envió mensajeros, y ellos corrieron a la tienda, y he aquí que el (manto) estaba escondido en su tienda, y la plata debajo de él. Y los tomaron del medio de la tienda y los trajeron a Josué, y a todos los hijos de Israel, y los colocaron ante el Eterno. Y Josué, y todo Israel con él, tomó a Acán, el hijo de Zera, y la plata, y el manto, y la barra de oro, y sus hijos, y sus hijas, y sus bueyes, y sus asnos, y sus ovejas, y su tienda, y todo lo que tenía, y los llevaron al valle de Acor (Ajor). Y dijo Josué: "¿Por qué nos has turbado? ¡El Eterno te turbará a ti en este día!". Y lapidóle todo Israel con piedras, y fue quemado con fuego, y lapidaron (también a su familia) con piedras. Y erigieron sobre él un gran montón de piedras (que permanece allí) hasta el día de hoy, y calmóse el ardor de la ira del Eterno. Por consiguiente, se ha llamado a este lugar Émec Ajor ("valle de la turbación") hasta el día de hoy». (Josué)

De este largo pasaje se desprenden varios asuntos:

1. Como ya he mencionado, el equipo vigilaba estrechamente a los *schasu*. Su tecnología lo permitía. Por eso detectaron el robo de Acán. Es decir, cuando convocan a las doce tribus ya conocían el hecho y la identidad del ladrón.
2. La apropiación del oro, la plata y el manto babilónico formaban parte de la guerra. Estos saqueos eran frecuentísimos y habían sido consentidos por Yavé en múltiples asaltos a las ciudades cananeas. ¿Por qué ahora el equipo cambia de opinión?
3. ¿Era Yavé misericordioso, como se autoproclama en infinidad de oportunidades? ¿Por qué no lo fue con Acán y su familia? Robar es malo, pero asesinar es mucho peor… No conocemos el número de hombres, mujeres, ancianos y niños que fueron lapidados en aquella oportunidad (y posteriormente quemados), pero podían superar el centenar.

DE NUEVO LA VARA

«Y el Eterno le dijo a Josué: "No temas ni desmayes. Toma toda la gente de guerra contigo y levántate, sube a Haay. He aquí que Yo he dado en tu mano al rey de Haay, y a su pueblo, y su ciudad y su tierra. Y tú harás a Haay y a su rey como hiciste a Jericó y a su rey. Solo los despojos y el ganado tomaréis como presa. Pon una emboscada contra la ciudad, por detrás". De ese modo levantóse Josué, y toda la gente de guerra, para subir a Haay, y Josué escogió a treinta mil hombres, hombres fuertes y valientes, y los envió de noche... Y el Eterno le dijo a Josué: "Extiende la lanza que está en tu mano hacia Haay, por cuanto te la daré en tu mano". Y Josué extendió la lanza que tenía en su mano hacia la ciudad... Y todos los que cayeron ese día, tanto hombres como mujeres fueron doce mil, todos los de Haay. Por cuanto Josué no retrajo su mano —con la que sostenía la lanza— hasta que no hubo destruido a todos los habitantes de Haay... De tal manera Josué quemó a Haay y amontonó sus restos, desolación (que se mantiene) hasta el día de hoy». (Josué)

Lo dicho: Yavé autoriza el saqueo en la ciudad de Haay («solo los despojos y el ganado tomaréis como presa»). El equipo parece haber olvidado lo sucedido con Acán y su familia... Se trata, por tanto, de un «Dios» olvidadizo (algo imposible para un verdadero Dios).

Y en esta ocasión asesina a doce mil habitantes de Haay. Doce mil legítimos dueños de la ciudad, de sus tierras y de sus ganados. Y aparece una misteriosa «lanza» (que me recuerda la vara de Moisés) con la que Josué pulveriza a sus enemigos. ¿Estamos ante un arma proporcionada por el equipo? («Por cuanto Josué no retrajo su mano —con la que sostenía la lanza— hasta que no hubo destruido a todos los habitantes de Haay».)

¿FUE EL SOL?

«Y ocurrió que cuando supo Adoni Zedec (Adoni Tzédec), rey de Jerusalén, que Josué había tomado Haay y la había destruido completamente, haciendo con Haay y su rey como había hecho con Jericó y su rey, y (cuando supo) cómo los habitantes de Gabaón habían hecho la paz con Israel y estaban ya entre ellos, quienes temían mucho porque Gabaón era una ciudad grande, como una de las ciudades reales, y todos sus hombres eran valientes, Adoni Zedec, rey de Jerusalén, envió a Hohan, rey de Hebrón, y a Piram, rey de Jarmut (Yarmut), y a Jafia (Yafia), rey de Laquis, y a Devir, rey de Eglón, diciendo: "Venid a mí y ayudadme para que podamos herir a Gabaón, porque ha hecho paz con Josué y con los hijos de Israel". Uniéronse pues los cinco reyes de los amorreos: el rey de Jerusalén, el rey de Hebrón, el rey de Jarmut, el rey de Laquis y el rey de Eglón, ellos y todos sus ejércitos, y acamparon contra Gabaón, e hicieron la guerra contra la ciudad. Y los hombres de Gabaón enviaron (emisarios) a Josué al campamento de Guilgal, diciendo: "No aflojes tu mano para con tus siervos. Sube a nosotros enseguida, y sálvanos, y ayúdanos, por cuanto todos los reyes de los amorreos que habitan en el país montañoso se han juntado contra nosotros". De tal modo Josué subió de Guilgal, él y toda la gente de guerra con él, y todos los hombres valientes.

Y le dijo el Eterno a Josué: "No les temas, por cuanto los he entregado en tu mano. No quedará un solo hombre de ellos contra ti". Josué pues cayó sobre ellos súbitamente, por cuanto había subido de Guilgal toda la noche. Y el Eterno los desbarató ante Israel, y los hirió con gran matanza en Gabaón, y los persiguieron en el camino de la subida de Bet Jorón, y los hirieron hasta Azecá y hasta Maceda (Maquedá). Y ocurrió, cuando huían de Israel, cuando estaban en la bajada de Bet Jorón, que el Eterno arrojó grandes piedras del cielo sobre ellos en Azecá, y murieron; fueron más los que murieron de las piedras de granizo que los que sucumbieron por la espada de los hijos de Israel.

Entonces habló Josué al Eterno el día en que el Eterno entregó a los amorreos ante los hijos de Israel, y dijo a la vista de Israel: "Sol, detente en Gabaón, y tú, Luna, en el valle de Ayalón", y el sol se detuvo y la luna se quedó donde estaba, hasta que la nación se hubo vengado de sus enemigos. ¿No está escrito en el libro de Jaser (Yasher)? Y el sol se paró en medio del cielo, y no se apresuró a bajar durante todo el día. Y no hubo un día así antes o después de ese en que el Eterno escuchó la voz del hombre, por cuanto el Eterno peleaba a favor de Israel». (Josué)

Resulta evidente: Yavé (el equipo) «los desbarató ante Israel, y los hirió con gran matanza». Una vez más, las naves fulminan a los ejércitos (más de cincuenta mil hombres) de los cinco reyes conjurados contra Josué. Pero no quedó ahí la masacre. Cuando los amorreos huían, los astronautas se dedicaron a lanzar piedras contra los soldados. Llevé a cabo otra visión remota y «vi» dos tipos de «proyectiles»: granizo como puños y cantos rodados —negros— de 20 y 40 centímetros de diámetro mayor. Todo ello era expulsado de las naves a cien y doscientos metros de altura, provocando la muerte de cientos de guerreros.

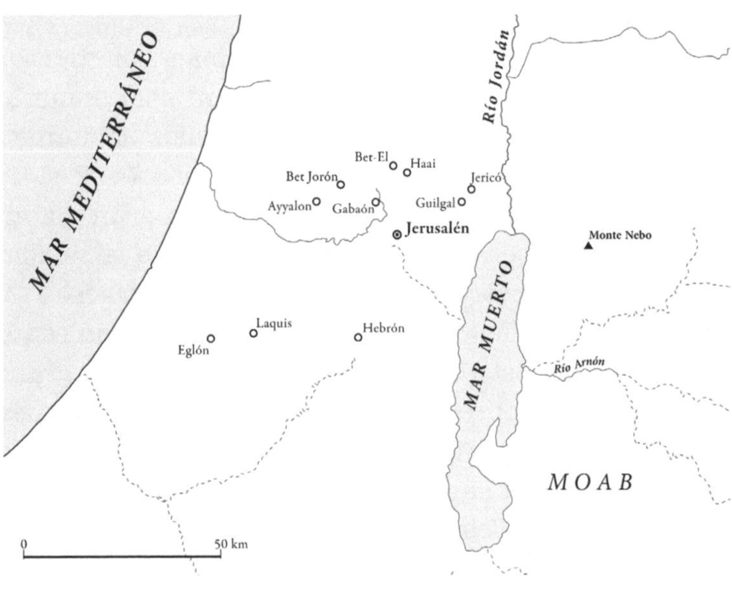

Piedras y granizo contra las tropas de los amorreos. El equipo provocó cientos de muertos. (Cuaderno de campo de J. J. Benítez.)

Siguiente pasaje. ¿Se detuvo el sol? Repetí el ejercicio de visión remota y esto fue lo que «vi»: al caer la oscuridad (coincidiendo con la puesta de sol), surgió sobre Gabaón un enorme y luminoso disco que llenó la ciudad y la zona con una poderosa claridad. Y la noche se hizo día. La nave permaneció en estacionario hasta el siguiente amanecer (aproximadamente doce horas). En consecuencia, el sol no se detuvo. Algo así hubiera provocado una catástrofe natural. Pero Josué y el resto no supieron (no podían) poner en pie la verdad. La nave que provocó la luminosidad («como si fuera de día») alcanzaba un diámetro extraordinario: ¡1.750 metros! ¿De qué me sonaba esa cifra?

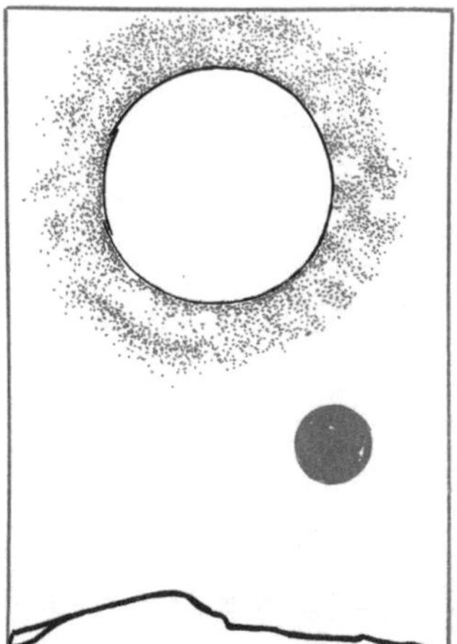

Visión remota: un enorme disco provocó una gran luminosidad en la zona de Gabaón. El sol, por supuesto, no se detuvo. (Cuaderno de campo de J. J. Benítez.)

Como es natural, si el sol se hubiera detenido, el hecho hubiera quedado registrado entre los observadores del cielo de aquella época (hacia el 1230 antes de Cristo). Que yo sepa, no existe ningún registro. En definitiva, fue un suceso provocado artificialmente (la tecnología del equipo lo permitía). La gran nave fue confundida por Josué y los suyos como el sol.

31 CIUDADES MASACRADAS

«Y Josué tomó Maceda ese mismo día y la hirió a filo de espada, y al rey (también). Los destruyó completamente y a todas las almas que estaban dentro, no dejando a nadie, e hizo al rey de Maceda como había hecho al rey de Jericó.

Y Josué pasó de Maceda, y todo Israel con él, a Libna (Livná), y peleó contra Libna. Y el Eterno la entregó también, y al rey de ella, en manos de Israel, y la hirió a filo de espada, y a todas las almas que estaban dentro. No dejó a nadie (vivo). E hizo con el rey como había hecho con el rey de Jericó.

Y pasó Josué de Libna, y todo Israel con él, a Laquis, y acampó contra ella, y peleó contra ella. Y el Eterno entregó a Laquis en manos de Israel, y la tomó en el segundo día, y la hirió a filo de espada, y a todas las almas que había dentro, conforme a todo lo que había hecho con Libna.

Entonces Horam (Joram), rey de Guézer subió para ayudar a Laquis, y Josué hirió a él y a su gente, hasta que no quedó nadie de ellos.

Y Josué pasó de Laquis, y todo Israel con él, a Eglón, y acamparon contra ella, y pelearon contra ella. Y la tomaron en ese día y la hirieron a filo de espada, y a todas las almas que estaban dentro destruyó completamente ese día, conforme a todo lo que había hecho a Laquis.

Y Josué subió desde Eglón, y todo Israel con él, a Hebrón, y pelearon contra ella. Y la tomaron, y la hirieron a filo de espada, y a su rey, y a todas las ciudades de allí, y a todas las almas que quedaron dentro. No quedó nadie (vivo)... De este modo Josué hirió toda la tierra, la región montañosa, y el sur, y la región llana, y las pendientes, y a todos sus reyes. No dejó nada en pie, sino que destrozó totalmente todo lo que respiraba, tal como el Eterno, Dios de Israel, lo había ordenado». (Josué)

Resulta difícil de comprender... Los *schasu*, en nombre de un supuesto Dios, pasaron a cuchillo a más de 70.000 personas (legítimos dueños de aquellas tierras y poblaciones). Destruyeron 31 ciudades-estado, con la complacencia y la ayuda del equipo, que pulverizó murallas y ejércitos.[1]

[1] Y puntualiza el libro de Josué: «Estos son los reyes de la tierra a quienes los hijos de Israel hirieron, y cuyas tierras poseyeron allende el Jordán hacia el sol naciente, desde el valle de Arnón hasta el monte Hermón y toda la Aravá hacia el oriente: Sehón rey de los amorreos que vivía en Jesbón, y gobernaba desde Aroer, que está en el borde del valle de Arnón, y (la ciudad del) medio del valle y la mitad de Galaad, hasta el río Jaboc (Yaboc), frontera de los hijos de Ammón; y en la Aravá hasta el mar de Kinéret (mar de Tiberíades), hacia el oriente, y hasta el mar de la Aravá y el mar Salado, hacia el oriente, camino a Bet Jesimot (Bet Yeshimot); y al sur, junto a las colinas de Pisgá; y también el territorio de Og rey de Basán, del resto de los gigantes, el cual habitaba en Astarot y en Edrey, y gobernaba en el monte Hermón, y en Salca (Saljá), y en todo Basán, hasta la frontera de los guesureos y de los maacateos y la mitad de Galaad, confín de Sehón rey de Jesbón... Y estos son los reyes de la tierra a quienes Josué y los hijos de Israel hirieron del otro lado del Jordán, hacia el oeste, desde Báal Gad en el valle del Líbano hasta el monte Halac (Jalac), que sube a Seir, y Josué la dio a las tribus de Israel en posesión conforme a sus divisiones: el rey de Jericó, el rey de Haay, el rey de Jerusalén, el rey de Hebrón, el rey de Jarmut, el rey de Laquis, el rey de Eglón, el rey de Guézer, el rey de Debir, el rey de Guéder, el rey de Jormá, el rey de Arad, el rey de Libna, el rey de Adulam, el rey de Maceda, el rey de Bet El, el rey de Tapúa (Tapúaj), el rey de

JOSUÉ, RACISTA

«Y aconteció después de muchos días, cuando el Eterno había dado a Israel descanso de todos sus enemigos de alrededor, y Josué era viejo y bien entrado en años, que Josué convocó a todo Israel, a sus ancianos y a sus jefes, a sus jueces y a sus oficiales, y les dijo: "Soy viejo y bien entrado en años, y vosotros habéis visto todo lo que el Eterno vuestro Dios ha hecho a todas estas naciones por vuestra causa, porque el Eterno vuestro Dios es Quien ha peleado por vosotros. He aquí que os he asignado esas naciones por herencia, según vuestras tribus, desde el Jordán, incluso a todos los pueblos que he exterminado, hasta el mar Grande, donde se pone el sol. Y el Eterno vuestro Dios los arrojará de delante de vosotros, y los desposeerá ante vuestra vista, y vosotros poseeréis sus tierras, conforme os lo prometió el Eterno vuestro Dios. Esforzaos, por tanto, en guardar y poner por obra todo lo escrito en el Libro de la Ley de Moisés, sin desviaros de ella ni a la derecha ni a la izquierda, para que nada tengáis que ver con esas gentes que quedan entre vosotros, ni hagáis mención de los nombres de sus dioses, ni juréis por ellos, ni les sirváis, ni los idolatréis, sino que os aferraréis al Eterno vuestro Dios, como habéis hecho hasta el día de hoy... De otro modo, si retrocedéis y os adherís al resto de esas gentes, aun las que quedan entre vosotros, y contraéis matrimonio con ellas, y os mezcláis con ellas y ellas con vosotros, tened por cierto que el Eterno vuestro Dios no volverá más a desposeer a esos pueblos ante vosotros, sino que ellos os serán como lazos y trampas, como aguijones en vuestros costados y espinas en vuestros ojos, hasta que

Jéfer, el rey de Afec, el rey de Lasarón, el rey de Madón, el rey de Jazor, el rey de Simrón Merón, el rey de Acsaf, el rey de Taanac, el rey de Meguido, el rey de Cades, el rey de Jocneam del Carmelo, el rey de Dor, el rey de los gentiles de Guigal y el rey de Tirsa». (Total: 31 reinos.)

perezcáis en esta buena tierra que os ha dado el Eterno vuestro Dios"». (Josué)

El redactor (o redactores) del libro de Josué reconoce lo ya apuntado anteriormente: «Yavé ha peleado por vosotros». El equipo pulverizó ciudades y ejércitos. Y Josué reconoce que las tierras de Canaán fueron desposeídas (y añado: ilegalmente y con extrema violencia).

Por último, Josué se muestra especialmente racista, despreciando a los cananeos que conviven con ellos. Y amenaza a los *schasu* con toda suerte de males si contraen matrimonio con los naturales del lugar. Ese racismo perdura entre los judíos ortodoxos de hoy en día.

LO MATÓ UNA MUJER

«Y fue Abimelec[1] a Tebes (Tévetz), y acampó contra Tebes, y la tomó. Pero había una fuerte torre dentro de la ciudad, y allí se refugiaron todos los hombres y mujeres, todos los de la ciudad, y se encerraron adentro, y subieron al techo de la torre. Y fue Abimelec a la torre y peleó contra ella, y llegó junto a la puerta de la torre para quemarla con fuego. Y una mujer (de arriba) arrojó una piedra de amolar a la cabeza de Abimelec, y le rompió el cráneo. Entonces él llamó apresuradamente a su joven paje y le dijo: "Saca tu espada y mátame, para que no se diga de mí: 'Lo mató una mujer'". Traspasóle pues su paje y murió. Y cuando los hombres de Israel vieron que Abimelec estaba muerto, se retiró cada cual a su lugar. De tal suerte Dios

[1] Abimelec, cuyo nombre significa «Mi padre es el dios Malku», fue nombrado rey por las gentes de Siquem y Bet Miló. Y gobernó durante tres años. Fue hijo de Gedeón. Destacó por su crueldad (asesinó a todos sus hermanos). *(N. del a.)*

castigó la maldad de Abimelec, lo que él había a su padre al matar a sus setenta hermanos». (Jueces)

El machismo del pueblo judío (los viejos *schasu*) llegó (llega todavía) a extremos insospechados.

UN «ÁNGEL» MALABARISTA

«Y los hijos de Israel hicieron nuevamente lo que era malo a los ojos del Eterno, y el Eterno los entregó en las manos de los filisteos cuarenta años.

Y había a la sazón un hombre de Zora (Tzorá), de la familia de los danitas, llamado Manoa (Manóaj); y su mujer era estéril, y no había tenido hijo. Y apareciósele el Ángel del Eterno a la mujer, y le dijo: "He aquí que tú eres estéril y no has concebido, pero concebirás y tendrás un hijo. Ruégote, empero, no bebas vino, ni licor fermentado, ni comas de ninguna cosa impura. Por cuanto has de concebir, y tendrás un hijo, sobre cuya cabeza no ha de pasar navaja, por cuanto el niño será nazareo (*nazir*) para Dios desde el seno materno y comenzará a liberar a Israel de la mano de los filisteos". Y fue la mujer a contárselo a su marido, diciendo: "Vino a mí un hombre de Dios, muy impresionante; y no le pregunté de dónde venía, ni tampoco me dijo su nombre, pero me dijo: 'He aquí que concebirás y tendrás un hijo, y no bebas vino, ni licor fermentado, ni comas cosas impuras, por cuanto el niño será nazareo para Dios desde el seno materno hasta el día de su muerte'".

Entonces Manoa le rogó al Eterno diciéndole: "Oh, Eterno, ruégote que el hombre de Dios que Tú me enviaste venga de nuevo a nosotros y nos explique qué deberemos hacer con el niño que ha de nacer". Y escuchó Dios la voz de Manoa, y el Ángel de Dios se apareció nuevamente a la mujer cuando ella estaba sentada en el campo, pero Manoa su marido no estaba con ella. Y la mujer se apresuró y corrió a contárselo, diciéndole: "He aquí que se me ha aparecido el mismo hombre que vino el otro día". Y se levantó Manoa y fue tras su mujer, y vino al hombre, y le preguntó: "¿Eres tú el hombre que habló con esta mujer?". Y él respondió: "Yo soy". Y preguntó Manoa: "Cuando tu palabra se cumpla, ¿cuál será la orden para el muchacho, y qué ha de hacerse con él?". Y el Ángel del Eterno le dijo a Manoa: "Que la mujer cumpla todo lo que le prescribí...". Y Manoa le dijo al Ángel del Eterno: "Ruégote nos permitas detenerte, para que aderecemos (y te ofrezcamos) un cabrito de las cabras". Y el Ángel del Eterno le dijo a Manoa: "Aunque me detuvieres, no comeré de tu alimento, y si quieres brindar holocausto, al Eterno lo has de ofrecer". Manoa no sabía que era el Ángel del Eterno. Y le preguntó Manoa al Ángel del Eterno: "¿Cuál es tu nombre, para que cuando tus palabras se verifiquen podamos honrarte?". Y le contestó el Ángel del Eterno: "¿Por qué preguntas mi nombre si ves que es oculto?". De tal suerte, Manoa tomó un cabrito de las cabras, con la ofrenda vegetal (correspondiente), y lo ofreció al Eterno sobre la peña. Y (el Ángel) obró maravillas, mientras Manoa y su mujer lo miraban. Por cuanto sucedió, cuando subió la llama hacia el cielo desde el altar, que el Ángel del Eterno ascendió en la llama del altar. Y Manoa y su mujer, al verlo se prosternaron... Y la mujer tuvo un hijo, y lo llamó Sansón (Shimshón)». (Jueces)

Siguen las actuaciones «teatrales» por parte del equipo. Ahora le toca a la mujer de Manoa (padre del que sería el mítico Sansón). Y uno de los astronautas —de impresionante aspecto— anuncia a la *schasu* que concebirá un hijo. La fórmula es común en el Antiguo y en el Nuevo Testamento (las anunciaciones más célebres son protagonizadas por Isabel, prima lejana de la madre terrenal del

Maestro, y por María, madre de Jesús). Y el astronauta recomienda a la mujer no beber vino y dejar el pelo largo del niño (normativa básica de la secta de los *nazir*); es decir, más teatro.

Curioso... En la segunda aparición del «ángel», este se presenta como un hombre normal y corriente. Por eso Manoa no lo reconoce. Después, cuando la familia ofrece un cabrito al extraño personaje, el astronauta se dedica a hacer cabriolas y malabarismos sobre el fuego. ¡Puro circo! (para impresionar).

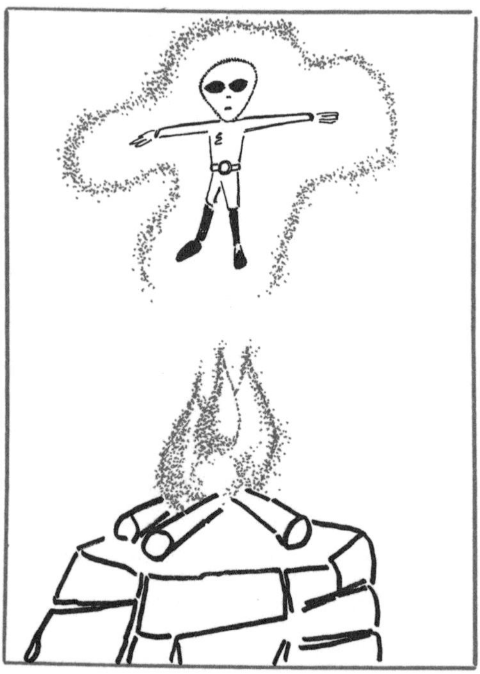

Visión remota: la extraña criatura llevó a cabo saltos y malabarismos sobre el fuego. (Cuaderno de campo de J. J. Benítez.)

EL ESPÍRITU DEL ETERNO

«Y bajó Sansón, con su padre y su madre, a Timná, y vino a los viñedos de Timná, y he aquí que un león joven rugió contra él. Y el espíritu del Eterno vino sobre él, y él lo destrozó como si hubiera destrozado un cabrito, y no tenía nada en la mano, pero no contó a su padre ni a su madre lo que había hecho». (Jueces)

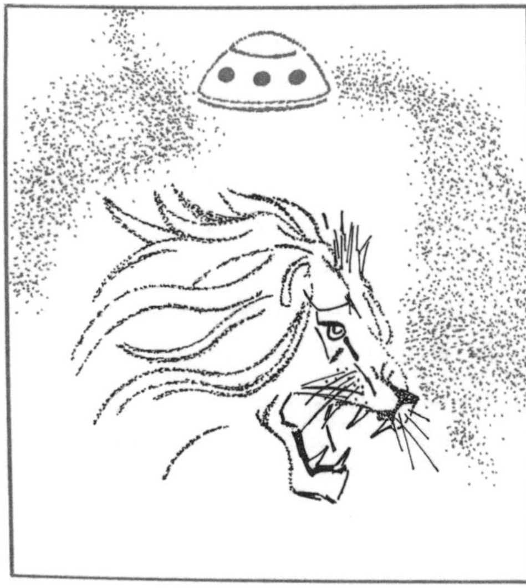

El espíritu del Eterno pudo ser una nave, que paralizó al león. (Cuaderno de campo de J. J. Benítez.)

¿Qué se entiende por «espíritu del Eterno»? En mi opinión podría tratarse de una de las naves utilizadas por el equipo de astronautas. El «espíritu» acudió en ayuda de Sansón y lo protegió, probablemente paralizando al joven león. De esta manera, Sansón pudo matar a la fiera.

Más adelante, en ese mismo capítulo XIV del libro de los Jueces, «el Espíritu del Eterno arrebató (a Sansón), de modo que descendió en Ascalón».

Analicemos la escena. La misma nave (u otra) se lleva a Sansón desde la zona de Timná (donde mata al león) y lo deposita en Ascalón, en la costa. Si no estoy equivocado, Timná se encontraba en el límite norte del reino de Judá (tribu de Dan), entre Bet Semes y Ecrón; en otras palabras: a muchos kilómetros de Ascalón. ¿Qué le sucedió a Sansón mientras permaneció en el interior de la nave?

¿DROGADO?

«Cuando (Sansón) vino a Leji, los filisteos gritaron al verle; y el Espíritu del Eterno vino poderosamente sobre él, y las cuerdas que ataban sus brazos fueron para él como algodón quemado por el fuego; así se deshicieron las ligaduras de sus manos. Y encontró una quijada de asno fresca, y alargó su mano, y la tomó, y mató con ella a mil hombres... Y tuvo mucha sed, y clamó al Eterno diciéndole: "Tú has dado esta gran salvación por la mano de Tu Siervo, ¿y ahora moriré de sed, y caeré en manos de los incircuncisos?". Pero Dios abrió la hendidura que hay en Leji y de allí surgió agua; y cuando hubo bebido, su espíritu quedó reanimado, por lo cual el lugar fue llamado "Ein Hacoré" ("fuente del clamante")». (Jueces)

Siguen las aventuras de Sansón... Y el equipo lo vigila y lo atiende, hasta el extremo de abrir de nuevo la roca y proporcionarle agua. Moisés lo hizo un par de veces en el desierto del Sinaí.

Sigo leyendo en el libro de los Jueces:

«Y después ocurrió que (Sansón) amó a una mujer en el valle de Sorec llamada Dalila (D'lilá). Y los príncipes de los filisteos vinieron a ella y le dijeron: "Sedúcelo para ver dónde reside su gran fuerza (y ver), con qué medios podemos prevalecer contra él, a fin de amarrarle y poderlo sujetar, y te daremos cada uno de nosotros mil cien siclos de plata". Y le dijo Dalila a Sansón: "Ruégote me digas dónde reside tu gran fuerza y cómo se te puede atar para sujetarte". Y le contestó Sansón: "Si me ataren con siete cuerdas de arco que aún no se han secado, entonces me pondré débil y seré como cualquier otro hombre". Y los príncipes de los filisteos le trajeron a ella siete cuerdas de arco frescas que todavía no se habían secado, y ella lo amarró con ellas. Y tenía gente emboscada sentada en la cámara interior. Le dijo entonces: "¡Sansón, te atacan los filisteos!". Y él rompió las cuerdas como un hilo de estopa al tocar el fuego. De tal suerte no fue descubierto (el secreto de) su poder. Y le dijo Dalila a Sansón: "He aquí que te has burlado de mí y me has mentido. Ruégote pues me digas ahora con qué podrás ser atado". Y él le dijo: "Si solo me amarraren con cuerdas nuevas de las que nunca se haya hecho uso alguno, entonces seré débil y vendré a ser como cualquier hombre". Tomó pues Dalila sogas nuevas, y lo ató con ellas, y le dijo: "¡Sansón, te atacan los filisteos!". Y los emboscados estaban esperando en la cámara interior. Y él se desembarazó de las sogas como si fueran hilo. Y le dijo Dalila a Sansón: "Hasta ahora te has burlado de mí y me has dicho mentiras. Dime con qué podrás ser atado". Y él le contestó: "Si me tejieres las siete trenzas de mi cabeza con la urdimbre de una tela". Y ella (las) aseguró con la clavija, y le dijo: "¡Sansón, te atacan los filisteos!". Y él despertó de un sueño, y arrancó la clavija del telar juntamente con la urdimbre de la tela. Y ella le dijo: "¿Cómo puedes decir que me quieres cuando tu corazón no está conmigo? Te has burlado de mí tres veces y no me has dicho dónde reside tu gran fuerza". Y ocurrió, cuando ella lo apremiaba diariamente con sus palabras, acosándolo, que su alma desfalleció. Y él le confió todo su corazón, y le dijo: "No ha pasado navaja por mi cabeza, por cuanto he sido nazareo de Dios desde el seno materno; si fuere rapado, mi fuerza se me iría, y me volvería débil, y sería como cualquier otro hombre". Y cuando Dalila vio que él le había confiado todo su corazón, hizo llamar a los príncipes de los filisteos y les dijo: "Subid enseguida, pues me ha confiado todo su corazón". Entonces los príncipes de los filisteos subieron a ella, y trajeron el dinero (prometido) en la mano. Y ella le hizo dormir sobre sus rodillas, y llamó a un hombre, y le hizo rapar las siete trenzas de su cabeza. Y ella misma comenzó a sujetarle, y su fuerza se apartó de él. Entonces ella le dijo: "¡Sansón, te atacan los filisteos!". Y él despertó de su sueño, y se dijo: "Saldré (de esta) como en otras ocasiones, y me sacudiré". Pero no sabía que el Eterno se había apartado de él. Y los filisteos lo capturaron y le sacaron los ojos, y lo trajeron a Gaza, y lo sujetaron con grillos de bronce, y le hicieron moler (grano) en la prisión. Sin embargo, comenzó el cabello de su cabeza a crecer después de haber sido rapado.

Y fueron convocados los príncipes de los filisteos para ofrecer un gran sacrificio a Dagón, su dios, y para hacer festejo, por cuanto decían: "Nuestro dios ha entregado a Sansón, nuestro enemigo, en nuestra mano". Y cuando el pueblo le vio (a Sansón), alabaron a su dios porque decían: "Nuestro dios ha entregado en nuestra mano a nuestro enemigo, quien destrozó a nuestro país y mató a muchos de nosotros". Y ocurrió, cuando sus corazones estuvieron alegres, que dijeron: "Llamad a Sansón, para que nos divierta". Y trajeron a Sansón de la prisión, y él los divirtió, y lo ubicaron entre las columnas. Y Sansón le dijo al mozo que le llevaba de la mano: "Permíteme palpar las columnas sobre las cuales se sustenta la casa, para que me recueste sobre ellas". Y la casa estaba llena de hombres y mujeres; y todos los príncipes de los filisteos estaban allí; y había en la terraza unos tres mil hombres y mujeres que miraban a Sansón que los divertía. Y clamó Sansón al Eterno, diciendo: "Oh Dios Eterno, acuérdate de mí, Te lo ruego, y fortaléceme, Te lo ruego, solamente una vez más, oh Dios, para que por esta sola vez pueda vengarme de los filisteos por mis dos ojos". Y Sansón se abrazó a las dos columnas del medio que sustentaban la casa, apoyándose contra ellas, de la una con su mano derecha, y de la otra con la izquierda. Y dijo Sansón:

Visión remota: fue una de las naves la que derribó las columnas. (Cuaderno de campo de J. J. Benítez.)

"¡Muera yo con los filisteos!". Y se inclinó con toda su fuerza, y la casa se desplomó sobre los príncipes, y sobre toda la gente que había dentro. De tal suerte, fueron más los que mató muriendo que los que había muerto en su vida. Y bajaron sus hermanos y toda la casa de su padre, y lo llevaron y lo sepultaron entre Zora y Estaol, junto a la sepultura de Manoa su padre. Y había juzgado a Israel durante veinte años». (Jueces)

En el confuso pasaje de las preguntas de Dalila a Sansón se me ocurre que el héroe tuvo que ser drogado, necesariamente. De lo contrario, Sansón jamás habría revelado el supuesto origen de su gran fuerza.

Y ya que hablo de su gran fuerza, siempre me he preguntado: ¿de dónde procedía? Y un pensamiento llega —veloz— a mi mente: Sansón pudo ser manipulado desde su gestación. La presencia del astronauta, anunciando su concepción, es significativa. En la investigación OVNI me he encontrado con casos en los que la gestación de una persona ha sido minuciosamente controlada por «ellos». Este fue el caso de Camargo, un panameño que fue introducido en una nave y allí le fue mostrada su propia concepción y los nueve meses de gestación. Bastaría alterar los genes de Sansón durante la referida gestación para obtener un individuo de enorme fuerza. Pero todo esto, como anuncié al principio de *Las guerras de Yavé*, solo son hipótesis de trabajo... El lector sabrá sacar conclusiones.

MATANZA GRATUITA

«Y era la palabra de Samuel[1] para todo Israel. Y salió Israel al encuentro de los filisteos en guerra y acamparon en Even Ézer, y los filisteos acamparon en Afec. Y los filisteos se colocaron en formación de batalla contra Israel, y cuando la batalla se generalizó, Israel fue batido ante los filisteos, los cuales mataron a las tropas en el campo alrededor de cuatro mil hombres. Y cuando el pueblo regresó al campamento, dijeron los ancianos de Israel: "¿Por qué motivo nos ha herido hoy el Eterno ante los filisteos? Traigamos el Arca del Pacto desde Siló, para que Él pueda estar entre nosotros y salvarnos de manos de nuestros enemigos." El pueblo pues envió a Siló, y trajeron de allí el Arca del Pacto del Eterno de los Ejércitos que mora entre los querubines, y estaban allí los dos hijos de Elí, Jofní y Fineas, con el Arca del Pacto de Dios. Y cuando el Arca del Pacto del Eterno estuvo en el campamento, todo Israel gritó con una gran exclamación, que resonó en la tierra. Y

[1] Samuel fue educado como *nazir* en el santuario de Siló. Se convirtió en profeta, colaborando en la institución de la monarquía. Terminó peleado con Saúl. *(N. del a.)*

cuando los filisteos oyeron la gran algaraza, se preguntaron: "¿Qué significa este gran estruendo en el campamento de los hebreos?". Y se enteraron de que el Arca del Eterno había llegado al campamento. Y los filisteos tuvieron miedo, y dijeron: "Dios ha venido al campamento". Y dijeron (además): "¡Ay de nosotros, porque nunca ha sucedido antes semejante cosa! ¡Ay de nosotros! ¿Quién nos ha de librar de la mano de esos dioses poderosos? Son los dioses que hirieron a los egipcios con toda clase de plagas y en el desierto. Sed fuertes, y comportaos como hombres, oh filisteos, para que no seáis siervos de los hebreos como ellos lo fueron de vosotros. ¡Comportaos como hombres y pelead!". Y pelearon los filisteos, e Israel fue herido, y huyó cada hombre a su tienda, y hubo una gran matanza por cuanto cayeron de Israel treinta mil hombres de a pie. Y el Arca de Dios fue tomada (por los filisteos)... Y los filisteos tomaron el Arca de Dios (Arca de la Alianza) y la llevaron de Even Ézer a Asdod (Ashdod). Y los filisteos tomaron el Arca de Dios y la trajeron a la casa de Dagón, y la colocaron junto a Dagón. Y cuando los de Asdod madrugaron al día siguiente, ¡he aquí a Dagón caído a tierra ante el Arca del Eterno! Y tomaron a Dagón y lo colocaron nuevamente en su lugar. Y cuando madrugaron al día siguiente, ¡he aquí a Dagón caído a tierra ante el Arca del Eterno! Y la cabeza de Dagón y las palmas de sus manos (yacían) cortadas sobre el umbral de la puerta. Solamente el tronco le quedaba. Por tal causa ni los sacerdotes de Dagón ni nadie de los que entran en la casa de Dagón pisan el umbral de Dagón en Asdod hasta el día de hoy.

Pero la mano del Eterno se hizo pesada sobre los de Asdod, y Él los asoló, y los hirió con tumores, en Asdod y sus alrededores. Y cuando los hombres de Asdod vieron que era así, dijeron: "El Arca de Dios de Israel no ha de morar con nosotros, porque Su mano es dura con nosotros y con Dagón nuestro dios". Convocaron pues a todos los príncipes de los filisteos y dijeron: "¿Qué hemos de hacer con el Arca del Dios de Israel?". Y le respondieron: "Que el Arca del Dios de Israel sea llevada a Gat". Y llevaron el Arca del Dios de Israel hacia allí. Y fue así que, después que la hubieron llevado, la mano del Eterno fue contra la ciudad causando gran consternación, y Él hirió a los hombres de la ciudad, chicos y grandes, y les brotaron tumores. Entonces transportaron el Arca de Dios a Ecrón. Y ocurrió, cuando el Arca de Dios llegó a Ecrón, que los ecronitas gritaron, diciendo: "Nos han traído el Arca del Dios de Israel para matarnos a nosotros y a nuestro pueblo". Convocaron pues a todos los príncipes de los filisteos y dijeron: "Sacad de aquí el Arca del Dios de Israel, y enviadla de vuelta a su propio lugar, para que no nos mate a nosotros ni a nuestro pueblo", porque había un tremendo desconcierto en toda la ciudad. La mano del Eterno era muy pesada allí. Y los hombres que no habían muerto fueron heridos con tumores. Y el clamor de la ciudad subió al cielo». (Samuel)

Un «detalle» interesante en la narración de Samuel: y clamaron los filisteos a la vista del Arca de la Alianza: «¿Quién nos ha de librar de la mano de esos dioses poderosos? Son los dioses que hirieron a los egipcios con toda clase de plagas». Obviamente, los filisteos estaban al tanto de la presencia de esos «dioses» (naves) sobre los campamentos de los *schasu*. No se refieren a Yavé sino a los *elohim* (dioses = naves).

Y el equipo pone en marcha una nueva teatralización. Las ciudades por donde pasa el Arca se ven sujetas a una invasión de tumores. Es más que posible que dichos cánceres estuvieran provocados por las radiaciones emitidas por las naves. Así sucedió en Asdod, en Gat y en Ecrón. El cronista señala que los muertos y heridos por los tumores fueron muchos. Finalmente, los filisteos deciden deshacerse del Arca:

«Y estuvo el Arca del Eterno en el país de los filisteos durante siete meses. Y los filisteos acudieron a los sacerdotes y adivinos, diciendo: "¿Qué hemos de hacer con el Arca del Eterno? Declaradnos si debemos enviarlo (de vuelta) a su lugar". Y respondieron: "Si volviereis el Arca del Dios de Israel, no la enviéis vacía, sino que habéis de pagar (a ese Dios) una ofrenda por la culpa; entonces sanaréis y se os revelará por qué Su mano no fue quitada sobre vosotros". Y ellos preguntaron: "¿Cuál es la ofrenda que debemos hacerle?". Y respondieron: "Cinco tumores de oro y cinco ratones de oro, de acuerdo con el número de príncipes de los filisteos, por cuanto una plaga estuvo sobre todos vosotros, y sobre vuestros príncipes. Por tanto os haréis figuras de vuestros tumores y figuras de los ratones que infestan la tierra. Y daréis gloria al Dios de Israel, que quizá aliviará Su mano de sobre vosotros, y de sobre vuestros dioses, y de sobre vuestra tierra. ¿Por qué entonces endurecéis vuestros corazones, como endurecieron sus corazones los egipcios y el faraón? ¿Acaso cuando Él realizó maravillas ante ellos no dejaron ir al pueblo (hebreo) de manera que (este) se fue? Ahora pues tomad y preparad un carro nuevo; tomad dos vacas de leche y que no hayan sido nunca puestas al yugo; uncid las vacas al carro y dejad los terneros lejos de ellas, en el establo. Entonces tomaréis el Arca del Eterno y lo pondréis en el carro, y las joyas de oro que Le pagaréis como ofrenda por la culpa las pondréis en un cofre al lado del Arca, y luego dejaréis que el carro se vaya. Y veréis: si sube por el camino de su propio término hacia Bet Semes (Bet Shémesh), (entonces) es Él quien nos ha hecho este gran mal, pero si no (sube por ese camino), sabremos que no es Su mano la que nos ha herido, sino una casualidad que nos ha sucedido". Y los hombres lo hicieron, y tomaron dos vacas que criaban, y las ataron al carro, y encerraron a sus ternerillos en casa, y colocaron el Arca del Eterno en el carro, y el cofre con los ratones de oro y las figuras de los tumores. Y las vacas tomaron derecho el camino a Bet Semes, y siguieron un mismo camino, mugiendo al andar, y no se desviaron ni a la derecha ni a la izquierda. Y los príncipes de los filisteos siguieron tras ellos hasta el límite de Bet Semes. Y los de Bet Semes estaban cosechando su trigo en el valle, y levantaron la vista, y vieron el Arca y se regocijaron. Y el carro vino al campo de Josué betsemita, y se detuvieron allí, donde había una gran piedra. Ellos entonces partieron las maderas del carro y ofrecieron las vacas en holocausto al Eterno. Y los levitas bajaron el Arca del Eterno y el cofre que estaba junto a ella, donde se hallaban las joyas de oro, y la colocaron sobre aquella gran piedra. Y los hombres de Bet Semes ofrecieron holocaustos y (otros) sacrificios al Eterno en aquel día. Y cuando los cinco príncipes de los filisteos hubieron visto (todo eso), regresaron a Ecrón el mismo día». (Samuel)

Era lo previsto. El carro con el Arca de la Alianza debió ser «guiado» por las naves. Nadie las vio, puesto que el cronista no lo menciona. En la investigación OVNI actual se cuentan por cientos los casos de naves fotografiadas y que no fueron observadas por el ojo humano (los llamamos «OVNIS invisibles»[1].)

Y el equipo vuelve a las andadas... A los pobres *schasu* que contemplaron el Arca de la Alianza cuando llegó a Bet Semes (bien porque estaban trabajando en esos momentos en el campo, bien porque se acercaron por curiosidad a la gran roca donde fue depositada), el violento Yavé decide asesinarlos. Razón: «por haberla contemplado». Así lo aclara el libro de Samuel (capítulo VI):

«Y Dios hirió a los hombres de Bet Semes, por que fijaron la vista en el Arca del Eterno. Hirió del pueblo setenta

[1] Ampliar información en *Mis OVNIS favoritos* (2001). *(N. del a.)*

hombres (en Bet Semes) y cincuenta mil hombres (en todo el país)».

Y, para colmo, los *schasu* califican a Dios (al equipo) de santo.

Sí, el miedo es ciego...

Nuevo ejercicio de visión remota. Una nave «invisible» al ojo humano guio el carro que trasladaba el Arca de la Alianza desde el territorio filisteo a la población de los schasu, *en Bet Semes. Para los* schasu *fue un milagro del Eterno (Yavé). (Cuaderno de campo de J. J. Benítez.)*

SAÚL

«Y le dijo Samuel a Saúl:[1] "El Eterno me mandó que te ungiera para ser rey sobre Su pueblo, sobre Israel. Por tanto escucha ahora la voz de las palabras del Eterno. Así dice el Eterno de los ejércitos: 'Me acuerdo de lo que Amalec hizo a Israel, cómo se interpuso en el camino cuando (Israel) salió de Egipto. Ahora ve y hiere a Amalec, y destruye completamente todo lo que posean, sin dejar nada. Mata

[1] Saúl: primer rey de Israel (hacia el año 1020 antes de Cristo). Terminó suicidándose en el monte Gilboá. *(N. del a.)*

tanto a hombres como a mujer, a niño como a lactante, a buey y oveja, camello y asno'".

Y convocó Saúl al pueblo, y les pasó revista en Telaim (T'layim), (contando) doscientos mil jinetes, y diez mil hombres de Judá. Y llegó Saúl a la ciudad de Amalec, y se puso al acecho en el valle. Y les dijo Saúl a los cineos (*keiní*): "Apartaos de entre los amalecitas, para que no os destruya con ellos, por cuanto fuisteis buenos con todos los hijos de Israel cuando salieron de Egipto". De tal modo, los cineos se retiraron de entre los amalecitas. E hirió Saúl a los amalecitas, desde Javilá hasta el camino a Sur (Shur), que está frente a Egipto. Y tomó vivo a Agag, el rey de los amalecitas, y destruyó a toda la gente a filo de espada. Pero Saúl y su pueblo dejaron vivos a Agag, y las mejores ovejas, y los (mejores) bueyes, y de los animales engordados, y de los corderos, y todo lo que era bueno, y no quiso destruirlo completamente, pero todo lo despreciable lo destruyeron completamente.

Entonces vino la palabra del Eterno a Samuel, diciendo: "Me arrepiento de haber designado a Saúl como rey, porque ha dejado de seguirme, y no ha cumplido Mis mandamientos"». (Samuel)

La orden del equipo (Yavé) resulta inconcebible en un verdadero Dios. Ordena a Saúl que destruya a Amalec, que no permitió el paso de los *schasu* por sus tierras cuando huían de Egipto. ¡De eso hacía 250 años! Y Yavé, rencoroso y cruel, ordena a Saúl que destruya a Amalec, con todo lo que posea: hombres, mujeres y niños... Y Saúl lleva a cabo la nueva masacre, pero permite que el rey de los amalecitas siga con vida, así como lo mejor del ganado. ¿Merecía el sentido común y la benevolencia de Saúl que el equipo lo maldijera? La verdad es que, a partir de esos momentos, el rey no levantó cabeza.

UN GIGANTE DE TRES METROS

«Y los filisteos reunieron sus ejércitos para la batalla, y se agruparon en Socó, que pertenece a Judá, y acamparon entre Socó y Azecá, en Efes Damim. Y Saúl y los hombres de Israel (también) se agruparon, y acamparon en el valle de Elá, y presentaron formación de batalla contra los filisteos. Y los filisteos se situaron en la falda de una montaña y (los de) Israel en la falda de otra montaña, y había un valle entre ellos. Y salió un campeón del campamento de los filisteos, llamado Goliat, de Gat, que medía seis codos y un palmo de altura (3 metros y 20 centímetros). Y llevaba un casco de bronce sobre la cabeza, y estaba vestido con una coraza escamada, y el peso de la coraza era de cinco mil siclos de bronce. Y llevaba grebas de bronce en las piernas, y una jabalina de bronce entre sus hombros. Y el astil de su lanza era como el enjullo de un telar, y la punta de la lanza pesaba seiscientos siclos de hierro, y su escudero iba delante de él. Y se detuvo, y gritó a los escuadrones de Israel, diciéndoles: "¿Para qué os habéis puesto en orden de batalla? ¿No soy filisteo y no sois vosotros siervos de Saúl? Elegid de entre vosotros un hombre para que venga a mí. Si pudiere pelear conmigo y me matare, entonces seremos nosotros siervos vuestros, pero si yo prevaleciere contra él y le matare, entonces seréis vosotros siervos nuestros". Y agregó el filisteo: "Yo desafío hoy a los escuadrones de Israel. Dadme un hombre para que peleemos". Y cuando oyeron Saúl y todo Israel tales palabras del filisteo, quedaron sumamente conturbados y aterrorizados.

Y David era hijo del efrateo de Belén de Judá llamado Isaí. Y tenía (Isaí) ocho hijos, y el hombre era de edad avanzada en los días de Saúl, saciado de años entre los hombres. Y los tres hijos mayores de Isaí habían ido tras Saúl a la batalla. Y los nombres de sus tres hijos que habían ido a la batalla eran Eliab (Eliav) el primogénito, Abinadab el próximo en edad, y Samá el tercero. Y David era el menor, y los tres mayores siguieron a Saúl. Y David iba y venía de (junto a) Saúl y apacentaba las ovejas de su padre en Belén. Y el filisteo acercábase a la mañana y a la tarde, presentándose así durante cuarenta días. Y le dijo Isaí a David su hijo: "Ruégote tomes para tus hermanos una efa de este grano tostado, y estos diez panes, y los lleves rápidamente a tus hermanos en el campamento. Y lleva estos diez quesos al capitán de su (compañía de) mil, y a tus hermanos les preguntarás por su salud y tomarás alguna prenda de ellos. Ahora Saúl y ellos y todos los hombres de Israel están en el valle de Elá luchando contra los filisteos".

Y madrugó David a la mañana siguiente y dejó las ovejas al cuidado de un pastor y tomó y fue como Isaí le había ordenado, y llegó a la barricada de carros en momentos en que el ejército iba saliendo en orden de batalla y gritando. E Israel y los filisteos se colocaron en disposición de batalla, ejército contra ejército. Y David dejó lo que traía en manos del cuidador de los equipajes, y corrió a las filas, y vino y saludó a sus hermanos. Y cuando conversaba con ellos he aquí que vino el campeón, el filisteo de Gat llamado Goliat, de las filas de los filisteos, y dijo las mismas palabras (que había dicho los días anteriores), y David las oyó. Y todos los hombres de Israel, cuando vieron al hombre, huyeron de él aterrorizados. Y decíanse los hombres de Israel: "¿Habéis visto a ese hombre que ha subido? Ciertamente para desafiar a Israel ha subido, y será que el hombre que le mate, (a ese) el rey le enriquecerá con grandes riquezas, y le dará su hija, y hará la casa de su padre libre (de impuestos) en Israel".

Y habló David a los hombres que estaban en su torno, preguntando: "¿Qué se hará al hombre que mate a ese filisteo y elimine ese oprobio de Israel? Por cuanto ¿quién es este filisteo incircunciso para que desafíe a los escuadrones del Dios viviente?". Y el pueblo le contestó de aquella manera, diciendo: "Así se hará al hombre que le mate". Y Eliab su hermano mayor oyó cuando (David) habló a los hombres, y encendióse la ira de Eliab contra David, y dijo: "¿Para qué has venido? ¿Y con quién dejaste esas pocas ovejas en el desierto? Conozco tu presuntuosidad y la maldad de tu corazón, porque has venido para poder ver la batalla". Y contestóle David: "¿Qué he hecho? ¿Acaso hice más que decir alguna palabra?". Se volvió hacia otro, y repitió lo mismo, y el pueblo le contestó de la manera anterior. Y cuando fueron oídas las palabras dichas por David, se las refirieron a Saúl, quien le hizo llamar. Y le dijo David a Saúl: "No desfallezca el corazón de nadie a causa de él (Goliat). Tu siervo irá y peleará contra ese filisteo". Pero Saúl le respondió a David: "No puedes ir contra ese filisteo para pelear con él, porque eres apenas un mocito y él es hombre de guerra desde su mocedad". Y le dijo David a Saúl: "Tu siervo guardaba las ovejas de sus padres, y cuando venía un león o un oso y tomaba un corderito del rebaño, yo lo perseguía y le hería y le sacaba (el corderito) de su boca, y cuando me acometía le asía por la barba y le hería y le mataba. Tu siervo hería tanto al león como al oso, y este filisteo incircunciso será como uno de ellos, porque ha desafiado a los escuadrones del Dios viviente".

Y añadió David: "El Eterno que me libraba de las fauces del león y del oso me librará de la mano de este filisteo". Y Saúl le contestó a David: "Ve, y que el Eterno sea contigo". Y vistió Saúl a David con su armadura, y le puso el yelmo de bronce sobre la cabeza, y le cubrió con una coraza. Y ciñóse David la espada de Saúl sobre su armadura, e intentó andar (pero no pudo), porque no estaba acostumbrado (a llevar ese peso). Y le dijo David a Saúl: "No puedo ir con esto, porque no estoy habituado". Y David se lo quitó de encima. Y tomó su cayado de la mano y escogió cinco piedras lisas del arroyo, que introdujo en su bolsa de pastor que traía, y con la honda en la mano fue acercándose al filisteo. Y acercábase el filisteo a David cada vez más, y el hombre que le llevaba el escudo iba delante de él. Y cuando el filisteo miró en derredor y vio a David, le despreció, porque era un mozalbete, rubio y de hermoso aspecto. Y el filisteo le preguntó a David: "¿Soy yo acaso un perro para que vengas a mí con palos?". Y el filisteo insultó a David por su dios. Y le dijo el filisteo a David: "Ven a mí, que daré tu carne a las aves del aire y a las bestias del campo".

Y le contestó David al filisteo: "Tú vienes a mí con una espada, y con una lanza, y con una jabalina, pero yo vengo a ti en el Nombre del Eterno de los ejércitos, el Dios de los escuadrones de Israel, a Quien has desafiado. Hoy, el Eterno te entregará en mi mano, y yo te heriré, y te quitaré la cabeza, y daré las osamentas del ejército de los filisteos en este día a las aves del aire y a las bestias salvajes de la tierra, para que toda la tierra sepa que hay un Dios en Israel, y para que toda esta gente sepa que el Eterno no salva con la espada y la lanza, por cuanto la batalla es del Eterno y Él os entregará en nuestra mano". Y ocurrió, cuando se levantó el filisteo, y vino y se acercó para encontrarse frente a David, que David se apresuró, y corrió hacia el ejército para encontrarse con el filisteo. Y David puso su mano en la bolsa y sacó de allí una piedra, y la arrojó, e hirió al filisteo en la frente, y la piedra se hundió en su frente, y él cayó rostro a tierra. De tal manera David prevaleció sobre el filisteo, y le mató, pero no había espada en la mano de David. Y corrió David y se paró sobre el filisteo, y le sacó la espada quitándola de la vaina, y le quitó la cabeza con ella. Y cuando vieron los filisteos que su hombre poderoso había muerto, huyeron. Y se levantaron los hombres de Israel y de Judá, y gritaron, y persiguieron a los filisteos, hasta llegar a Gat y a las puertas de Ecrón. Y los hijos de Israel retornaron de perseguir a los filisteos, y despojaron el campamento de ellos. Y tomó David la cabeza del filisteo y la trajo a Jerusalén, pero puso su armadura en su tienda». (Samuel)

Algunos exégetas estiman que el encuentro del filisteo con David es puro cuento, pura invención... Yo no estoy tan seguro. El futuro rey David, que tomó posesión hacia el año 1012 antes de Cristo, fue otro sanguinario. Veamos lo que dice el libro de Samuel (capítulo XXVII):

«Y la cantidad de días que David vivió en el país de los filisteos fue todo un año y cuatro meses. Y subió David con sus hombres, e hicieron incursiones contra los guesureos, y los quirzitas, y los amalecitas, por cuanto ellos eran los habitantes de la tierra, que estaban allí desde antiguo, en el camino a Sur (Shur), hasta la tierra de Egipto. Y David hirió la tierra, y no dejó hombre ni mujer vivos, llevóse las ovejas, y los bueyes, y los asnos, y los camellos, y los bagajes».

En otras palabras: David provocó la muerte de más de treinta mil personas. Hoy, sin embargo, entre los judíos ortodoxos, el rey David es un héroe y un sabio, y así es venerado. Grave error. Repito: David fue otro vulgar asesino... Y a las pruebas me remito.

En el libro de Samuel —de pasada— se ratifica lo ya expuesto en capítulos anteriores: aquellos pueblos habitaban las tierras de Canaán «desde antiguo». Eran los legítimos dueños (se diga lo que se diga).

Y un último «detalle» que me ha hecho reflexionar, y mucho: ¿cómo explicar la altura de Goliat? Tres metros y veinte centímetros es mucho... ¿De dónde salió el personaje? Y opté por practicar una nueva visión remota. Quedé tan desconcertado que no le he prestado excesiva atención. El gigante fue manipulado (genéticamente) por el equipo. Eso «vi».

Visión remota: Goliat desciende de una nave. Se trataría de una criatura manipulada genéticamente. La altura del filisteo era de 3 metros y 20 centímetros; algo nada común en aquellos y en estos tiempos... «Ellos» —pienso yo— lo tenían todo previsto. (Cuaderno de campo de J. J. Benítez.)

LA VIDENTE

«Por entonces murió Samuel (el profeta), y lo lamentó todo Israel, y lo sepultó en Ramá, o sea en su propia ciudad. Y Saúl había arrojado de la tierra a los adivinos y a los evocadores de los espíritus (de los muertos). Y los filisteos se reunieron, y vinieron y acamparon en Sunem (Shunem), y Saúl convocó a todo Israel, y acamparon en Guilboá. Y cuando vio Saúl al ejército de los filisteos, tuvo miedo, y su corazón tembló sobremanera. Y cuando Saúl consultó al Eterno, el Eterno no le respondió, ni por sueños, ni por "urim", ni por profetas. Y dijo Saúl a sus siervos: "Buscadme una mujer adivina que evoque (que llame) a los espíritus, para que yo pueda ir a ella y consultarle". Y le respondieron sus siervos: "He aquí que hay una mujer adivina espiritista en Ein Dor". Y Saúl se disfrazó, poniéndose vestiduras ajenas, y se fue, él y dos hombres con él, y vinieron a la mujer de noche, y él le dijo: "Ruégote me hagas aparecer el espíritu que yo te nombre". Y respondióle la mujer: "He aquí que tú sabes lo que hizo Saúl, cómo ha cortado de la tierra a los adivinos y a quienes tienen espíritus pitónicos. ¿Por qué entonces pretendes tenderme este lazo a mi vida, para que yo muera?". Y Saúl le juró por el Eterno, diciendo: "Vive el Eterno que no habrá castigo para ti por esto". Replicó entonces la mujer: "¿A quién he de traerte?". Y él le dijo: "Tráeme a Samuel". Y cuando la mujer vio a Samuel, lanzó un grito, y la mujer habló a Saúl, diciéndole: "¿Por qué me has engañado, ya que eres Saúl?". Y le dijo el rey: "No temas. ¿Qué es lo que estás viendo?". Y la mujer le dijo a Saúl: "Veo un ser celestial subiendo a la tierra". Y él le preguntó: "¿Cómo es?". Y ella respondióle: "Es un anciano que sube, y está cubierto con un manto". Y Saúl se dio cuenta que era Samuel, y se inclinó rostro en tierra, y se prosternó.

Y le dijo Samuel a Saúl: "¿Para qué me has perturbado haciéndome subir?". Y le respondió Saúl: "Lo siento mucho, pero los filisteos me hacen la guerra, y Dios se ha apartado de mí, y no me responde más, ni por profetas, ni por sueños; por lo tanto te he llamado, para que me hagas saber qué debo hacer". Y dijo Samuel: "¿Por qué me lo preguntas, viendo que el Eterno se ha apartado de ti, y se ha tornado adversario tuyo? Pues el Eterno ha obrado como Él me había dicho, y el Eterno ha quitado el reino de tu mano y se lo ha dado a tu prójimo, a David. Porque no escuchaste la voz del Eterno y no ejecutaste Su airada orden contra Amalec, te ha hecho esto hoy. Además, el Eterno ha de entregar a Israel, juntamente contigo, en manos de los filisteos, y mañana tú y tus hijos estarán conmigo. El Eterno entregará al ejército de Israel también en manos de los filisteos". Entonces Saúl cayó cuan largo era al suelo, y tuvo gran temor por las palabras de Samuel, y no había fuerzas en él». (Samuel)

En efecto, Saúl se suicidaría poco después en el monte Gilboá. Y fue derrotado por los filisteos. El Antiguo Testamento ofrece aquí un pasaje sobre la vida después de la muerte. El profeta Samuel, ya fallecido, se presenta ante Saúl merced a la intervención de la bruja de Ein Dor, una médium muy reputada (algo muy frecuente en nuestros días). Curiosamente, la iglesia católica sigue condenando a los videntes...

LAS BALSAMERAS

«Y subieron nuevamente los filisteos y se desplegaron en el valle de Rafaim. Y cuando David consultó al Eterno, Él respondió: "No subirás. Harás un rodeo por detrás de ellos, y los acometerás por el lado de las balsameras. Y será que, cuando oyeres sonidos como de marcha por las copas de las balsameras, te darás prisa, porque es el momento en que el Eterno sale delante de ti para herir al ejército de los filisteos". Y David así lo hizo, como el Eterno se lo había ordenado, e hirió a los filisteos desde Gueva hasta Gazer». (Samuel)

El equipo instruye a David sobre dónde y cuándo atacar a los filisteos: cuando escuche un sonido extraño —«como de marcha»— sobre los cultivos de bálsamo. Para mí está claro: las naves se posicionaron sobre las balsameras y pulverizaron al enemigo. Ese tipo de sonido es muy común en los casos OVNI investigados en la actualidad.

NO TOCAR

«Y David convocó nuevamente a todos los hombres escogidos de Israel, treinta mil. Y levantóse David, y fue con toda la gente que estaba con él, desde Baale Judá (Baalei Yehudá), para traer desde allí el Arca de Dios, la cual es llamada del Nombre, o sea del Nombre del Eterno de los ejércitos que habita entre los querubines. Y colocaron el Arca de

Dios en un carro nuevo, y la sacaron de la casa de Abinadav (Avinadav), que estaba en la colina: y Uzá y Ajío, hijos de Abinadav, condujeron el carro nuevo. Y lo sacaron de la casa de Abinadav, que estaba en la colina, con el Arca de Dios, y Ajío iba delante del Arca. Y David y toda la casa de Israel tocaban ante el Eterno toda clase de instrumentos hechos de madera de ciprés, y arpas, y salterios, y panderos, y sistros, y címbalos. Y cuando llegaron al granero de Najón, Uzá extendió su mano hacia el Arca de Dios asióla, porque los bueyes se desmandaron. Y encendióse la ira del Eterno contra Uzá, y Dios le hirió por su error, y allí murió por el Arca de Dios. Y apenóse David, porque el Eterno había castigado así a Uzá. Y ese lugar fue llamado Péretz Uzá («la transgresión de Uzá») hasta el día de hoy». (Samuel)

Conclusiones: la caravana que conducía el Arca de la Alianza era vigilada por el equipo; solo así se explica que Uzá fuera fulminado en el momento en el que llegó a tocar el Arca. ¡Pobre Uzá! En lugar de felicitarlo por haber tratado de que la caja de madera y oro no cayera por tierra, el cruel Yavé lo abrasa. ¡Vaya Dios!

EL TEMPLO

«Y ocurrió que la palabra del Eterno vino a Natán,[1] diciéndole: "Vé y dí a Mi siervo David: 'Así dice el Eterno: ¿Debes acaso construir una casa para que Yo viva en ella? Por cuanto no he habitado una casa desde el día que saqué a

[1] Natán fue un profeta en la corte de David. Tuvo el valor de echar en cara al rey que hubiera enviado a la muerte a Urías para quedarse con la mujer de este. Se opuso a la construcción del templo y consiguió que Salomón, hijo de David, fuera el siguiente rey de Israel. Escribió sendas historias —todas manipuladas— sobre David y Salomón. Natán cometió el error de asegurar que la dinastía de David «perduraría eternamente». *(N. del a.)*

los hijos de Israel de Egipto hasta hoy, sino que he andado en una tienda y en un tabernáculo...'. Ahora, por lo tanto, dirás a Mi siervo David: 'Así dice el Eterno: Te quité del aprisco, de cuidar a las ovejas, para que fueras príncipe sobre Mi pueblo Israel. Y he sido contigo en cualquier parte donde tú estuviste, y he extirpado a todos tus enemigos de ante ti, y te haré un gran hombre... Y designaré un lugar para Mi pueblo Israel, y los radicaré allí, para que puedan habitar en lugar propio y no sean más molestados, ni los aflijan más los hijos de la iniquidad..., y te haré descansar de todos tus enemigos. Además el Eterno te promete que el Eterno te hará una casa'"». (Samuel)

Siguen las incongruencias por parte de Yavé. Ahora se pregunta si David debe construirle un templo. Más adelante, el equipo le proporciona planos y medidas de dicho templo:

«Todo eso (te lo doy) (le dice a Salomón en el libro primero de las Crónicas) por escrito, como el Eterno me ha instruido con Su mano sobre mí, o sea las obras de este diseño (dijo David)... Le dio entonces David a Salomón su hijo el diseño del pórtico (del Templo), y de sus recintos, y de sus tesorerías, y de sus cámaras altas, y de sus cámaras interiores, y del lugar del propiciatorio; y el diseño de todo lo que había ideado para los atrios de la Casa del Eterno, y para todas las cámaras en derredor».

En definitiva, Yavé proporciona a David los planos del futuro templo, con toda suerte de medidas y detalles. Y me pregunto: ¿qué fue de esos planos? ¿Por qué no se han conservado? O mucho me equivoco o tales planos fueron destruidos —directa o indirectamente— por el equipo... No interesaba dejar pruebas físicas sobre la naturaleza (la verdadera naturaleza) de Yavé. Y, que yo sepa, los referidos planos del templo nunca fueron hallados.

¿Hijos de la iniquidad? Asombroso: el equipo llama a los legítimos propietarios de las tierras de Canaán «hijos de la iniquidad». Vergonzoso…

3.000 PROVERBIOS

«En Gabaón se le apareció el Eterno a Salomón una noche en sueños, y dijo Dios: "Pídeme lo que quieras que te dé". Y respondióle Salomón: "Te mostraste infinitamente bondadoso para con Tu siervo David mi padre, conforme él andaba ante Ti en verdad, y en justicia, y en rectitud de corazón contigo, y le hiciste la gran merced de darle un hijo para sentarse en su trono, como es hoy. Y Tú, oh Eterno, Dios mío, has hecho a Tu siervo rey en reemplazo de David mi padre, y yo no soy más que un niño. No sé cómo salir ni cómo entrar… Por tanto da a Tu siervo un corazón comprensivo para juzgar a Tu pueblo, para que yo pueda discernir entre el bien y el mal…". Y este discurso agradó al Eterno». (Primero de Reyes)

Salomón miente. Su padre, el rey David, no fue ejemplo de verdad ni de justicia. David fue un asesino. No debemos olvidar que envió a Urías —uno de sus soldados— al frente de batalla (para que lo mataran) y así poder quedarse con su esposa. Natán, como dije, se lo reprochó y fue marginado. El equipo, que yo sepa, hizo la vista gorda respecto al desliz de David.

Es una pena que Salomón no proporcione más detalles sobre el sueño que tuvo en Gabaón. Si fue el Eterno quien se le presentó, ¿cómo era?, ¿qué aspecto tenía el supuesto Dios?

Y el equipo lo recompensó con una especial sabiduría. Salomón —dicen— llegó a tener setecientas esposas, trescientas concubinas, cuarenta mil carros de guerra, doce mil caballos de silla y más de trescientos barcos. Compuso tres mil proverbios y mil cantos.

«PARTID AL NIÑO»

«Y vinieron dos mujeres, que eran prostitutas, a presencia del rey (Salomón), y se presentaron ante él. Y dijo una de las mujeres: "Oh señor mío, yo y esta mujer vivimos en una casa, y di a luz un niño estando ella en la casa. Y ocurrió al tercer día después de mi parto que esta mujer también dio a luz, y estábamos juntas. No había ningún extraño con nosotras en la casa, salvo nosotras dos en la casa. Y el niño de esta mujer murió a la noche, porque ella se recostó sobre él. Y se levantó a medianoche, y tomó a mi hijo de mi lado, en momentos en que tu sierva dormía, y lo puso en su seno, y colocó a su niño muerto en mi seno. Y cuando yo me levanté en la mañana para amamantar a mi hijo, he aquí que estaba muerto, pero cuando lo miré bien de mañana, he aquí que no era mi hijo a quien yo criaba". Y dijo la otra mujer: "No, sino el que vive es mi hijo, y el muerto es hijo tuyo". Y la otra insistió: "No, sino que el muerto es tu hijo", y la otra dice: "No, sino que tu hijo es el muerto". Entonces dijo el rey: "Una dice: 'es mi hijo el que vive, y tu hijo es el muerto', y la otra dice: 'No, sino que tu hijo es el muerto, y mi hijo es el vivo'". Y añadió el rey: "Traedme una espada". Y trajeron una espada ante el rey. Y dijo el rey: "Partid al niño vivo en dos, y dad la mitad a la una, y la otra mitad a la otra". Entonces habló la mujer a quien pertenecía el niño vivo, porque su corazón ansiaba a su hijo, y le dijo al rey: "¡Oh señor mío! ¡Dadle a ella el niño vivo, pero no le matéis!". Pero la otra dijo: "No será ni mío ni tuyo. ¡Partidle!". Entonces el rey contestó, diciendo: "Dadle a aquella el niño vivo, y no le matéis. Ella es la madre de él"». (Primero de Reyes)

Verdaderamente, Salomón era sabio...

QUERUBINES DE CINCO METROS

«Y aconteció en el año cuatrocientos ochenta después de la salida de los hijos de Israel de Egipto, al cuarto año del reinado de Salomón sobre Israel, en el mes de Ziv, que es el mes segundo, que él comenzó a construir la Casa del Eterno. Y la Casa que el rey Salomón erigió para el Eterno, era de sesenta codos de largo (treinta metros), y veinte codos de ancho, y treinta codos de alto... Y vino la palabra de Eterno a Salomón, diciendo: "Con respecto a esta Casa que estás edificando, si andas en Mis estatutos y ejecutas Mis mandatos, y guardas todos Mis mandamientos para andar en ellos, entonces estableceré Mi palabra contigo, la cual dije a David tu padre, de que moraré allí dentro entre los hijos de Israel, y no abandonaré a Mi pueblo Israel".

Y así construyó Salomón la casa, y la terminó... Y en el Santuario hizo dos querubines de olivo, de diez codos de alto (cinco metros) cada uno. Y cinco codos tenía una ala de cada querubín. Desde el extremo de una ala hasta el extremo de la otra había diez codos (cinco metros)... Ambos querubines eran de la misma medida y de la misma forma... Y puso a los querubines dentro del recinto interior... Y cubrió los querubines de oro.

Y esculpió todas las paredes de la Casa en derredor con figuras labradas de querubines... De suerte, tardóse siete años en edificarla». (Primero de Reyes)

El equipo permite las imágenes de los querubines y entra así en una nueva contradicción: Yavé había prohibido todo tipo de imágenes («de lo que está arriba y de lo que está abajo»). Si hubiera sido Dios no habría caído en contradicción.

LA «NUBE» TOMÓ POSESIÓN DEL TEMPLO

«No había nada en el Arca salvo las dos tablas de piedra que Moisés (Moshé) puso en Horeb (Jorev), cuando el Eterno hizo un pacto con los hijos de Israel cuando salieron de la tierra de Egipto. Y aconteció, cuando los sacerdotes salieron del Lugar Santo, que la nube llenó la Casa del Eterno, de modo que los sacerdotes no podían ministrar allí a causa de la nube, porque la gloria del Eterno llenaba la Casa del Eterno. Dijo entonces Salomón: "El Eterno ha dicho que habitará en las densas tinieblas. Yo ciertamente Te he construido una Casa por habitación, un lugar para que Tú mores por siempre"». (Primero de Reyes)

En el libro segundo de las Crónicas se repite la escena:

«Él es bueno, porque Su misericordia perdura por siempre. Entonces la Casa se llenó de una nube, que cubrió la Casa del Eterno, de modo que los sacerdotes no podían oficiar por razón de la nube, por cuanto la gloria del Eterno llenaba la Casa de Dios».

Una vez terminado el Templo, el equipo hace acto de presencia y una o varias naves se sitúan sobre la Casa. Es posible que la gran luminosidad de dichas naves (o la niebla provocada por los astronautas) impidiera la presencia de los sacerdotes en el llamado «lugar santo». Como veremos más adelante, al examinar una de las obras de Flavio Josefo, es casi seguro que el equipo descendía en el interior del Templo, manteniendo así una comunicación directa con el sumo sacerdote.

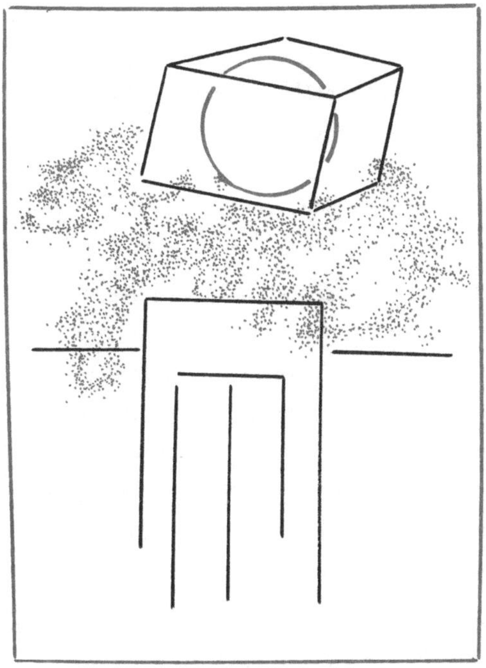

Visión remota: la «nube» era una nave. E hizo estacionario sobre el Templo (recién terminado). Y una gran luminosidad llenó el lugar. (Cuaderno de campo de J. J. Benítez.)

SE DESPISTÓ YAVÉ

«Aconteció cuando Salomón hubo terminado la construcción de la Casa del Eterno, y la casa del rey, y todo lo demás que Salomón se complugo en hacer.

El Eterno se le apareció a Salomón por segunda vez, como se le había aparecido en Gabaón. Y le dijo el Eterno: "He oído tu oración y tu rogativa que has hecho ante Mí. He santificado esta Casa que tú has construido para poner Mi nombre allí por siempre, y Mis ojos y Mi corazón estarán allí perpetuamente. Y en cuanto a ti, si anduvieres ante Mí como anduvo David tu padre, en integridad de corazón, y en rectitud, haciendo todo lo que Yo he ordenado, y guardares Mis estatutos y Mis leyes, entonces Yo estableceré el trono de tu reino sobre Israel por siempre, de conformidad con lo que Yo le prometí a David tu padre diciendo: 'No te faltará un hombre sobre el trono de Israel'. Pero si te apartares de seguirme, tú o tus hijos, y no guardares Mis mandamientos y Mis estatutos que he establecido delante de ti, y fueres y sirvieres a otros dioses y los adorares, entonces cortaré a Israel de la tierra que le he dado, y a esta Casa, que he santificado por Mi Nombre, la arrojaré de Mi vista, e Israel vendrá a ser motivo de burla entre todos los pueblos, y esta Casa que es tan elevada (tornaráse desolada), y cada uno que pase por aquí se asombrará y silbará, y cuando pregunten: '¿Por qué ha hecho esto el Eterno a esta tierra, y a esta Casa?' se les responderá: 'Porque abandonaron al Eterno su Dios, que trajo a sus padres de la tierra de Egipto, y se entregaron a otros dioses y los adoraron y les sirvieron. Por eso el Eterno ha traído todo este mal sobre ellos'"». (Primero de Reyes)

Parece obvio que Yavé (el equipo) andaba despistado. Como ya he referido, David no fue un rey íntegro ni recto.[1]

Y el equipo vuelve a profetizar... Si Salomón se desviaba de la normativa establecida por Yavé, adiós reinado y

[1] En este sentido, veamos qué dice el propio Antiguo Testamento (II de Samuel, capítulo XI): «Y aconteció una tarde que (el rey) David levantóse de su cama, y caminó por la terraza de la casa del rey, y desde la terraza vio a una mujer bañándose, y la mujer era muy atractiva. Y David hizo preguntar por la mujer. Y uno dijo: "¿No es esta Betsabé (Bat Sheva) hija de Eliam y mujer de Urías (Uriyá) jeteo?". Y envió David mensajeros, y la tomó; y ella vino a él, y él se acostó con ella, por cuanto ella estaba purificada de su impureza, y ella retornó a su casa. Y la mujer concibió, y ella se lo hizo saber a David, diciendo: "¡He concebido!". Y David hizo venir a Joab (diciendo): "Tráeme a Urías el jeteo". Y Joab le trajo a Urías. Y cuando Urías llegó a presencia de David, este le preguntó por la salud de Joab y por la salud de la gente, y cómo iba la guerra... Y ocurrió a la mañana que David escribió una carta a Joab, y la mandó por mano de Urías. Y escribió en la carta: "Pon a Urías en la vanguardia de la batalla más dura, y retírate de él, para que sea herido y muera". Y ocurrió, cuando Joab sitió la ciudad, que asignó a Urías un lugar donde sabía que estaban los más arrojados... Y Urías jeteo también murió».

adiós Israel. Y el equipo anuncia —una vez más y veladamente— el asedio y la destrucción de Jerusalén y de su primer Templo. Estoy seguro: «ellos» sabían que el rey Salomón terminaría adorando a otros dioses. No olvidemos que controlaban el tiempo.

Y regreso a la extraña realidad de un «Dios» vengativo. Mi concepto del Padre Azul (el verdadero Dios) no tiene nada que ver con la venganza. A Yavé, sin embargo, le fascinaba el castigo (cuanto más duro, más satisfacción). ¡Vaya Dios!

MAKEDA

«Y cuando la reina de Sabá (Sheva) supo de la fama de Salomón por causa del Nombre del Eterno, vino a ponerle a prueba con preguntas difíciles. Y vino a Jerusalén con gran acompañamiento, con camellos que portaban especias y oro en cantidad, y piedras preciosas, y cuando llegó ante Salomón habló con él de todo lo que estaba en su corazón. Y Salomón respondió a todas sus preguntas». (Primero de Reyes)

Makeda, la reina de Sabá (actual Yemen) recorrió 2.500 kilómetros para visitar al rey Salomón, en Jerusalén. La estancia de Makeda en Israel se prolongó durante seis meses.

Tras la visita de la reina de Sabá al rey Salomón surgieron mil leyendas (todas, probablemente, falsas). ¿Quedó embarazada Makeda de Salomón? ¿Robó la reina el Arca de la Alianza? ¿La trasladó en secreto a su reino (Yemen y parte de la actual Etiopía)? ¿Está depositada el Arca en la ciudad de Axum, en Etiopía?[1]

LAS MUJERES LO PERDIERON

«Y el rey Salomón amó a muchas mujeres extranjeras, además de la hija de Faraón, mujeres de los moabitas, los amonitas, los edomitas, los sidonios, y los jeteos, de las naciones acerca de las cuales el Eterno dijo a los hijos de Israel: "Vosotros no os llegaréis a ellas, ni ellas vendrán a vosotros, porque de seguro apartarán vuestro corazón hacia sus dioses". A estas se unió Salomón con (lazos de) amor. Y tuvo setecientas mujeres princesas, y trescientas concubinas, y sus mujeres hicieron extraviar su corazón. Porque sucedió, cuando Salomón era viejo, que sus mujeres hicieron desviar su corazón hacia otros dioses, y su corazón no fue íntegramente con el Eterno su Dios... Y Salomón construyó un altar en un alto para Cemos (Jemosh), el ídolo detestable de Moab..., y para Moloc, el ídolo detestable de los hijos de Ammón». (Primero de Reyes)

Era previsible. Al mujeriego rey Salomón lo perdieron las mujeres. Terminó adorando a dioses de piedra y madera y el equipo se cabreó, arrebatándole el reino. Y Yavé da la nota (una vez más) al prohibir los matrimonios con extranjeros. Está claro: al equipo no le entusiasmaba el mestizaje. Al Padre Azul, en cambio, le encantan las mulatas.[2]

[1] Amplia información sobre la reina de Sabá en *Planeta encantado: una caja de madera y oro* (2004). *(N. del a.)*

[2] Ver *A 33.000 pies* (1997). *(N. del a.)*

«Y ocurrió que, cuando (el rey) Acab vio a Elías, Acab le dijo: "¿Eres tú, perturbador de Israel?". Y le contestó (Elías): "No he perturbado yo a Israel, sino tú, y la casa de tu padre, que abandonaron los preceptos del Eterno, y siguieron tras los baales. Ahora pues envía y convócame a todo Israel en el monte Carmelo, y a los cuatrocientos cincuenta profetas de Baal, y a los cuatrocientos profetas de las aseras, quienes comen a la mesa de Jezabel". Y envió Acab a todos los hijos de Israel, y convocó a los profetas en el monte Carmelo. Y acercóse Elías a todo el pueblo, diciendo: "¿Hasta cuándo oscilaréis entre dos opiniones? Si el Eterno es Dios, seguidle, pero si lo es Baal, seguidle a él". Y el pueblo no le contestó palabra. Entonces dijo Elías al pueblo: "Yo, solamente yo, he quedado como profeta del Eterno, pero los profetas de Baal son cuatrocientos cincuenta. Que nos den pues dos bueyes, y que ellos elijan un buey y lo corten en trozos, y los coloquen sobre leña, sin poner fuego debajo, y yo prepararé el otro buey, y le pondré sobre la leña, sin fuego debajo. E invocaréis el nombre de vuestro dios, y yo invocaré el nombre del Eterno, y que el Dios que conteste con el fuego sea (el verdadero) Dios". Y respondió todo el pueblo diciendo: "Bien dicho". Y Elías dijo a los profetas de Baal: "Escoged un buey para vosotros, y aderezadlo primero, porque sois muchos, e invocad el nombre de vuestro dios, pero no pongáis fuego debajo". Y tomaron el buey que se les dio, y lo aderezaron, e invocaron el nombre de Baal desde la mañana hasta el mediodía, diciendo: "Oh Baal, respóndenos". Pero no hubo voz, ni nadie que contestara. Y bailaron a saltos alrededor del altar que fue levantado. Y aconteció al mediodía que Elías se burló de ellos, diciendo: "Gritad fuerte, que es un dios. Quizá esté meditando, o se haya ido, o esté paseando, o acaso duerme y haya que despertarle". Y ellos gritaban con fuerza, y se sajaban según su costumbre con espadas y lancetas, hasta que la sangre brotaba de ellos. Y fue así que cuando pasó el mediodía siguieron enardecidos hasta la hora de ofrecer el sacrificio de la tarde, pero no hubo voz, ni respuesta, ni nadie que prestara atención. Entonces dijo Elías a todo el pueblo: "Acercaos a mí", y acercósele todo el pueblo. Y reparó el altar del Eterno que había sido derribado. Y Elías tomó doce piedras, conforme al número de tribus de los hijos e Jacob (Yaacov), el cual tuvo revelación del Eterno, que le dijo: "Israel será tu nombre". Y con las piedras construyó un altar en el Nombre del Eterno, e hizo una zanja en torno al altar, tan grande que podía contener dos medidas de semilla. Y arregló la leña, y cortó el buey en trozos, y los colocó sobre la leña. Y dijo: "Llenad cuatro cántaros con agua, y derramadla con la ofrenda y en la leña". Y agregó: "Hacedlo por segunda vez", y lo hicieron por segunda vez. Y añadió: "Hacedlo por tercera vez", y lo hicieron por tercera vez. Y corrió el agua alrededor del altar, y también llenó la zanja con agua. Y aconteció a la hora de la ofrenda vespertina que Elías el profeta se acercó y dijo: "Oh Dios, Dios de Abraham (Avraham), de Isaac (Yitzjac), y de Israel, sépase hoy mismo que Tú eres Dios en Israel, y que yo soy Tu siervo, y que he hecho todas estas cosas por Tu palabra. Escúchame, oh Dios, escúchame, para que este pueblo sepa que Tú, Eterno, eres Dios, y que Tú has hecho volver sus corazones". Entonces cayó el fuego del Eterno, y consumió la ofrenda, y la leña, y las piedras, y el polvo, y lamió el agua que había en la zanja. Y cuando lo vio todo el pueblo, postráronse rostro a tierra. Y dijeron: "El Eterno es Dios. El Eterno es Dios". Y les dijo Elías: "Tomad a los profetas de Baal. Que ninguno escape". Y les prendieron, y Elías bajó con ellos al arroyo Cisón (Kishón), y allí los mató». (Primero de Reyes)

Resulta obvio que Elías, uno de los grandes profetas de Israel (que vivió hacia el año 876 antes de Cristo), fue previamente informado por el equipo sobre lo que debía hacer. La zanja alrededor del altar fue un elemento más del teatro que se disponían a llevar a cabo. Y en el momento oportuno —tras el fracaso de los sacerdotes del dios Baal— una de las naves (quizá invisible a los ojos de los allí congregados) catapultó una pequeña sonda (lo que hoy llamamos *foo fighter* o caza de fuego) que se precipitó sobre el altar levantado por Elías. Y la sonda incendió los restos del buey, la madera y el altar y el fuego se paseó sobre el agua de la zanja. ¿Se trataba de agua?

Posteriormente, tras el «prodigio», Elías ordena la matanza de los cuatrocientos cincuenta profetas o sacerdotes de Baal. No queda claro si fue él quien los pasó a cuchillo. No me extrañaría. ¿Podía ser Elías un esquizofrénico?

El primer libro de Reyes habla también de una extraña visión por parte del profeta (registrada, al parecer, poco después de la sonda que incendió los restos del buey):

«He aquí que sube una nube del mar, tan pequeña como la mano de un hombre».

«Ellos», sin duda, estaban en todas partes y lo controlaban todo. En este caso, una de las naves salió del Mediterráneo; posiblemente (por su tamaño), otra sonda o una nave de exploración.

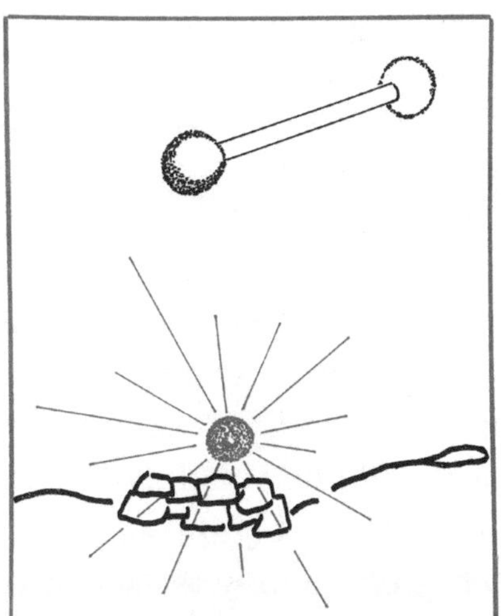

Visión remota: una sonda (del tamaño y forma de un balón) se precipitó sobre el altar de piedra e incendió la ofrenda. (Cuaderno de campo de J. J. Benítez.)

«Entonces envió el rey a él (a Elías) a un capitán de (un escuadrón) de cincuenta (hombres) con sus cincuenta. Y subió a él, y he aquí que (Elías) estaba sentado en la cima de la montaña. Y le dijo (el capitán): "Oh hombre de Dios, el rey ha dicho: 'Baja'". Y contestó Elías diciendo al capitán de cincuenta: "Si soy (verdaderamente) un hombre de Dios, que baje fuego del cielo y te consuma a ti y a tus cincuenta". Y bajó fuego del cielo, y lo consumió a él y a sus cincuenta. Y otra vez le mandó a otro capitán de cincuenta, con sus cincuenta, quien le dijo a Elías: "Oh hombre de Dios, así ha dicho el rey: 'Baja pronto'". Y respondió Elías: "Si soy un hombre de Dios, que baje fuego del cielo y te consuma a ti y a tus cincuenta". Y bajó fuego de Dios del cielo, y lo consumió a él y a sus cincuenta. Y nuevamente (el rey) envió al capitán de una tercera partida de cincuenta con sus cincuenta. Y el tercer capitán de cincuenta subió, y vino y se prosternó ante Elías, y rogóle les tuviera piedad, diciéndole: "Oh hombre de Dios, ruégote consideres mi vida y la vida de estos cincuenta siervos tuyos preciosas ante tu vista. He aquí que bajó fuego del cielo y consumió a los dos capitanes anteriores de cincuenta con sus cincuenta, pero sea ahora mi vida preciosa a tus ojos".

Y le dijo el ángel del cielo a Elías: "Baja con él. No le temas". Y se levantó, y bajó con él al rey». (Segundo de Reyes)

Si lo narrado en el segundo libro de los Reyes (capítulo I) es cierto, el profeta Elías padecía algún tipo de trastorno mental. Solo así puede medio explicarse que deseara la muerte de aquellos 102 soldados. Pero lo más lamentable es que el equipo accediera a las peticiones del demente y fulminara los dos escuadrones. ¿Qué clase de sentimientos tenían los astronautas?

SE LE CAYÓ EL MANTO

«Y fueron cincuenta hombres de los hijos de los profetas y se detuvieron frente a ellos (Elías y Eliseo), a distancia, y los dos se detuvieron junto al Jordán. Y Elías tomó su manto, lo enrolló, y (con él) hirió las aguas, que se dividieron hacia un lado y otro, de modo que los dos pasaron en tierra seca. Y aconteció cuando hubieron pasado, que Elías le dijo a Eliseo: "Pídeme lo que desees para ti, antes de que sea quitado de ti". Y contestóle Eliseo: "Ruégote que descienda sobre mí doble porción de tu espíritu". Y respondióle: "Pides cosa difícil. Sin embargo, si me ves cuando sea alejado de ti, así será; si no, no será así". Y sucedió, cuando seguían caminando y conversando, que he aquí que apareció un carro de fuego, y caballos de fuego, que los separaron, y Elías subió al cielo en un torbellino. Y Eliseo lo vio y gritó: "¡Padre mío, padre mío! ¡Los carros de Israel y sus aurigas!". Y no le vio más. Y tomó sus propias ropas y las desgarró en dos partes. Tomó también el manto de Elías que se le había caído, y se volvió, y se detuvo en la orilla del Jordán». (Segundo de Reyes)

Está claro que Elías sabía que se lo llevarían. Lo más probable es que fuera el equipo quien se lo anunciara.

Y aparece un «carro de fuego» —lo que los judíos llaman «*merkavah*»— y «absorbe» al profeta. Casos como este los hay a cientos en la ufología actual: el testigo es arrebatado y desaparece en el interior de la nave. Y un detalle curioso: en el trance, a Elías se le cae el manto (señal inequívoca de que el secuestro fue violento). Para los exégetas, el «carro de fuego» es «un medio para llegar a la parte revelada de Dios» (que es como no decir nada). Para mí es más simple: Elías fue utilizado por los astronautas y, cuando llegó el momento, se lo llevaron.

Que se sepa, Elías nunca regresó. Y fue buscado durante tres días por un total de cincuenta hombres (ver capítulo segundo del libro segundo de Reyes). De hecho, los judíos ortodoxos siguen esperándole y, durante la Pascua, dejan la puerta de la casa entreabierta y una silla libre para el profeta... Y dicen que el regreso de Elías anunciará «el día grande y terrible del Señor».

El rapto de Elías por una de las naves me recordó una escena parecida, vivida (o sufrida) por Felipe, uno de los discípulos de Jesús de Nazaret. Tras la muerte del Maestro, Felipe fue a tropezar con un etíope que iba leyendo al profeta Isaías (ver Hechos de los Apóstoles, capítulo VIII, 26-40). La secuencia se registró en el camino de Jerusalén a Gaza. Pues bien, Felipe terminó bautizando al etíope. En esos momentos «el Espíritu del Señor arrebató a Felipe y ya no le vio más el eunuco... Felipe se encontró en Azoto y recorría evangelizando todas las ciudades hasta llegar a Cesarea». En otras palabras: la nave trasladó a Felipe a 30 kilómetros del lugar donde fue secuestrado.

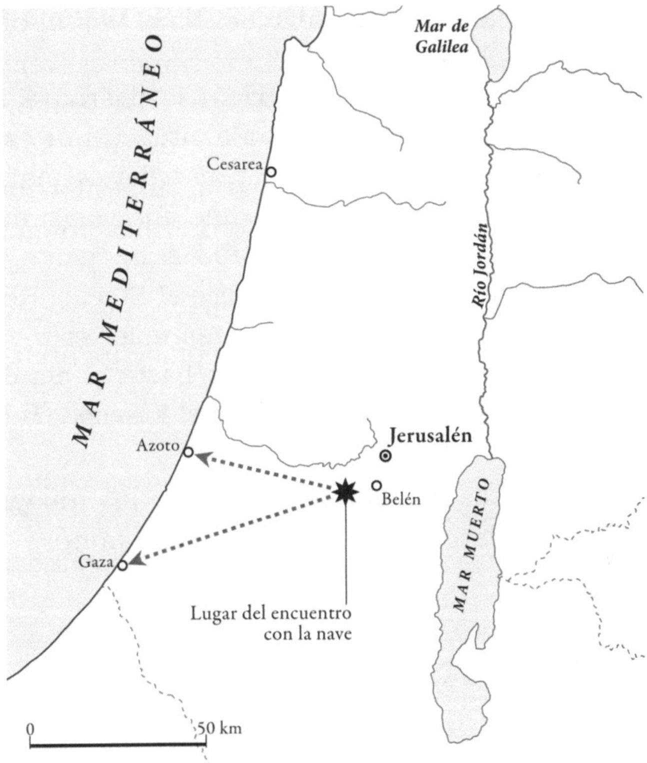

Cuando Felipe se dirigía de Jerusalén a Gaza, una nave lo arrebató y lo depositó en Azoto.

Visión remota: el profeta Elías fue arrebatado por un «carro de fuego»; es decir, por una nave del equipo de astronautas. Nunca regresó. (Cuaderno de campo de J. J. Benítez.)

PRIMERA MULTIPLICACIÓN DE LOS PANES

«Y los hombres de la ciudad (Jericó) le dijeron a Eliseo: "Rogámoste consideres que, si bien la situación de esta ciudad es buena, como lo ve mi señor, el agua es mala, y la tierra estéril". Entonces dijo: "Traedme una vasija nueva y echadle sal". Y se la trajeron. Y fue a la fuente de las aguas, y arrojó sal allí, y dijo: "Así dice el Eterno: He sanado estas aguas. No habrá por ellas más muertes o esterilidad". Las aguas pues fueron curadas hasta el día de hoy, conforme a la palabra que había dicho el Eterno». (II Reyes)

A partir de esos momentos se inician los milagros de Eliseo. Algunos desconcertantes y otros no tanto...

Ejemplos:

«Y subió (Eliseo) de allí a Bet El, y mientras iba por el camino, salieron mozuelos de la ciudad que se burlaron de él diciéndole: "¡Sube, calvo! ¡Sube, calvo!". Y él miró detrás suyo y los vio, y los maldijo en el nombre del Eterno. Y salieron del bosque dos osas que despedazaron a cuarenta y dos mozalbetes».

Si el relato es verídico, ¿quién propició la aparición de las osas? Evidentemente, Yavé; es decir, el equipo de astronautas. Y me pregunto: ¿fue una represalia proporcionada? ¿Desde cuándo el buen Dios utiliza la venganza?

«Y una mujer de las de los hijos de los profetas llamó a Eliseo y le dijo: "Tu siervo mi marido ha muerto, y tú sabes que tu siervo era temeroso del Eterno. Ahora un acreedor suyo ha venido para tomar a mis dos hijos como esclavos (en pago de la deuda)". Y respondióle Eliseo: "¿Qué puedo hacer por ti? Dime: ¿qué tienes en tu casa?". Y ella dijo: "Tu sierva no tiene en su casa más que una vasija de aceite". Y dijo él: "Vete a pedir vasijas a todos tus vecinos, vasijas vacías, y no pidas prestadas pocas. Y entrarás y cerrarás la puerta tras de ti y tras de tus hijos, y echarás (el aceite) en todas esas vasijas, y separarás las que estén llenas". Fuese pues y cerró la puerta tras de ella y tras de sus hijos. Le trajeron las vasijas, y ella echó (el aceite). Y sucedió, cuando las vasijas estuvieron llenas, que ella le dijo a su hijo: "Tráeme todavía otra vasija". Y respondióle: "No hay ni una vasija más". Y el aceite dejó de fluir. Y ella vino y se lo dijo al hombre de Dios. Y contestóle: "Ve, vende el aceite, y paga tu deuda, y vive tú y tus hijos de lo que sobre"». (II Reyes)

No sabemos cómo, pero el aceite de una sola vasija sirvió para llenar otras muchas. ¿Obra del equipo? Casi seguro...

Después le tocó el turno a un niño de Sunem. La criatura enfermó, falleció y Eliseo se colocó sobre el cadáver y lo resucitó.

«Y vino un hombre de Baal Salisa (Báal Shalishá), y trajo al hombre de Dios (Eliseo) pan de primicias, veinte panes de cebada con espigas de trigo nuevo, y dijo: "Dadlos a la gente, para que los coman". Y dijo su siervo: "¿Cómo voy a dar esto a cien hombres?" Pero dijo el hombre: "Dadlo a la gente, para que coman, porque así dice el Eterno: 'Comerán y sobrará'.". Lo ofreció pues a la gente, y comieron, y sobró, conforme a la palabra del Eterno». (II Reyes)

La primera multiplicación (conocida) de los panes se registró casi 900 años antes de la célebre multiplicación llevada a cabo por Jesús de Nazaret. Es de suponer que el equipo fue el responsable del prodigio.

Eliseo cura después a Naamán, un capitán del ejército de Siria. Era leproso. Lo envió al río Jordán y le pidió que se sumergiera en las aguas siete veces. «Y su carne —dice el segundo libro de Reyes— se volvió como la de un niño, y quedó limpio».

Parece obvio que los astronautas se hallaban pendientes —muy pendientes— de Eliseo. Y en un momento determinado, cuando el rey de Siria lo perseguía, las naves se presentaron cerca del profeta. Leo en el II de Reyes:

«Y dijo el rey: "Averiguad dónde está (Eliseo), para que pueda hacerle prender". Y se lo averiguaron, y le dijeron: "He aquí que está en Dotán". Envió entonces allí caballos, y carros, y un gran ejército. Y vinieron de noche, y rodearon la ciudad. Y cuando el siervo del hombre de Dios se levantó temprano y salió, he aquí un ejército con caballos y carros rodeando la ciudad. Y le dijo su siervo: "¡Oh señor mío! ¿Cómo haremos?". Y contestó (Eliseo): "No temas, por cuanto los que están con nosotros son más que los que están con ellos". Y oró Eliseo diciendo: "¡Oh Eterno, ruégote le abras los ojos para que pueda ver". Y el Eterno abrió los ojos del joven (del siervo), y vio que la montaña estaba repleta de caballos y carros de fuego alrededor de Eliseo. Y cuando bajaron a él, Eliseo oró al Eterno, diciendo: "Hiere a esta gente, te lo ruego, con ceguera". Y Él los hirió con ceguera conforme a la palabra de Eliseo».

De la lectura de este pasaje se desprenden, al menos, tres hechos interesantes:

1. Numerosas naves se hallaban cerca de Eliseo.
2. Esas naves no eran visibles a simple vista. Y Eliseo ruega al Eterno que las haga visibles (para su siervo). Una vez más, los «OVNIS invisibles»...
3. El equipo accede a la petición del profeta y deja ciego al ejército sirio: ¡más de cinco mil soldados y dos mil caballos! De nuevo la crueldad de Yavé.

Como he insinuado en otros capítulos, las naves se hacían visibles al ojo humano, según...

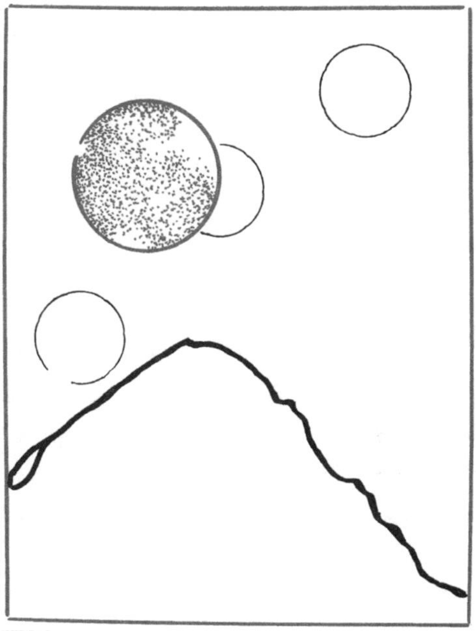

Decenas de «carros de fuego» (naves) aparecían en la montaña, cerca del profeta Eliseo. Pero no eran visibles al ojo humano: una constante en la odisea de los schasu *en su peregrinaje hacia la tierra prometida (Canaán). (Cuaderno de campo de J. J. Benítez.)*

185.000 MUERTOS

«Y sucedió aquella noche que vino el ángel del Eterno e hirió en el campamento de los asirios a ciento ochenta y cinco mil, y cuando se despertaron por la mañana los hombres, he aquí que todos eran cadáveres. Entonces Senaquerib, rey de Asiria, levantó el campamento, y se fue, y volvió a su tierra, y habitó en Nínive (Ninvé)». (II de Reyes)

El texto no lo aclara, pero se supone que «el ángel del Eterno» (las naves de los astronautas de Yavé) barrió el campamento y abrasó a los soldados. Ya lo habían hecho en otras ocasiones. ¡185.000 asesinatos! ¿Cómo debería calificar a este supuesto Dios?

LA SOMBRA RETROCEDIÓ

«En aquellos días Ezequías enfermóse de muerte. Y vino a él Isaías el profeta, hijo de Amoz, quien le dijo: "Así dice el Eterno: 'Pon tu casa en orden, porque has de morir, y no vivirás'". Entonces volvió Ezequías su rostro al muro, y oró al Eterno, diciendo: "Ruégote recuerdes ahora, oh Eterno, cómo he andado ante Ti en verdad y con corazón entero, y he hecho lo que es recto a Tus ojos". Y lloraba Ezequías amargamente.

Y ocurrió, antes de que Isaías se fuera del patio de la casa, que la palabra del Eterno vino a él, diciendo: "Vuélvete, y dile a Ezequías el príncipe de mi pueblo: Así dice el Eterno, el Dios de David tu padre: 'He oído tu oración y he visto tus lágrimas. He aquí que te curaré. Al tercer día subirás a la Casa del Eterno. Y Yo agregaré a tus días quince años, y te libraré a ti y a esta ciudad de la mano del rey de Asiria...'". Y le preguntó Ezequías a Isaías: "¿Cuál será la señal de que el Eterno me sanará, y de que subiré a la Casa del Eterno el día tercero?". Y contestóle Isaías: "Esta será la señal para ti del Eterno de que el Eterno hará lo que ha prometido: ¿Quieres que la sombra (de este reloj de sol) avance diez grados o retroceda diez grados?". Y respondió Ezequías: "Es cosa nimia que la sombra adelante diez grados. No, preferiría que la sombra retroceda diez grados". E Isaías el profeta clamó al Eterno, y Él hizo retroceder la sombra diez grados en el reloj de sol de Acaz». (II de Reyes)

No creo que fuera un gran problema para el equipo hacer retroceder la sombra del reloj de sol. En Fátima, por ejemplo (1917), un enorme disco ocultó el sol a la vista de 40.000 testigos. Y la gente creyó que el sol danzaba... En realidad fue la nave la que osciló. Fue el enésimo «prodigio» del equipo.

CONTROLABAN EL TIEMPO

«Y le dijo Isaías a Ezequías: "Escucha la palabra del Eterno. He aquí que vendrán días en que todo lo que hay en tu casa, y todo lo que tus padres han atesorado hasta hoy, será llevado a Babilonia. Nada quedará, dice el Eterno. Y de tus hijos que procedieren de ti, a quienes tú engendrares, también serán llevados, y serán eunucos en el palacio del rey de Babilonia"». (II de Reyes)

El profeta Isaías vivió alrededor del año 770 antes de Cristo. Al profetizar está anunciando el destierro del pueblo judío a Babilonia, consecuencia de la invasión de Nabucodonosor II. Unas 30.000 familias judías tuvieron que abandonar sus tierras en el año 586 a. de C. Eso quiere decir que Isaías habló de la deportación unos 184 años antes de que se produjera. Nabucodonosor destruyó el templo que había levantado Salomón y robó los tesoros de dicho templo.

Como mencioné, el equipo controlaba el tiempo. Profetizar, por tanto, era pan comido...

UZÍAS

«Y tomó todo el pueblo de Judá a Uzías, que tenía dieciséis años, y le hicieron rey en lugar de su padre Amasías.

Pero cuando se hizo fuerte, su corazón se ensoberbeció, obrando entonces inicuamente y trasgrediendo los preceptos del Eterno su Dios, pues llegó a entrar al Templo para quemar incienso sobre el altar de incienso. Y Azarías el sumo sacerdote entró tras él, y con él ochenta sacerdotes del Eterno, hombres valientes, quienes se plantaron ante Uzías el rey y le dijeron: "No te corresponde a ti, oh Uzías, quemar incienso al Eterno, sino a los sacerdotes descendientes de Aarón que están consagrados para quemar incienso. Sal del Santuario, porque has prevaricado, y no será esto para honra tuya por parte de Dios el Eterno". Y airóse Uzías, y tenía un incensario en su mano para quemar incienso, y mientras estaba indignado contra los sacerdotes, cubrióse su frente de lepra delante de los sacerdotes en la Casa del Eterno, junto al altar del incienso. Y miráronle Azarías el sumo sacerdote y todos los sacerdotes, y he aquí que era leproso en la frente, y le expulsaron de allí a toda prisa y él mismo apresuróse a salir, porque había sido herido por el Eterno. Y Uzías el rey fue leproso hasta el día de su muerte». (Libro segundo de las Crónicas)

Insisto: el equipo lo controlaba todo. Vieron entrar en el templo al rey y le provocaron la lepra (o lo que fuera). Una vez más se pasaron diez pueblos. El castigo no guardaba proporción con la falta (o la supuesta falta).

TODO EMPEZÓ CON ESDRAS

«Yoyaquim tenía veinticinco años cuando comenzó a reinar, y reinó once años en Jerusalén. Hizo el mal a los ojos de Yavé su Dios. Nabucodonosor, rey de Babilonia, subió contra él y le ató con cadenas de bronce para conducirle a Babilonia. Nabucodonosor llevó también a Babilonia algunos objetos de la Casa de Yavé que depositó en su santuario, en Babilonia».[1] (Libro Segundo de las Crónicas)

Es a partir de esos momentos —siglo VI antes de Cristo— cuando surge en el destierro, en Babilonia, un hombre que motorizará los deseos de los judíos de poner en pie su historia. Ese hombre se llamaba Esdras (Ezra). Era escriba y descendiente del sumo sacerdote Aarón. Era experto en la ley de Moisés y se preocupó en reunir las tradiciones orales que circulaban entre los viejos *schasu*. Reunió a un nutrido grupo de ancianos y empezaron a poner por escrito lo que sabían (desde Abraham) sobre la historia de aquel pueblo. Y copiaron, como ya mencioné, muchas de las leyendas de las culturas que los rodeaban. Así, probablemente, nació la Biblia. En el año 458 antes de Cristo, Esdras fue comisionado por Artajerjes, rey de Persia, para trasladarse a Jerusalén y analizar la situación del pueblo.

[1] Este fue el inventario de lo que robó Nabucodonosor: 30 fuentes de oro; 1.000 fuentes de plata; reparadas, 29; 30 copas de oro; 1.000 copas de plata; estropeadas, 410; otros utensilios: 1.000 (total robado: 3.469 piezas). (Ver Libro segundo de las Crónicas.) *(N. del a.)*

LA FALSA PARENTELA

«Salió Tobías a buscar un hombre que conociera la ruta y fuera con él a Media. En saliendo, encontró a Rafael, el ángel, parado ante él; pero no sabía que era un ángel de Dios. Díjole, pues: "¿De dónde eres, joven?". Le respondió: "De los israelitas, tus hermanos, y ando en busca de trabajo". Díjole Tobías: "¿Conoces la ruta de Media?". Respondió: "Sí: he estado allá muchas veces y conozco al detalle todos los caminos. He ido a Media con frecuencia y he sido huésped de Gabriel, nuestro hermano, el que vive en Ragués de Media. Hay dos jornadas de camino entre Ecbátana y Ragués, pues Ragués está en la montaña y Ecbátana en el llano". Tobías le dijo: "Espérame, joven, que voy a decírselo a mi padre, porque necesito que vengas conmigo; y yo te pagaré tu sueldo". Él le dijo: "Te espero, pero no tardes".

Fuese Tobías a informar a su padre y le dijo: "Ya he encontrado un hombre, que es israelita, hermano nuestro". Contestóle Tobit: "Llámale, para que yo sepa a qué familia y tribu pertenece, y si es digno de confianza para que te acompañe, hijo". Salió Tobías, le llamó y le dijo: "Joven, mi padre te llama".

Entró el ángel y Tobit se adelantó a saludarle; el ángel contestó: "Que disfrutes de mucha alegría". Replicó Tobit: "¿Qué alegría puedo disfrutar ya? Estoy ciego y no puedo ver la luz del cielo; yazgo en tinieblas como los muertos, que no contemplan la luz; vivo como un muerto; oigo la voz de los hombres, pero no los veo". Le dijo el ángel: "Ten confianza, que Dios te curará dentro de poco. Ten confianza". Tobit le dijo: "Mi hijo Tobías quiere ir a Media. ¿Puedes ir con él y servirle de guía? Yo te daría tu salario, hermano". Él respondió: "Puedo ir con él, pues conozco al detalle todos los caminos y he viajado a Media con frecuencia; he recorrido todos sus llanos y sus montes y tengo conocimiento de todas sus rutas". Tobit le dijo: "¿Querrías decirme, hermano, a qué familia y tribu perteneces?".

Le respondió el ángel: "¿Qué puede importar mi tribu?". Tobit insistió: "Me gustaría, hermano, saber con seguridad tu tribu y tu nombre". Respondió el ángel: "Yo soy Azarías, hijo del gran Amanías, uno de tus hermanos"». (Tobías)

La historia de Tobías no tiene desperdicio...

Está claro que uno de los astronautas se disfrazó de joven. Y salió al paso de Tobías. Y simuló que conocía Media y sus caminos. Y se inventó una parentela (una parentela falsísima). O sea: puro teatro.

TEATRO: MÁS TEATRO, POR FAVOR

«Partió el muchacho en compañía del ángel, y el perro les seguía. Yendo de camino, aconteció que una noche acamparon junto al río Tigris. Bajó el muchacho al río a lavarse los pies, cuando saltó del agua un gran pez que quería devorar el pie del muchacho. Este gritó pero el ángel le dijo: "¡Agarra al pez y tenlo bien sujeto!". El muchacho se apoderó del pez y lo arrastró a tierra. El ángel añadió: "Abre el pez, sácale la hiel, el corazón y el hígado y guárdatelo; y tira los intestinos; porque su hiel, su corazón y su hígado son remedios útiles". El joven abrió el pez y tomó la hiel, el corazón y el hígado. Asó parte del pez y lo comió, salando el resto. Luego continuaron su camino, los dos juntos, hasta cerca de Media.

Preguntó entonces el muchacho al ángel: "Hermano Azarías, ¿qué remedios hay en el corazón, el hígado y la hiel del pez?". Le respondió: "Si se quema el corazón o el hígado del pez ante un hombre o una mujer atormentados por un demonio o un espíritu malo, el humo ahuyenta todo mal y le hace desaparecer para siempre. En cuanto a la hiel, untando con ella los ojos de un hombre atacado por manchas blancas, y soplando sobre las manchas, queda curado"». (Tobías)

Supongo que el astronauta disfrutó lo suyo con semejantes parrafadas, a cual más fantástica. El tal Rafael, además, era boticario...

LA MALDICIÓN DE SARRA

«Cuando entraron en Media (Tobías y el ángel), y estando ya cerca de Ecbátana, dijo Rafael al joven: "Hermano Tobías". Le respondió: "¿Qué deseas?". Contestó él: "Pararemos esta noche en casa de Ragüel; es pariente tuyo y tiene una hija que se llama Sarra; fuera de ella no tiene más hijos ni hijas; tú eres el más cercano, tienes más derechos sobre ella que todos los demás y es justo que heredes la hacienda de su padre: la muchacha es prudente, valerosa y muy bella y su padre la ama". Y añadió: "Es justo que la tomes para ti. Escúchame hermano. Yo hablaré esta noche al padre acerca de la muchacha para que te la conceda como prometida, y a nuestro regreso de Ragués celebraremos la boda. Estoy seguro de que Ragüel no puede negártela, ni dársela a otro, pues se haría reo de muerte, según la sentencia del libro de Moisés, pues él sabe que te asiste el derecho a tomar a su hija por mujer. Así pues, óyeme bien, hermano; hablaremos esta noche sobre la muchacha y que te la den como prometida; y cuando volvamos de Ragués, la tomaremos y la llevaremos con nosotros a tu casa".

Tobías respondió a Rafael: "Hermano Azarías, he oído decir que ya ha sido dada a siete maridos y que todos han muerto la noche de bodas; que cuando entraban donde ella, morían; también he oído decir que un demonio los mataba; así que tengo miedo, pues a ella no le hace ningún daño, porque la ama; pero al que intenta acercarse a ella, le mata; yo soy hijo único, y si muero, haré bajar en tristeza al sepulcro, por mi causa, la vida de mi padre y de mi madre. Ellos no tienen otro hijo que les dé sepultura". Respondió el ángel: "¿Has olvidado las recomendaciones de tu padre, que te mandó tomar mujer de la casa de tu padre? Escúchame bien, hermano: no tengas miedo a ese demonio y tómala; sé bien que esta noche te la darán por mujer. Cuando entres en la cámara nupcial, tomas el corazón del pez y parte del hígado y lo pones sobre las brasas de los perfumes. Se difundirá el aroma y cuando el demonio lo huela, huirá y nunca aparecerá ya a su lado. Y cuando vayas a unirte a ella, levantaos primero los dos y haced oración y suplicad al Señor del Cielo que se apiade de vosotros y os salve. Y no tengas miedo, porque para ti está destinada desde el principio; tú la salvarás; ella se vendrá contigo y te aseguro que te dará hijos que serán para ti como hermanos. No te preocupes"». (Tobías)

El astronauta —cómo no— es un repugnante machista. Y prosigue el teatro... El tal Rafael hace creer al crédulo Tobías que el corazón y el hígado del pez espantarán al diablo. ¿Qué diablo?

LA NOCHE DE BODAS

«Cuando entraron en Ecbátana dijo Tobías: "Hermano Azarías, guíame en derechura a casa de Ragüel, nuestro hermano". Le condujo, pues, a casa de Ragüel y le encontraron sentado a la puerta del patio. Le saludaron ellos primero y él les contestó: "Mucha dicha os deseo, hermanos, y en buena salud vengáis". Los llevó a su casa y dijo a su mujer Edna: "¡Cómo se parece este muchacho a mi hermano Tobit!". Edna les preguntó: "¿De dónde sois, hermanos?". Respondieron: "Somos los hijos de Neftalí, de los deportados de Nínive". Les dijo: "¿Conocéis a Tobit, nuestro hermano?". Ellos contestaron: "Sí, le conocemos". "¿Está bien?". "Vive y está bien". Y Tobías añadió: "Es mi padre". Ragüel se puso en pie de un salto, le besó, lloró y le dijo: "¡Bendito seas, hijo! Tienes un padre honrado y bueno. ¡Qué gran desgracia, haberse quedado ciego un hombre tan justo y tan limosnero!". Y echándose al cuello de su hermano Tobías, rompió a llorar. También lloró su mujer Edna y su hija Sarra. Mató luego un carnero del rebaño y los acogió con toda cordialidad.

Después de lavarse y bañarse, se pusieron a comer. Tobías dijo entonces a Rafael: "Hermano Azarías, di a Ragüel que me dé por mujer a mi hermana Sarra". Al oír Ragüel estas palabras dijo al joven: "Come, bebe y disfruta esta noche, porque ningún hombre hay, fuera de ti, que tenga derecho a tomar a mi hija Sarra, de modo que ni yo mismo estoy facultado para darla a otro, si no es a ti, que eres mi pariente más próximo. Pero voy a hablarte con franqueza, muchacho. Ya la he dado a siete maridos, de nuestros hermanos, y todos murieron la misma noche que entraron donde ella. Así que, muchacho, ahora come y bebe y el Señor os dará su gracia y su paz". Pero Tobías replicó: "No comeré ni beberé hasta que no hayas tomado una decisión acerca de lo que te he pedido". Ragüel le dijo: "¡Está bien! A ti se te debe dar, según la sentencia del libro de Moisés, y el Cielo decreta que te sea dada. Recibe a tu hermana. A partir de ahora, tú eres su hermano y ella es tu hermana. Tuya es desde hoy por siempre...". Llamó Ragüel a su hija Sarra, y cuando ella se presentó, la tomó de la mano y se la entregó a Tobías, diciendo: "Recíbela, pues se te da por mujer, según la ley y la sentencia escrita en el libro de Moisés. Tómala y llévala con bien a la casa de tu padre"...

Cuando acabaron de comer y beber, decidieron acostarse, y tomando al joven le llevaron al aposento. Recordó Tobías las palabras de Rafael y, tomando el hígado y el corazón del pez de la bolsa donde los tenía, los puso sobre las brasas de los perfumes. El olor del pez expulsó al demonio que escapó por los aires hacia la región de Egipto.

Fuese Rafael a su alcance, le ató de pies y manos y en un instante lo encadenó.

Los padres salieron y cerraron la puerta de la habitación. Entonces Tobías se levantó del lecho y le dijo: "Levántate, hermana, y oremos y pidamos a nuestro Señor que se apiade de nosotros y nos salve". Ella se levantó y empezaron a suplicar y a pedir el poder quedar a salvo...

Se levantó Ragüel y, llamando a los criados que tenía en casa, fueron a cavar una tumba, porque se decía: "No sea que haya muerto y nos sirva de mofa y de escarnio". Cuando tuvieron cavada la tumba, volvió Ragüel a casa, llamó a su mujer y le dijo: "Manda a una criada que entre a ver si vive; y si ha muerto, le enterraremos sin que nadie se entere". Mandaron a la criada, encendieron la lámpara y abrieron la puerta; y entrando ella vio que estaban acostados juntos y dormidos. Salió la criada y les anunció: "Vive, nada malo ha ocurrido". Y Ragüel bendijo al Dios del Cielo». (Tobías)

El equipo prosigue con el teatro. Y el cronista hace creer al pueblo que el diablo salió huyendo, por el aire, rumbo a Egipto (!). Y el astronauta de turno —claro está— lo encadenó en un periquete...

El Antiguo Testamento —también es cierto— aparece cuajado de fantasías.

LA CURACIÓN

«Cuando llegaron cerca de Kaserín, que está frente a Nínive, dijo Rafael: "Tú sabes bien en qué situación dejamos a tu padre; vamos a adelantarnos nosotros a tu mujer para preparar la casa, mientras llegan los demás". Prosiguieron, pues, los dos juntos; el ángel le dijo: "Toma contigo la hiel". El perro seguía detrás de ellos...

Rafael iba diciendo a Tobías, mientras se acercaban al padre: "Tengo por seguro que se abrirán los ojos de tu padre. Úntale los ojos con la hiel del pez, y el remedio hará que las manchas blancas se contraigan y se le caerán como escamas de los ojos. Y así tu padre podrá mirar y ver la luz"...

Corrió Ana y se echó al cuello de su hijo, diciendo: "¡Ya te he visto, hijo! ¡Ya puedo morir!". Y rompió a llorar. Tobit se levantó y trompicando salió a la puerta del patio. Corrió hacia él Tobías, llevando en la mano la hiel del pez; le sopló en los ojos y abrazándole estrechamente le dijo: "¡Ten confianza, padre!". Y le aplicó el remedio y esperó; y luego, con ambas manos le quitó las escamas de la comisura de los ojos. Entonces él se arrojó a su cuello, lloró y le dijo: "¡Ahora te veo, hijo, luz de mis ojos!".

Y el ángel les dijo: "Yo soy Rafael, uno de los siete ángeles que están siempre presentes y tienen entrada a la Gloria del Señor"... Se turbaron ambos y cayeron sobre sus rostros, llenos de terror. Él les dijo: "No temáis. La paz sea con vosotros. Bendecid a Dios por siempre. Si he estado con vosotros no ha sido por pura benevolencia mía hacia vosotros, sino por voluntad de Dios. A Él debéis bendecir todos los días, a Él debéis cantar. Os ha parecido que yo comía, pero solo era apariencia. Y ahora bendecid al Señor sobre la tierra y confesad a Dios. Mirad, yo subo al que me ha enviado. Poned por escrito todo cuanto os ha sucedido". Y se elevó. Ellos se levantaron pero ya no le vieron más». (Tobías)

Preguntas obligadas: ¿qué contenía la hiel del pescado? ¿Era un remedio o se trató de teatro, una vez más? Me inclino por lo segundo.

Después, el «ángel» revela su verdadera identidad (?) (sospecho que se trató de más teatro) y se eleva por los aires, ante el lógico terror de Tobit y de su hijo Tobías. De haber sido una criatura espiritual (un verdadero ángel) le habría bastado con desaparecer de la vista de los testigos. Pero no. Tiene que hacer el numerito y elevarse por los aires, al estilo de Pinito del Oro.

Y ordena que se ponga por escrito todo lo sucedido. ¿Por qué dice algo así? Sencillamente, el equipo sabe lo que representará la Biblia en un futuro lejano y para millones de personas. Como dije, «ellos» controlaban el factor tiempo y sabían...

OCULTAN EL ARCA

Entre los documentos que el profeta Jeremías envió a los deportados en Babilonia (hacia el año 586 antes de Cristo) se encontraba uno en el que daba cuenta del destino final del Arca de la Alianza. Dice así el Libro Segundo de los Macabeos:

> «... Se decía también en el escrito cómo el profeta, después de una revelación, mandó llevar consigo la Tienda (de la Reunión) y el arca; y cómo salió hacia el monte donde Moisés había subido para contemplar la heredad de Dios. Y cuando llegó Jeremías, encontró una estancia en forma de cueva; allí metió la Tienda, el arca y altar del incienso, y tapó la entrada. Volvieron algunos de sus acompañantes para marcar el camino, pero no pudieron encontrarlo. En cuanto Jeremías lo supo, les reprendió diciéndoles: "Este lugar quedará desconocido hasta que Dios vuelva a reunir a su pueblo y le sea propicio"».

Pasaje especialísimo en el que se aporta una posible explicación a la misteriosa desaparición del Arca de la Alianza. El equipo, probablemente, reveló a Jeremías qué debía hacer con la mortífera caja de madera y oro: ocultarla en una cueva en el monte Nebo. He peinado la zona, a la búsqueda de la referida gruta. Nunca la encontré y, sospecho, que jamás será hallada. Al equipo no le interesaba que el «transmisor» pudiera ser examinado en nuestros días.

¿HOLOGRAMAS?

Para comprender el presente texto conviene saber que Heliodoro fue un ministro del rey Seleuco IV (Filopátor). Hacia el año 176 antes de Cristo, el tal Heliodoro recibió la orden de robar el tesoro del Templo de Jerusalén. En dicha tesorería se hallaban depositados del orden de 10.000 kilos de plata y unos 5.000 de oro. Pues bien, cuando Heliodoro se disponía a cumplir la orden del rey sucedió «algo»:

«Estaba ya allí mismo (Heliodoro) con su guardia junto al Tesoro, cuando el Soberano de los Espíritus y de toda Potestad, se manifestó en su grandeza, de modo que todos los que con él juntos se habían atrevido a acercarse, pasmados ante el poder de Dios, se volvieron débiles y cobardes. Pues se les apareció un caballo montado por un jinete terrible y guarnecido con riquísimo arnés; lanzándose con ímpetu levantó contra Heliodoro sus patas delanteras. El que lo montaba aparecía con una armadura de oro. Se le aparecieron además otros dos jóvenes de notable vigor, espléndida belleza y magníficos vestidos que, colocándose a ambos lados, le azotaban sin cesar, moliéndolo a golpes... Mientras el sumo sacerdote ofrecía el sacrificio de expiación, se aparecieron otra vez a Heliodoro los mismos jóvenes, vestidos con la misma indumentaria y en pie le dijeron: "Da muchas gracias al sumo sacerdote Onías, pues por él te concede el Señor la gracia de vivir; y tú, que has sido azotado por el Cielo, haz saber a todos la grandeza del poder de Dios".

En diciendo esto, desaparecieron». (Libro Segundo de los Macabeos)

Con el fin de evitar el robo del tesoro del Templo de Jerusalén, el equipo organiza otro numerito. Probablemente utilizó un espléndido holograma (caballo montado por un jinete) y se sirvió de dos astronautas (ataviados convenientemente), que molieron a palos a Heliodoro. Y se repite la escena: esta vez con nuevos hologramas (en los que aparecen los jóvenes que apalearon al pobre Heliodoro).

33.000 MUERTOS

«Timoteo, que antes había sido vencido por los judíos, después de reclutar numerosas fuerzas extranjeras y de reunir no pocos caballos traídos de Asia, se presentó con la intención de conquistar Judea por las armas. Ante su avance, los hombres de Macabeo, en rogativas a Dios, cubrieron de polvo su cabeza y ciñeron de sayal la cintura; y, postrándose delante del Altar, a su pie, pedían a Dios que, mostrándose propicio con ellos, se hiciera enemigo de sus enemigos y adversario de sus adversarios, como declara la Ley.

Al acabar la plegaria, tomaron las armas y avanzaron un buen trecho fuera de la ciudad; cuando estaban cerca de sus enemigos, se detuvieron. A poco de difundirse la claridad del sol naciente, ambos bandos se lanzaron al combate; los unos tenían como garantía del éxito y de la victoria, además de su valor, el recurso al Señor; los otros combatían con la furia como guía de sus luchas. En lo recio de la batalla, aparecieron desde el cielo ante los adversarios cinco hombres majestuosos montados en caballos con frenos de oro, que se pusieron al frente de los judíos; colocaron a Macabeo en medio de ellos y, cubriéndole con sus armaduras, le hacían invulnerable; arrojaban sobre los adversarios saetas y rayos, por lo que heridos de ceguera se dispersaban en completo desorden. Veinte mil quinientos infantes fueron muertos y seiscientos jinetes.

Muy poco tiempo después, Lisias, tutor y pariente del rey, que estaba al frente de los negocios, muy contrariado por lo sucedido, reunió ochenta mil hombres con toda la caballería, y se puso en marcha contra los judíos, con la intención de hacer de la ciudad (Jerusalén) una población de griegos, convertir el Templo en fuente de recursos, como los demás recintos sagrados de los gentiles, y poner cada año en venta la dignidad del sumo sacerdocio. No tenía en cuenta en absoluto el poder de Dios, engreído como estaba con sus miríadas de infantes, sus millares de jinetes y sus ochenta elefantes.

Entró en Judea, se acercó a Bet Sur, plaza fuerte que dista de Jerusalén unas cinco esjenas (cinco kilómetros y medio), y la cercó estrechamente. En cuanto los hombres de Macabeo supieron que Lisias estaba sitiando la fortaleza, comenzaron a implorar al Señor con gemidos y lágrimas, junto con la multitud, que enviase un ángel bueno para salvar a Israel. Macabeo en persona tomó el primero las armas y exhortó a los demás a que juntamente con él afrontaran el peligro y auxiliaran a sus hermanos. Ellos se lanzaron juntos con entusiasmo. Cuando estaban cerca de Jerusalén, apareció, poniéndose al frente de ellos, un jinete vestido de blanco, blandiendo armas de oro. Todos a una bendijeron entonces a Dios misericordioso y sintieron enardecerse sus ánimos, dispuestos a atravesar no solo a hombres, sino aún a las fieras más salvajes y murallas de hierro. Avanzaban equipados, con el aliado enviado del Cielo, porque el Señor se había compadecido de ellos. Se lanzaron como leones sobre los enemigos, abatieron once mil infantes y mil seiscientos jinetes, y obligaron a huir a todos los demás». (Libro Segundo de los Macabeos)

En estas dos nuevas oportunidades, el equipo no utiliza hologramas. Hacen aparecer a jinetes que cubren con sus armaduras a Macabeo y lanzan «rayos y saetas» contra el enemigo, pulverizándolo. ¿Rayos y saetas? Si hubieran sido láseres, ¿con qué podían compararlos los *schasu*?

Estos misteriosos jinetes se presentarían de nuevo en la Edad Media, en las luchas entre cristianos y musulmanes. Uno de ellos fue asociado —repetidas veces— al apóstol Santiago.

EL «CONTRATO»

«Sabed ya que es Dios quien me hace entuerto, y el que en su red me envuelve. Si grito: ¡Violencia!, no obtengo respuesta; por más que apelo, no hay justicia. Él ha vallado mi ruta para que yo no pase, ha cubierto mis senderos de tinieblas. Me ha despojado de mi gloria, ha arrancado la corona de mi frente. Por todas partes me mina y desaparezco, arranca como un árbol mi esperanza. Enciende su ira contra mí, me considera su enemigo... Es la mano de Dios la que me ha herido». (Job)

¡Cuán diferente el concepto de Dios en el Antiguo Testamento! Nada que ver con el Padre Azul... Dios no es mi enemigo. Dios no siembra tinieblas a mi paso. Dios no me envuelve en ninguna red. Dios no necesita de la justicia. Dios no valla la ruta de nadie. Dios no arranca la esperanza (todo lo contrario). Dios no está preparado para la ira... En realidad, toda nuestra vida depende de lo «contratado» previamente: antes de nacer.

«Esta es la suerte que al malvado Dios reserva, la herencia que reciben de Sadday (otra forma de designar a

Yavé) los violentos. Aunque sean muchos sus hijos, son para la espada, y sus vástagos no tendrán pan con que saciarse. Los que queden serán sepultados por la Peste...». (Job)

Grave error de Job. También los malvados tienen un papel en la vida; un papel difícil...

«Yavé, no me corrijas en tu enojo, en tu furor no me castigues. Pues en mí se han clavado tus saetas, ha caído tu mano sobre mí; nada intacto en mi carne por tu enojo, nada sano en mis huesos debido a mi pecado. Mis culpas sobrepasan mi cabeza». (Salmo 38)

¡Qué grave error el del equipo! ¿Por qué inyectaron el miedo a Dios? ¿Era necesario en aquel tiempo? Sinceramente, lo dudo...

DESPRECIO POR LA MUJER

«No tengas celos de tu propia mujer, para no enseñarle a hacerte el mal. No te entregues del todo a tu mujer, no sea que te llegue a dominar. No vayas al encuentro de una mujer prostituta, no sea que caigas en sus redes. Con cantadora no frecuentes el trato, para no quedar prendido en sus enredos. No te quedes mirando a doncella, para que no incurras en su propio castigo. A prostitutas no te entregues, para no perder tu herencia. No andes fisgando por las calles de la ciudad, ni divagues por sus sitios solitarios. Aparta tu ojo de mujer hermosa, no te quedes mirando la belleza ajena. Por la belleza de la mujer se perdieron muchos, junto a ella el amor se inflama como fuego. Junto a mujer casada no te sientes jamás, a la mesa con ella no te huelgues con vino, para que tu corazón no se desvíe hacia ella y en tu ímpetu te deslices a la ruina». (Eclesiástico)

El desprecio de la ley judía por las mujeres es notable: herencia del machismo de Yavé.

«Al asno, forraje, palo y carga; al criado, pan, instrucción y trabajo. Haz trabajar al siervo, y encontrarás descanso, deja libres sus manos, y buscará la libertad. Yugo y riendas doblegan la cerviz, al mal criado torturas e inquisiciones. Mándale trabajar para que no esté ocioso... Si no obedece, carga sus pies de grillos». (Eclesiástico)

La ley de Moisés —dictada por el equipo— defiende la esclavitud. El colmo de la desvergüenza...

«Las esperanzas vanas y engañosas son para el imbécil, los sueños dan alas a los insensatos. Tratar de asir una sombra o perseguir el viento es buscar apoyo en los sueños. Espejo y sueño son cosas semejantes, frente a un rostro, una imagen de rostro. De los impuros, ¿qué pureza puede resultar?, de la mentira, ¿qué verdad puede salir? Adivinaciones, augurios y sueños cosas vanas son, como fantasías de corazón de mujer en parto. A menos que te sean enviadas por el Altísimo en visita, no abras tu corazón a estas cosas. Que a muchos extraviaron los sueños, y cayeron los que en ellos esperaban. Sin dolor se ha de cumplir la Ley, y sabiduría en boca fiel es perfección». (Eclesiástico)

¿Se pueden citar más despropósitos en menos líneas? El autor o autores del Eclesiástico no conocieron las palabras de Jesús de Nazaret. El Maestro defendía la esperanza, por muy efímera que fuera. El Maestro era un soñador y, en consecuencia, defendía los sueños. Los herederos de

Yavé los prohíben. Y el Eclesiástico condena a los adivinadores, olvidando que la legión de profetas del Antiguo Testamento no hacía otra cosa que adivinar el futuro.

¿Los sueños son asunto vano? ¿Es cosa vana que Jesús de Nazaret pretendiera inyectar la esperanza a un mundo enfermo y perdido? Me siento moderadamente feliz al saber que no pertenezco ni comulgo con ninguna religión...

ISAÍAS

«El año de la muerte del rey Ozías (cuenta el profeta Isaías) vi al Señor sentado en un trono excelso y elevado, y sus haldas (faldas) llenaban el templo. Unos serafines se mantenían erguidos por encima de Él; cada uno tenía seis alas; con un par se cubrían la faz, con otro par se cubrían los pies, y con el otro par aleteaban.

Y se gritaban el uno a otro: "Santo, santo, santo, Yavé Sebaot: llena está toda la tierra de su gloria".

Se conmovieron los quicios y los dinteles a la voz de los que clamaban, y la Casa se llenó de humo. Y dije: "¡Ay de mí, que estoy perdido, pues soy un hombre de labios impuros, y entre un pueblo de labios impuros habito: que al rey Yavé Sebaot han visto mis ojos!".

Entonces voló hacia mí uno de los serafines con una brasa en la mano, que con las tenazas había tomado de sobre el altar, y tocó mi boca y dijo: "He aquí que esto ha tocado tus labios: se ha retirado tu culpa, tu pecado está expiado"». (Isaías)

El profeta observa una nave sobre el Templo. Pudo ocurrir hacia el año 720 antes de Cristo. En realidad, etimológicamente, la palabra serafín debería traducirse como «ardiente». En otras palabras: Isaías observa una nave («el Señor sentado en un trono excelso y elevado») y a sus posibles ocupantes («ardientes») (astronautas), provistos de sus equipos («pares de alas»). Y en un momento determinado, la nave provoca un ruido que «conmueve los quicios y dinteles y llena la Casa de humo». El resto, en mi opinión, es puro teatro.

Más adelante, el mismo libro dice:

«Oíd, pues, Casa de David (dijo Isaías): "¿Os parece poco cansar a los hombres, que cansáis también a mi Dios? Pues bien, el Señor mismo va a daros una señal: He aquí que una doncella está encinta y va a dar a luz un hijo, y le pondrá por nombre Emmanuel"».

En esta ocasión, el profeta se equivocó. María, la madre del Maestro, no era virgen cuando quedó embarazada.[1] La errónea profecía fue formulada 734 años antes del nacimiento de Jesús de Nazaret. ¿O no se refería al Maestro?

LA NAVE DE EZEQUIEL

«El año treinta, el día cinco del cuarto mes, encontrándome yo entre los deportados, a orillas del río Kebar, se abrió el cielo y contemplé visiones divinas. El día cinco del mes —era el año quinto de la deportación del rey Joaquín— la palabra de Yavé fue dirigida al sacerdote Ezequiel, hijo de Buzí, en el país de los caldeos, a orillas del río Kebar, y allí fue sobre él la mano de Yavé.

Yo miré: vi un viento huracanado que venía del norte, una gran nube con fuego fulgurante y resplandores en torno, y en el medio como el fulgor del electro, en medio del fuego. Había en el centro como una forma de cuatro

[1] Amplia información sobre el polémico asunto de la virginidad de María (madre de Jesús) en *Caballo de Troya*. *(N. del a.)*

seres cuyo aspecto era el siguiente: tenían forma humana. Tenían cada uno cuatro caras, y cuatro alas cada uno. Sus piernas eran rectas y la planta de sus pies era como la planta de la pezuña del buey, y relucían como el fulgor del bronce bruñido. Bajo sus alas había unas manos humanas vueltas hacia las cuatro direcciones, lo mismo que sus caras y sus alas, las de los cuatro. Sus alas estaban unidas una con otra; al andar no se volvían; cada uno marchaba de frente. En cuanto a la forma de sus caras, era una cara de hombre, y los cuatro tenían cara de león a la derecha, los cuatro tenían cara de toro a la izquierda, y los cuatro tenían cara de águila. Sus alas estaban desplegadas hacia lo alto; cada uno tenía dos alas que se tocaban entre sí y otras dos que le cubrían el cuerpo; y cada uno marchaba de frente; donde el espíritu les hacía ir, allí iban, y no se volvían en su marcha.

Entre los seres había algo como brasas incandescentes, con aspecto de antorchas, que se movían entre los seres; el fuego despedía un resplandor, y del fuego salían rayos. Y los seres iban y venían con el aspecto del relámpago.

Miré entonces a los seres y vi que había una rueda en el suelo, al lado de los seres de cuatro caras. El aspecto de las ruedas y su estructura era como el destello del crisólito. Tenían las cuatro la misma forma y parecían dispuestas como si una rueda estuviese dentro de otra. En su marcha avanzaban en las cuatro direcciones; no se volvían en su marcha. Su circunferencia tenía gran altura, era imponente, y la circunferencia de las cuatro estaba llena de destellos todo alrededor. Cuando los seres avanzaban, avanzaban las ruedas junto a ellos, y cuando los seres se elevaban del suelo, se elevaban las ruedas. Donde el espíritu les hacía ir, allí iban, y las ruedas se elevaban juntamente con ellos, porque el espíritu del ser estaba en las ruedas. Cuando avanzaban ellos, avanzaban ellas, cuando ellos se paraban, se paraban ellas, y cuando ellos se elevaban del suelo, las ruedas se elevaban juntamente con ellos, porque el espíritu del ser estaba en las ruedas. Sobre las cabezas del ser había una forma de bóveda resplandeciente como el cristal, extendida por encima de sus cabezas, y bajo la bóveda sus alas estaban rectas, una paralela a la otra; cada uno tenía dos que le cubrían el cuerpo.

Y oí el ruido de sus alas, como un ruido de muchas aguas, como la voz de Sadday; cuando marchaban, era un ruido atronador, como ruido de batalla; cuando se paraban, replegaban sus alas. Y se produjo un ruido.

Por encima de la bóveda que estaba sobre sus cabezas, había algo como una piedra de zafiro en forma de trono, y sobre esta forma de trono, por encima, en lo más alto, una figura de apariencia humana.

Vi luego como el fulgor del electro, algo como un fuego que formaba una envoltura, todo alrededor, desde lo que parecía ser sus caderas para arriba; y desde lo que parecía ser sus caderas para abajo, vi algo como fuego que producía un resplandor en torno, con el aspecto del arco iris que aparece en las nubes los días de lluvia: tal era el aspecto de este resplandor, todo en torno. Era algo como la forma de la gloria de Yavé. A su vista caí rostro en tierra y oí una voz que hablaba». (Ezequiel)

La visión de Ezequiel (hacia el año 593 antes de Cristo; otros la sitúan en el 560) cerca del río o canal Kebar («*ñaru kabaru*»), en la región de Nippur, es uno de los mejores ejemplos de lo que defiendo en el presente trabajo: una o varias naves se aproximan al profeta y lo hacen tal y como se observa en muchos de los casos OVNI actuales: con un viento huracanado que las precede, con gran luminosidad y con bolas brillantes (posibles sondas) que escoltan a la nave principal. Y en lo alto, una cúpula. Y en su interior, uno o varios tripulantes. La descripción de Ezequiel es minuciosa, ajustándose —claro está— a los conceptos que manejaban hace 2.600 años. Lógicamente, el profeta cae rostro en tierra, aterrorizado. Y toma la presencia de la nave (o las naves) como la gloria de Yavé. ¿Qué otra cosa podía pensar?

Las explicaciones de los exégetas y expertos en la Biblia son de traca. Veamos algunas:

Para E. C. Broome, la visión de Ezequiel no es otra cosa que «esquizofrenia catatónica con una regresión sexual inconsciente, retraimiento esquizofrénico, delirios de grandeza y persecución».

R. H. Pfeiffer califica al profeta como «el primer fanático que aparece en la Biblia, mostrando rasgos de oscura y salvaje ferocidad mental».

Para Thacik, «la visión del carro-trono podría explicarse como una tormenta». En cuanto a las «ruedas —dice— son el símbolo de la movilidad cósmica». También tiene una explicación para las «circunferencias llenas de ojos»: «es la presencia de Dios que todo lo ve».

Y los licenciados, teólogos y escrituristas se quedan tan anchos y felices... Como decía mi abuela, la contrabandista, «donde no hay no se puede sacar».

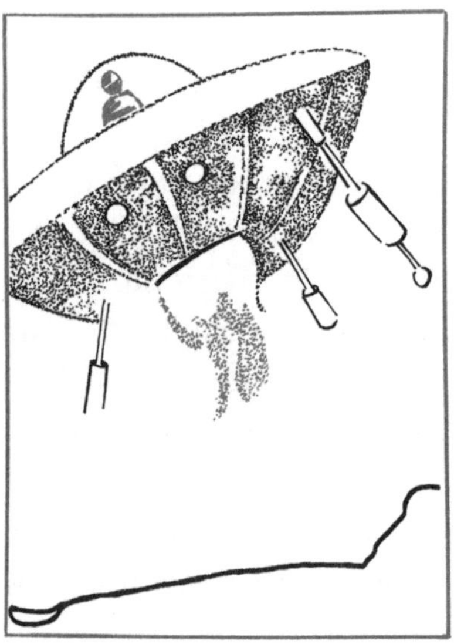

Visión remota: la nave que vio Ezequiel hace 2.600 años a orillas del río Kebar, uno de los afluentes o canales del Éufrates. (Cuaderno de campo de J. J. Benítez.)

Reconstrucción de la nave que vio el profeta Ezequiel, según Josef F. Blumrich, ingeniero de NASA. Ezequiel tuvo tres avistamientos más en el transcurso de 20 años. (Archivo: J. J. Benítez.)

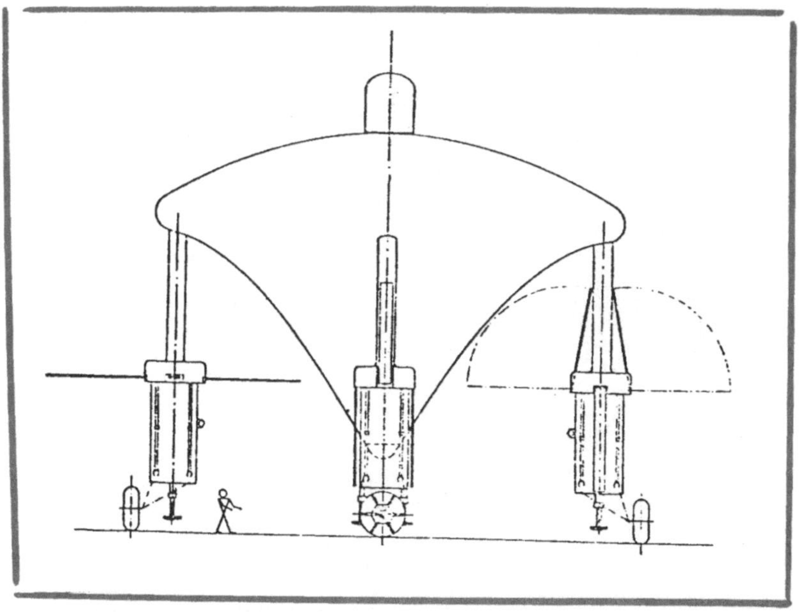

La nave que vio Ezequiel en el primer encuentro (hacia el año 593 a. de C.). (Archivo: J. J. Benítez.)

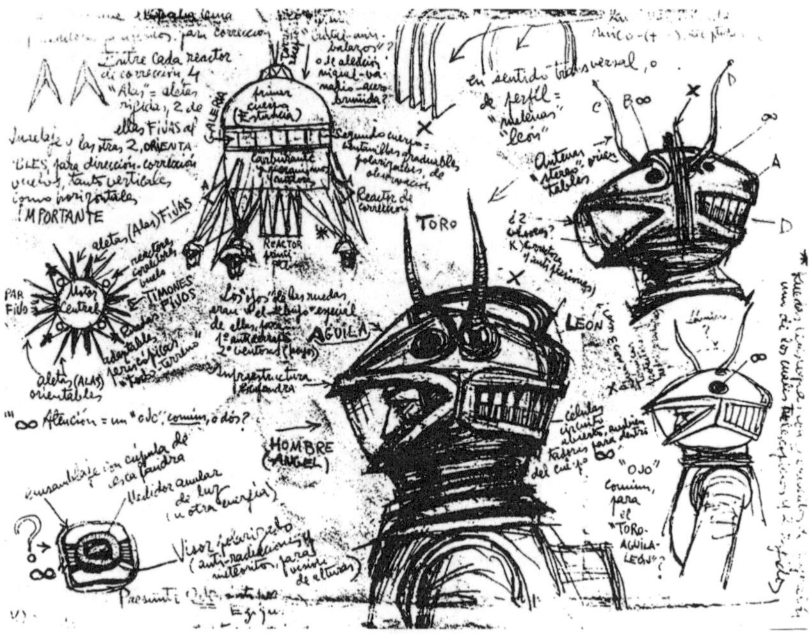

Reconstrucción de los «vivientes» que tripulaban la nave de Ezequiel (según el pintor Fernando Calderón). (Archivo: J. J. Benítez.)

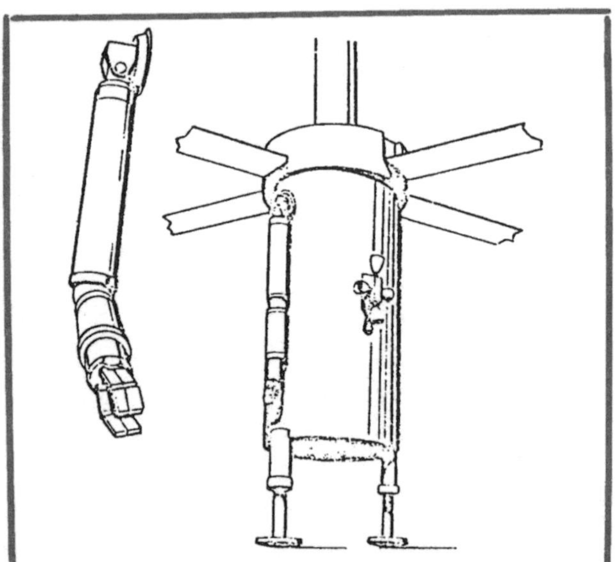

Brazo mecánico de la nave que se presentó ante el profeta Ezequiel (versión de Blumrich). (Archivo: J. J. Benítez.)

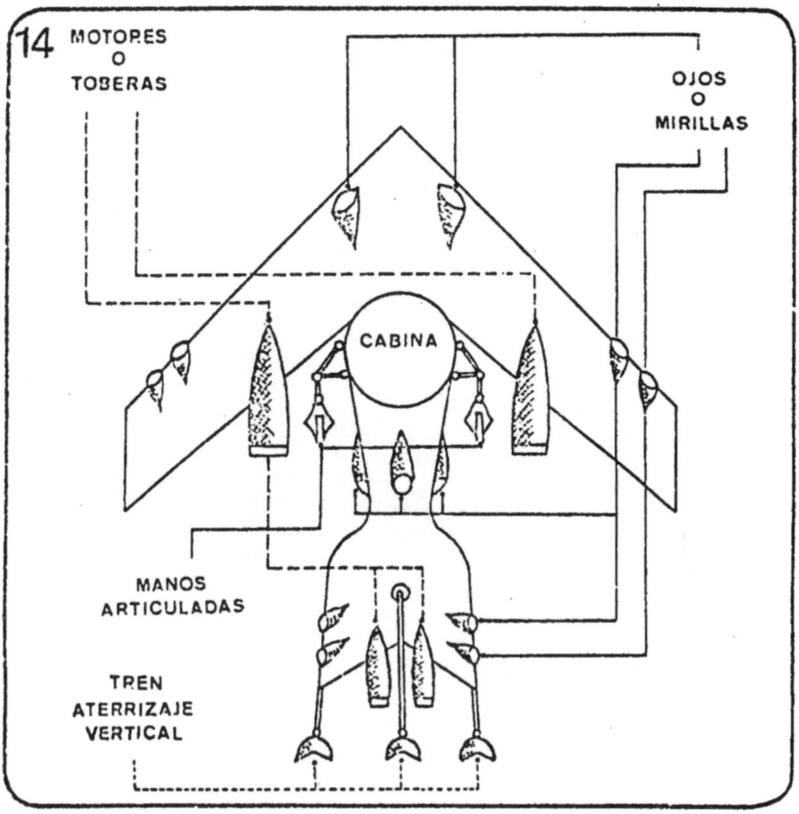

Diseño de la nave que vio Ezequiel, según Blumrich (ingeniero de NASA). (Archivo: J. J. Benítez.)

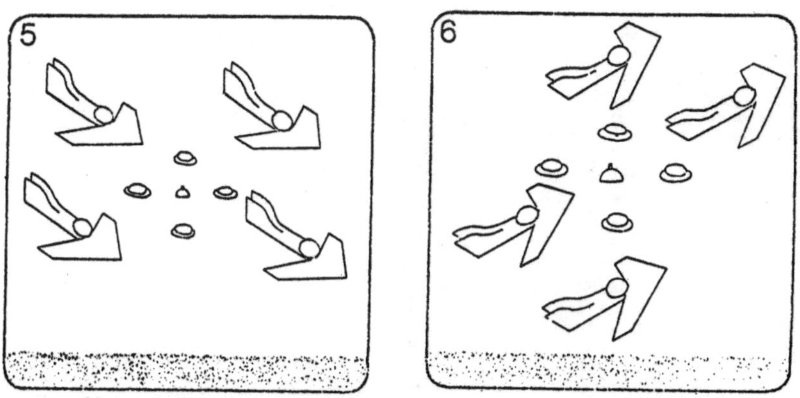

Disposición de los cuatro «vivientes» o tripulantes alrededor de las naves (versión de Blumrich). (Archivo: J. J. Benítez.)

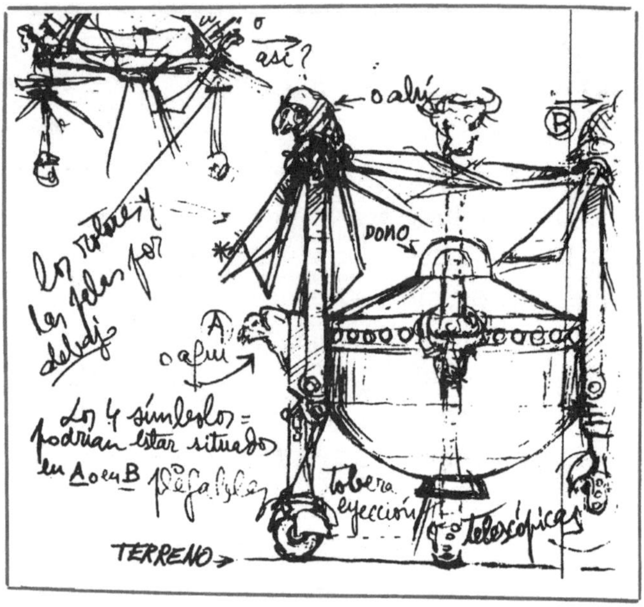

Detalle de la nave que vio Ezequiel a orillas del río Kebar, en Mesopotamia, hace 2.600 años. El equipo se presentó ante el profeta y le dio una serie de instrucciones. Ezequiel consideró que «aquello» era la gloria de Yavé; es decir, el mismísimo Dios. Dibujo del pintor y muralista cántabro Fernando Calderón. (Archivo: J. J. Benítez.)

Visión remota: un equipo de astronautas controló a los schasu. *(Archivo: J. J. Benítez.)*

EL ROLLO

«Me dijo: "Hijo de hombre, ponte en pie, que voy a hablarte". El espíritu entró en mí como se me había dicho y me hizo tenerme en pie; y oí al que me hablaba. Me dijo: "Hijo de hombre, yo te envío a los israelitas, a la nación de los rebeldes, que se han rebelado contra mí. Ellos y sus padres me han sido contumaces hasta este mismo día. Los hijos tienen la cabeza dura y el corazón empedernido; hacia ellos te envío para decirles: Así dice el Señor Yavé. Y ellos, escuchen o no escuchen, ya que son una casa de rebeldía, sabrán que hay un profeta en medio de ellos. Y tú, hijo de hombre, no les tengas miedo, no tengas miedo de sus palabras si te contradicen y te desprecian y si te ves sentado sobre escorpiones. No tengas miedo de sus palabras, no te asustes de ellos, porque son una casa de rebeldía. Les comunicarás mis palabras, escuchen o no escuchen, porque son una casa de rebeldía.

Y tú, hijo de hombre, escucha lo que voy a decirte, no seas rebelde como esa casa de rebeldía. Abre la boca y come lo que te voy a dar". Yo miré: vi una mano que estaba tendida hacia mí, y tenía dentro un libro enrollado. Lo desenrolló ante mi vista: estaba escrito por el anverso y por el reverso; había escrito: "Lamentaciones, gemidos y ayes".

Y me dijo: "Hijo de hombre, come lo que se te ofrece; come este rollo y ve luego a hablar a la casa de Israel". Yo abrí mi boca y él me hizo comer el rollo, y me dijo: "Hijo de hombre, aliméntate y sáciate de este rollo que yo te doy". Lo comí y fue en mi boca dulce como la miel». (Ezequiel)

Y me pregunto: ¿qué le dieron a comer? ¿Drogaron al profeta para que pudiera hablar con los *schasu*? ¿Corrigieron así alguna anomalía de Ezequiel? ¿O fue todo puro teatro? El asunto del rollo me recordó un caso ocurrido en Wisconsin en 1961. Un granjero llamado Joe Simonton vio descender una nave cerca de su casa. Al aproximarse, los tripulantes le obsequiaron con una torta. «Tenía sabor a miel», aseguró el testigo.

TRANSPORTADO POR EL AIRE

«Entonces el espíritu me levantó y oí detrás de mí el ruido de una gran trepidación: "Bendita sea la gloria de Yavé, en el lugar donde está", el ruido que hacían las alas de los seres al batir una contra otra, y el ruido de las ruedas junto a ellos, ruido de gran trepidación. Y el espíritu me levantó y me arrebató: yo iba amargado con quemazón de espíritu, mientras la mano de Yavé pesaba fuertemente sobre mí. Llegué donde los deportados de Tel Abib que residían junto al río Kebar —era aquí donde ellos residían—, y permanecí allí siete días, aturdido, en medio de ellos». (Ezequiel)

La descripción de Ezequiel es idéntica a la que recibimos hoy los investigadores de campo en el fenómeno OVNI: los objetos y los ocupantes provocan ruido («gran trepidación») y el testigo es arrebatado por la nave o por los tripulantes y trasladado hasta el objeto. Y Ezequiel describe su miedo «como una quemazón de espíritu». Y así fue trasportado hasta las proximidades del río Kebar (donde ya tuvo el primer encuentro con una o varias de estas naves). ¿Qué le ocurrió al profeta en el interior de la nave? ¿Por qué estuvo siete días «aturdido»?

Visión remota: una nave trasladó a Ezequiel hasta el río Kebar. (Cuaderno de campo de J. J. Benítez.)

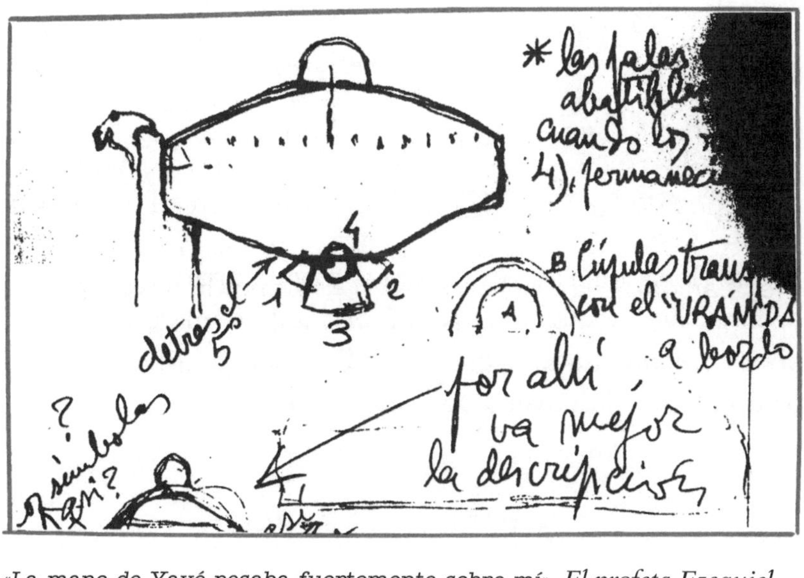

«La mano de Yavé pesaba fuertemente sobre mí». *El profeta Ezequiel confundió una nave con Dios. Dibujo de Fernando Calderón. (Archivo: J. J. Benítez.)*

LA NAVE PARADA

«Allí fue sobre mí la mano de Yavé; me dijo: "Levántate, sal a la vega, y allí te hablaré". Me levanté y salí a la vega, y he aquí que la gloria de Yavé estaba parada allí, semejante a la gloria que yo había visto junto al río Kebar, y caí rostro en tierra». (Ezequiel)

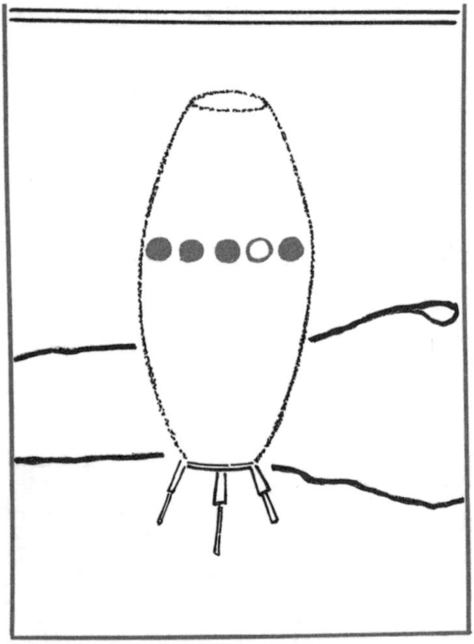

Visión remota: una nave se detuvo frente al profeta Ezequiel. Y era similar a las que vio frente al río Kebar. Aterrorizado, Ezequiel cae rostro en tierra. Normal... Estamos hablando de hace 2.600 años. (Cuaderno de campo de J. J. Benítez.)

La gloria de Yavé (una de las naves) apareció frente al profeta. No se sabe si estaba aterrizada o en el aire. Tampoco se explica qué le ocurrió a Ezequiel. ¿Volvieron a introducirlo en la nave? ¿Con qué objetivo?

«HOMBRE» DE FUEGO

«El año sexto, el día cinco del sexto mes, estaba yo (Ezequiel) sentado en mi casa y los ancianos de Judá sentados ante mí, cuando se posó allí sobre mí la mano del Señor Yavé.

Miré: había allí una forma con aspecto de hombre. Desde lo que parecían ser sus caderas para abajo era de fuego, y desde sus caderas para arriba era algo como un resplandor, como el fulgor del electro. Alargó una especie de mano y me agarró por un mechón de mi cabeza; el espíritu me elevó entre el cielo y la tierra y me llevó a Jerusalén, en visiones divinas, a la entrada del pórtico interior que mira al norte, allí donde se alza el ídolo de los celos, que provoca los celos. Y he aquí que la gloria del Dios de Israel estaba allí; tenía el aspecto de lo que yo había visto en la vega». (Ezequiel)

El «hombre» al que hace referencia Ezequiel podría haber sido un astronauta o bien un robot. En mis investigaciones he podido constatar cientos de casos en los que, al parecer, los tripulantes utilizan esta clase de máquinas. Y el profeta termina siendo arrebatado de nuevo y trasladado a la ciudad de Jerusalén; concretamente sobre el Templo. Allí observa otra nave, semejante a la que había visto con anterioridad (en la vega). Y el equipo se dispone a revelarle algo...

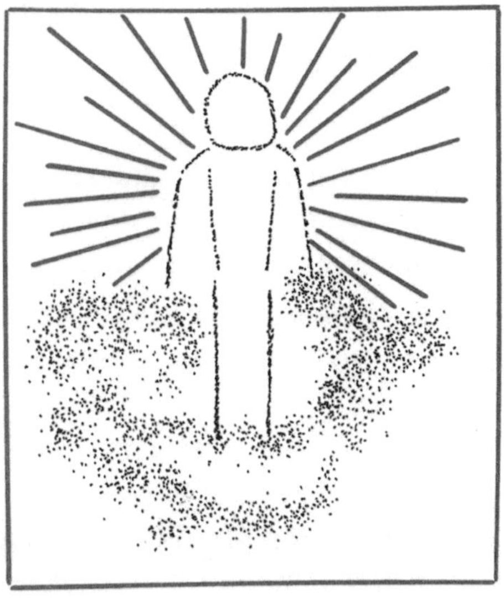

¿Fue un robot lo que se presentó ante Ezequiel y lo que lo elevó hasta la nave? (Cuaderno de campo de J. J. Benítez.)

«Me llevó a la entrada del atrio. Yo (Ezequiel) miré: había un agujero en la pared. Y me dijo: "Hijo de hombre, perfora la pared". Perforé la pared y se hizo una abertura. Y me dijo: "Entra y contempla las execrables abominaciones que estos cometen ahí". Entré y observé: toda clase de representaciones de reptiles y animales repugnantes, y todas las basuras de la casa de Israel estaban grabados en la pared, todo alrededor. Y setenta hombres, de los ancianos de la casa de Israel —uno de ellos era Yazanías, hijo de Safán—, estaban de pie delante de ellos cada uno con su incensario en la mano. Y el perfume de la nube de incienso subía. Me dijo entonces: "¿Has visto, hijo de hombre, lo que hacen en la oscuridad los ancianos de la casa de Israel, cada uno en su estancia adornada de pinturas? Están diciendo: 'Yavé no nos ve. Yavé ha abandonado esta tierra'". Y me dijo: "Todavía les verás cometer otras grandes abominaciones".

Me llevó a la entrada del pórtico de la Casa de Yavé que mira al norte, y vi que allí estaban sentadas las mujeres, plañiendo a Tammuz. Me dijo: "¿Has visto, hijo de hombre? Todavía verás abominaciones mayores que estas".

Me condujo luego al atrio interior de la Casa de Yavé. Y he aquí que a la entrada del santuario de Yavé, entre el vestíbulo y el altar, había unos veinticinco hombres que, vuelta la espalda al santuario de Yavé y la cara a oriente, se postraban en dirección a oriente hacia el sol. Y me dijo: "¿Has visto, hijo de hombre? ¿Aún no le bastan a la casa de Judá las abominaciones que cometen aquí, para que llenen también la tierra de violencia y vuelvan a irritarme? Mira cómo se llevan el ramo a la nariz. Pues yo también he de obrar con furor: no tendré una mirada de piedad, no perdonaré. Con voz fuerte gritarán a mis oídos, pero yo no les escucharé".

Entonces gritó a mis oídos con voz fuerte: "¡Se acercan los castigos de la ciudad, cada uno con su azote en la mano!". Y en esto vinieron, de la dirección del pórtico superior que mira al norte, seis hombres, cada cual con su azote en la mano. En medio de ellos había un hombre vestido de lino con una cartera de escriba en la cintura. Entraron y se detuvieron ante el altar de bronce. La gloria del Dios de Israel se levantó de sobre los querubines sobre los cuales estaba, hacia el umbral de la Casa. Llamó entonces al hombre vestido de lino que tenía la cartera de escriba a la cintura; y Yavé le dijo: "Pasa por la ciudad, por Jerusalén, y marca una cruz en la frente de los hombres que gimen y lloran por todas las abominaciones que se cometen en medio de ella". Y a los otros oí que les dijo: "Recorred la ciudad detrás de él y herid. No tengáis una mirada de piedad, no perdonéis; a viejos, jóvenes, doncellas, niños y mujeres matadlos hasta que no quede uno. Pero al que lleve la cruz en la frente, no le toquéis. Empezad a partir de mi santuario". Empezaron, pues, por los ancianos que estaban delante de la Casa. Luego les dijo: "Manchad la Casa, llenad de víctimas los atrios; salid". Salieron y fueron hiriendo por la ciudad.

Mientras ellos herían, yo quedé solo allí y caí rostro en tierra. Exclamé: "¡Ah, Señor Yavé!, ¿vas a exterminar a todo el resto de Israel, derramando tu furor contra Jerusalén?" Me dijo: "La culpa de la casa de Israel y de Judá es muy grande, mucho; la tierra está llena de sangre, la ciudad llena de perversidad"». (Ezequiel)

Al pobre Ezequiel lo pasean por encima del Templo y le muestran lo que hacen los sacerdotes (en secreto). ¿Se trataba de hologramas, una vez más, o fue una escenificación teatral? Por cierto, si el hecho fue real, ¿cómo perforó el profeta la pared del Templo? Los muros tenían espesores superiores a dos y tres metros...

Y, de nuevo, la crueldad del equipo (de Yavé). Insisto: si lo narrado por Ezequiel es verdad, las víctimas en la ciudad pudieron contarse por miles (Jerusalén, en aquel tiempo, superaba los diez mil habitantes). Un verdadero Dios no se comporta de forma sanguinaria...

Y la «gloria de Yavé» (una de las naves) se elevó (permanecía sobre los querubines) y se dirigió hacia el umbral del Templo. No es de extrañar que los exégetas califiquen al profeta de esquizofrénico...

LAS RUEDAS

«Miré y vi que sobre el firmamento que estaba sobre la cabeza de los querubines aparecía, semejante a la piedra de zafiro, algo como una forma de trono, por encima de ellos. Y dijo al hombre vestido de lino: "Métete entre las ruedas, debajo de los querubines, toma a manos llenas brasas ardientes de entre los querubines y espárcelas por la ciudad". Y él entró, ante mis ojos.

Los querubines estaban parados a la derecha de la Casa cuando el hombre entró, y la nube llenaba el atrio interior. La gloria de Yavé se elevó de encima de los querubines hacia el umbral de la Casa y la Casa se llenó de la nube, mientras el atrio estaba lleno de resplandor de la gloria de Yavé. Y el ruido de las alas de los querubines llegaba hasta el atrio exterior, semejante a la voz del Dios Sadday cuando habla.

Cuando dio esta orden al hombre vestido de lino: "Toma fuego de en medio de las ruedas, de entre los querubines", el hombre fue y se detuvo junto a la rueda; el querubín alargó su mano de entre los querubines hacia el fuego que había en medio de los querubines, lo tomó y lo puso en las manos del hombre vestido de lino. Este lo tomó y salió. Entonces apareció en los querubines una especie de mano humana debajo de sus alas. Miré: había cuatro ruedas al lado de los querubines, cada rueda junto a cada querubín, y el aspecto de las ruedas era como el destello del crisólito. Las cuatro parecían tener la misma forma, como si una rueda estuviese dentro de la otra. En su marcha, avanzaban en las cuatro direcciones; no se volvían en su marcha; seguían, en efecto, la dirección del lado adonde miraba la cabeza, y no se volvían en su marcha. Y todo su cuerpo, su espalda, sus manos y sus alas, así como las ruedas, estaban llenas de destellos todo alrededor; sus ruedas, las de los cuatro. Oí que a las ruedas se les daba el nombre de "galgal". Y cada uno tenía cuatro caras: la primera era la cara del querubín, la segunda una cara de hombre, la tercera una cara de león y la cuarta una cara de águila. Los querubines se levantaron: era el ser que yo había visto sobre el río Kebar. Cuando los querubines avanzaban, avanzaban las ruedas a su lado; cuando los querubines desplegaban sus alas para elevarse del suelo, las ruedas no se volvían tampoco de su lado. Cuando ellos se paraban, se paraban ellas, y cuando ellos se elevaban, se elevaban con ellos las ruedas, porque el espíritu del ser estaba con ellas.

La gloria de Yavé salió de sobre el umbral de la Casa y se posó sobre los querubines. Los querubines desplegaron sus alas y se elevaron del suelo ante mis ojos, al salir, y las ruedas con ellos. Y se detuvieron a la entrada del pórtico oriental de la Casa de Yavé; la gloria del Dios de Israel estaba encima de ellos. Era el ser que yo había visto debajo del Dios de Israel en el río Kebar; y supe que eran querubines. Cada uno tenía cuatro caras y cuatro alas, y bajo sus alas formas de manos humanas». (Ezequiel)

El profeta Ezequiel lleva a cabo otras descripciones de naves y tripulantes: seres que se mueven junto a ruedas (posibles sondas) y una nave mayor controlando al resto del equipo («una forma de trono por encima de ellos»): una nave o «trono» de color azul. Y una de las naves («la gloria de Yavé») se sitúa sobre el Templo y lo llena de humo y de luz. Típico. Y todo ello en mitad de un ruido «semejante a la voz de Dios». Seres y naves lanzaban «toda suerte de destellos». Y las pequeñas ruedas eran llamadas «galgal» (rueda en arameo). Fue un encuentro parecido al vivido por Ezequiel en el río o canal llamado Kebar.

LA NAVE SE ALEJA

«Los querubines desplegaron sus alas y las ruedas les siguieron, mientras la gloria del Dios de Israel estaba encima de ellos. La gloria de Yavé se elevó de en medio de la ciudad y se detuvo sobre el monte que está al oriente de la ciudad.

El espíritu me elevó y me llevó a Caldea, donde los desterrados, en visión, en el espíritu de Dios; y la visión que había contemplado se retiró de mí. Yo conté a los desterrados todo lo que Yavé me había dado ver». (Ezequiel)

Ezequiel es arrebatado de nuevo y trasladado a Caldea.

Visión remota: los querubines (posibles tripulantes) se trasladan junto a las «galgal» (ruedas). En lo alto, «la gloria de Yavé» (nave principal). (Cuaderno de campo de J. J. Benítez.)

Para los exégetas —caso de Colunga (ver «La vocación del profeta Ezequiel»: *Estudios Bíblicos*. Consejo Superior de Investigaciones Científicas, 1941)—, estas descripciones de Ezequiel son la manifestación de «un Dios que no conviene definir». Respecto a las «ruedas», el inefable Colunga asegura: «La majestad de Dios exigía que las "gilgal" que sostienen su trono no fueran de materia ordinaria». Genial...

EL EJÉRCITO ZOMBI

«La mano de Yavé fue sobre mí y, por su espíritu, Yavé me sacó y me puso en medio de la vega, la cual estaba llena de huesos. Me hizo pasar por entre ellos en todas las direcciones. Los huesos eran muy numerosos por el suelo de la vega, y estaban completamente secos. Me dijo: "Hijo de hombre, ¿podrán vivir estos huesos?". Yo dije: "Señor Yavé, tú lo sabes". Entonces me dijo: "Profetiza sobre estos huesos. Les dirás: Huesos secos, escuchad la palabra de Yavé. Así dice el Señor Yavé a estos huesos: He aquí que yo voy a hacer entrar el espíritu en vosotros, y viviréis. Os cubriré de nervios, haré crecer sobre vosotros la carne, os cubriré de piel, os infundiré espíritu y viviréis; y sabréis que Yo soy Yavé". Yo profeticé como se me había ordenado, y mientras yo profetizaba se produjo un ruido. Hubo un estremecimiento, y los huesos se juntaron unos con otros. Miré y vi que estaban recubiertos de nervios, la carne salía y la piel se extendía por encima, pero no había espíritu en ellos. Él me dijo: "Profetiza al espíritu, profetiza, hijo de hombre. Dirás al espíritu: Así dice el Señor Yavé: Ven, espíritu, de los cuatro vientos, y sopla sobre estos muertos para que vivan". Yo profeticé como se me había ordenado, y el espíritu entró en ellos: revivieron y se incorporaron sobre sus pies: era un enorme, inmenso ejército». (Ezequiel)

Si Ezequiel cuenta algo que ocurrió realmente, el teatro llevado a cabo por el equipo se supera, una vez más. Y me pregunto: ¿con qué fin?, ¿para impresionar al profeta? Si fue un hecho real, ¿utilizaron de nuevo hologramas?

GOG

«La palabra de Yavé me fue dirigida en estos términos: Hijo de hombre, vuelve tu rostro hacia Gog... Tú subirás, avanzarás como un huracán, como un nubarrón que cubrirá la tierra». (Ezequiel)

Las palabras de Ezequiel sobre Gog me han hecho pensar, y mucho... Ojalá —ambos— estemos en un error. Para aquellos que no lo sepan, Gog es el nombre de un enorme asteroide que, según todos los indicios, impactará con la Tierra en el año 2027. Gog traerá la desolación, la muerte y la oscuridad al mundo.

DE NUEVO EL TEMPLO

«El año veinticinco de nuestra cautividad, al comienzo del año, el día diez del mes, catorce años después de la caída de la ciudad, el mismo día, la mano de Yavé fue sobre mí, y me llevó allá. En visiones divinas, me llevó a la tierra de Israel, y me posó sobre un monte muy alto, en cuya cima parecía que estaba edificada una ciudad, al mediodía. Me llevó allá, y he aquí que había allí un hombre de aspecto semejante al del bronce. Tenía en la mano una cuerda de lino y una vara de medir, y estaba de pie en el pórtico. El hombre me dijo: "Hijo de hombre, mira bien, escucha atentamente y presta atención a todo lo que te voy a mostrar, porque has sido traído aquí para que yo te lo muestre.

Comunica a la casa de Israel todo lo que vas a ver"». (Ezequiel)

A este texto le siguen cuatro páginas en las que el «hombre de bronce» muestra a Ezequiel las características y detalles del nuevo Templo de Jerusalén. El primero, como fue dicho, quedó destruido tras la invasión de Nabucodonosor II, rey de Babilonia. Y, para ello, el profeta es arrebatado de nuevo y trasladado a un lugar en el que ha sido «construido» un Templo. El equipo muestra una serie de edificaciones (posibles hologramas) y Ezequiel toma buena nota. Como se recordará, Yavé ya había proporcionado los planos del Templo al rey David (año mil antes de Cristo) y este pasó el encargo de su construcción a su hijo Salomón. El diseño me recordó otro templo: el levantado por Akhenatón (según el proyecto del equipo de astronautas que se lo facilitó).

Y prosigue el libro de Ezequiel:

«Me condujo luego hacia el pórtico, el pórtico que miraba a oriente, y he aquí que la gloria del Dios de Israel llegaba de la parte de oriente, con un ruido como el ruido de muchas aguas, y la tierra resplandecía de su gloria. Esta visión era como la que yo había visto cuando vine para la destrucción de la ciudad, y también como la que había visto junto al río Kebar. Entonces caí rostro en tierra.

La gloria de Yavé entró en la Casa (en el Templo) por el pórtico que mira a oriente... «Y tú, hijo de hombre, describe este templo a la casa de Israel, para que queden avergonzados de sus culpas y tomen nota de su plano... Pon todo esto por escrito ante sus ojos».

La «gloria del Dios de Israel» (la nave) llegó al Templo en mitad de un gran ruido e iluminando la zona con formidable potencia. Insisto: estamos hablando de algo registrado hace 2.600 años. Ezequiel solo podía asociarlo a la gloria de Yavé.

PENETRAN EN LOS SUEÑOS

«El año tercero del reinado de Yoyaquim, rey de Judá, Nabucodonosor, rey de Babilonia, vino a Jerusalén y la sitió. El Señor entregó en sus manos a Yoyaquim, rey de Judá, así como parte de los objetos de la Casa de Dios. Él (Nabucodonosor) los llevó al país de Senaar (Babilonia) y depositó los objetos en la casa del tesoro de sus dioses.

El rey (Nabucodonosor) mandó a Ašpenaz, jefe de sus eunucos, tomar de entre los israelitas de estirpe real o de familia noble, algunos jóvenes, sin defecto corporal, de buen parecer, instruidos en toda sabiduría, cultos e inteligentes, idóneos para servir en la corte del rey, con el fin de enseñarles la escritura y la lengua de los caldeos. El rey les asignó una ración diaria de los manjares del rey y del vino de su mesa. Deberían ser educados durante tres años, después de lo cual entrarían al servicio del rey. Entre ellos se encontraban Daniel, Ananías, Misael y Azarías, que eran judíos. El jefe de los eunucos les puso nombres nuevos. Daniel se llamaría Beltšassar, Ananías Šadrak, Misael Mešak y Azarías Abed Negó... Particularmente Daniel poseía el discernimiento de visiones y sueños. Al cabo del tiempo establecido por el rey para que le fueran presentados los jóvenes, el jefe de los eunucos los llevó ante Nabucodonosor. El rey conversó con ellos, y entre todos no se encontró ninguno como Daniel, Ananías, Misael y Azarías. Quedaron, pues, al servicio del rey...

El año segundo del reinado de Nabucodonosor, Nabucodonosor tuvo sueños, y su espíritu se turbó hasta el punto de no poder dormir. El rey mandó llamar a los magos y adivinos, encantadores y caldeos para que manifestaran al rey sus sueños. Vinieron ellos y se presentaron al rey. El rey les dijo: "He tenido un sueño y mi espíritu se ha turbado por el deseo de comprender este sueño". Los caldeos respondieron al rey:

"¡Viva el rey eternamente! Cuenta el sueño a tus siervos, y nosotros te daremos su interpretación". Respondió el rey y dijo a los caldeos: "Tened bien presente mi decisión: si no me dais a conocer el sueño y su interpretación, seréis cortados en pedazos y vuestras casas serán reducidas a escombros. Pero si me dais a conocer el sueño y su interpretación, recibiréis de mí regalos, obsequios y grandes honores. Así pues, dadme a conocer el sueño y su interpretación". Respondieron ellos por segunda vez: "Cuente el rey el sueño a sus siervos, que nosotros le daremos su interpretación". Pero el rey replicó: "Bien veo que lo que queréis vosotros es ganar tiempo, sabiendo que mi decisión está tomada. Si no me dais a conocer el sueño, una misma será vuestra sentencia...". Los caldeos respondieron ante el rey: "No hay nadie en el mundo capaz de descubrir lo que quiere el rey...". Entonces el rey se enfureció terriblemente y mandó matar a todos los sabios de Babilonia. Promulgado el decreto de matar a los sabios, se buscó también a Daniel y a sus compañeros para matarlos.

Pero Daniel se dirigió con palabras sabias y prudentes a Aryok, jefe de la guardia real, que se disponía a matar a los sabios de Babilonia. Tomó la palabra y dijo a Aryok, oficial del rey: "¿Por qué ha dado el rey un decreto tan tajante?". Aryok explicó la cosa a Daniel, y Daniel se fue a pedir al rey que se le concediese un plazo para declarar al rey la interpretación. Y el misterio le fue revelado a Daniel en una visión nocturna... Después Daniel se fue donde Aryok... Entró y le dijo: "No mates a los sabios de Babilonia. Llévame a la presencia del rey y yo declararé al rey la interpretación". Aryok se apresuró a introducir a Daniel ante el rey y le dijo: "He encontrado entre los deportados de Judá un hombre que puede dar a conocer al rey la interpretación". Tomó el rey la palabra y dijo a Daniel (por sobrenombre Beltšassar): "¿Eres tú capaz de darme a conocer el sueño que he tenido y su interpretación?". Daniel tomó la palabra en presencia del rey y dijo: "El misterio que el rey quiere saber, no hay sabios, adivinos, magos ni astrólogos que lo puedan revelar al rey; pero hay un Dios en el cielo, que revela los misterios y que ha dado a conocer al rey Nabucodonosor lo que sucederá al fin de los días. Tu sueño y las visiones de tu cabeza cuando estabas en tu lecho eran estos:

Oh rey, los pensamientos que agitaban tu mente en el lecho se referían a lo que ha de suceder en el futuro, y el que revela los misterios te ha dado a conocer lo que sucederá…

Tú, oh rey, has tenido esta visión: una estatua, una enorme estatua, de extraordinario brillo, de aspecto terrible, se levantaba ante ti. La cabeza de esta estatua era de oro puro, su pecho y sus brazos de plata, su vientre y sus lomos de bronce, sus piernas de hierro, sus pies parte de hierro y parte de arcilla. Tú estabas mirando, cuando de pronto una piedra se desprendió, sin intervención de mano alguna, vino a dar a la estatua en sus pies de hierro y arcilla, y los pulverizó. Entonces quedó pulverizado todo a la vez: hierro, arcilla, bronce, plata y oro: quedaron como el tamo (polvo) de la era en verano, y el viento se lo llevó sin dejar rastro. Y la piedra que había golpeado la estatua se convirtió en un gran monte que llenó toda la tierra. Tal fue el sueño; ahora diremos ante el rey su interpretación. Tú, oh rey, rey de reyes, a quien el Dios del cielo ha dado reino, fuerza, poder y gloria… tú eres la cabeza de oro. Después de ti surgirá otro reino, inferior a ti, y luego un tercer reino, de bronce, que dominará la tierra entera. Y habrá un cuarto reino, duro como el hierro, como el hierro que todo lo pulveriza y machaca; como el hierro que aplasta, así él pulverizará y aplastará a todos los otros…".

Entonces el rey Nabucodonosor cayó rostro en tierra, se postró ante Daniel, y ordenó que se le ofreciera oblación y calmante aroma... Y el rey confirió a Daniel un alto rango y le dio muchos y magníficos regalos. Le hizo gobernador de toda la provincia de Babilonia y jefe supremo de todos los sabios de Babilonia». (Daniel)

El suceso narrado en el libro de Daniel me recordó el caso vivido por el coronel Domingo César Sánchez Romero, en le región de Puerto Ordaz (Venezuela), en el verano de 1976, ya mencionado en páginas anteriores. Tras ver una nave, Domingo se aproximó al lugar del aterrizaje y tomó una sustancia negra, parecida al betún, que se hallaba depositada en el suelo. La metió en el auto y se dirigió a su casa. Esa noche, una de las hijas del coronel tuvo un extraño sueño («visión nocturna»): unos seres parecidos a niños entraron en su habitación y le dijeron: «Dile a tu papá que deje la piedra donde la encontró... Si no lo hace le dará cáncer».[1] Y la pequeña se lo comunicó al coronel. Este, desconcertado (no había dicho nada a nadie), regresó al campo y se deshizo de la sustancia negra.

No cabe duda: la visión nocturna que tuvo Daniel (probablemente un sueño) fue provocada por el equipo. Y sigo preguntándome: ¿qué clase de tecnología puede penetrar en los sueños?

EL HORNO

«El rey Nabucodonosor hizo una estatua de oro, de sesenta codos de alta (treinta metros) por seis de ancha, y la erigió en el llano de Dura, en la provincia de Babilonia. El rey

[1] Amplia información sobre el caso del coronel Sánchez Romero en *Mis primos* (2021). *(N. del a.)*

Nabucodonosor mandó a los sátrapas, prefectos, gobernadores, consejeros, tesoreros, juristas y jueces y a todas las autoridades provinciales, que se reunieran y asistieran a la dedicación de la estatua erigida por el rey Nabucodonosor. Se reunieron, pues, los sátrapas, prefectos, gobernadores, consejeros, tesoreros, juristas y jueces y todas las autoridades provinciales para la dedicación de la estatua erigida por el rey Nabucodonosor; todos estaban en pie ante la estatua erigida por el rey Nabucodonosor. El heraldo pregonó con fuerza: "A vosotros, pueblos, naciones y lenguas, se os hace saber: En el momento en que oigáis el cuerno, el pífano, la cítara, la sambuca, el salterio, la zampoña y toda clase de música, os postraréis y adoraréis la estatua de oro que ha erigido el rey Nabucodonosor. Aquel que no se postre y la adore, será inmediatamente arrojado al horno de fuego ardiente". Con tal motivo, en cuanto se oyó sonar el cuerno, el pífano, la cítara, la sambuca, el salterio, la zampoña y toda clase de música, todos los pueblos, naciones y lenguas se postraron y adoraron la estatua de oro que había erigido el rey Nabucodonosor.

Sin embargo, algunos caldeos se presentaron a denunciar a los judíos... Tomaron la palabra y dijeron al rey Nabucodonosor: "Hay algunos judíos a quienes has encargado la administración de la provincia de Babilonia: Šadrak, Mešak y Abed Negó, que no te hacen caso, oh rey; no sirven a tu dios, ni adoran la estatua de oro que has erigido". Ebrio de cólera, Nabucodonosor mandó llamar a Šadrak, Mešak y Abed Negó... Y les dijo: "Si no adoráis la estatua de oro, seréis inmediatamente arrojados en el horno de fuego ardiente...". Ellos se negaron y el rey, lleno de cólera, dio orden de que se encendiese el horno siete veces más de lo corriente, y mandó a los hombres más fuertes de su ejército que ataran a Šadrak, Mešak y Abed Negó y los arrojaran al horno de fuego ardiente... Como la orden del rey era perentoria y el horno estaba excesivamente encendido, la llamarada mató a los hombres que habían llevado allá a Šadrak, Mešak y Abed Negó. Y los tres hombres, Šadrak, Mešak y Abed Negó, cayeron atados, en medio del horno de fuego ardiente.

Iban ellos por entre las llamas alabando a Dios... Los siervos del rey que los habían arrojado al horno no cesaban de atizar el fuego con nafta, pez, estopa y sarmientos, tanto que la llama se elevaba por encima del horno hasta cuarenta y nueve codos (unos 25 metros) y al extenderse abrasó a los caldeos que encontró alrededor del horno. Pero el ángel del Señor bajó al horno junto a Azarías y sus compañeros, empujó fuera del horno la llama de fuego, y les sopló, en medio del horno, como un frescor de brisa y rocío, de suerte que el fuego no los tocó siquiera ni les causó dolor ni molesta...

Entonces el rey Nabucodonosor, estupefacto, se levantó a toda prisa y preguntó a sus consejeros: "¿No hemos echado nosotros al fuego a estos tres hombres atados?". Respondieron ellos: "Indudablemente, oh rey". Dijo el rey: "Pero yo estoy viendo cuatro hombres que se pasean libremente por el fuego sin sufrir daño alguno y el cuarto tiene el aspecto de un hijo de los dioses". Y Nabucodonosor se acercó a la boca del horno de fuego ardiente y dijo: "Šadrak, Mešak y Abed Negó, servidores del Dios Altísimo, salid y venid aquí". Entonces Šadrak, Mešak y Abed Negó salieron de en medio del fuego. Los sátrapas, prefectos, gobernadores y consejeros del rey se reunieron para ver a estos hombres: el fuego no había tenido ningún poder sobre su cuerpo, los cabellos de su cabeza no estaban chamuscados, sus mantos no se habían alterado, y ni el olor del fuego se les había pegado... Y Nabucodonosor promulgó el siguiente edicto: "Pueblos, naciones y lenguas, todo aquel que hable ligeramente del Dios de Šadrak, Mešak y Abed Negó, será cortado en pedazos y su casa será reducida a escombros, porque no hay otro dios que pueda salvar de este modo". Y el rey hizo prosperar a Šadrak, Mešak y Abed Negó en la provincia de Babilonia». (Daniel)

¿A qué se refería Nabucodonosor cuando dice que el ángel tenía el aspecto de un hijo de los dioses? Obviamente, los babilonios habían visto las naves y a los astronautas que integraban el equipo. Por más que lo he intentado, no me hago a la idea de cómo protegieron a los tres condenados. ¿Utilizaron campanas gravitatorias?

LA MANO (DEL EQUIPO)

«El rey Baltasar dio un gran festín en honor de sus mil dignatarios, y, en presencia de estos mil, bebió vino. Baltasar mandó traer los vasos de oro y plata que su padre Nabucodonosor se había llevado del Templo de Jerusalén, para que bebieran en ellos el rey, sus dignatarios, sus mujeres y sus concubinas. Se trajeron, pues, los vasos de oro y plata tomados de la Casa de Dios en Jerusalén, y en ellos bebieron el rey, sus dignatarios, sus mujeres y sus concubinas. Bebieron vino y alabaron a sus dioses de oro y plata, de bronce y hierro, de madera y piedra. De pronto aparecieron los dedos de una mano humana que se pusieron a escribir, detrás del candelabro, en la cal de la pared del palacio real, y el rey vio la palma de la mano que escribía. Entonces el rey cambió de color, sus pensamientos le turbaron, las articulaciones de sus caderas se le relajaron y sus rodillas se pusieron a castañetear. Y el rey mandó a buscar a gritos a los adivinos, caldeos y astrólogos. Tomó el rey la palabra y dijo a los sabios de Babilonia: "El que lea este escrito y me dé a conocer su interpretación, será vestido de púrpura, se le pondrá al cuello un collar de oro, y mandará como tercero en el reino". Vinieron, pues, todos los sabios del rey; pero no pudieron leer el escrito ni declarar al rey su interpretación. El rey Baltasar se turbó mucho y su semblante cambió de color; también sus dignatarios quedaron desconcertados. En la sala del festín entró la reina, enterada por las palabras del rey y de sus dignatarios. Y dijo la reina: "¡Viva el rey eternamente! No te turben tus pensamientos ni tu semblante cambie de color. Hay en tu reino un hombre en quien reside el espíritu de los dioses santos. Ya en tiempo de tu padre se halló en él luz, inteligencia y sabiduría semejante a la sabiduría de los dioses, y tu padre, el rey Nabucodonosor, le nombró jefe de los magos, adivinos, caldeos y astrólogos. Por tanto, ya que en este Daniel, a quien el rey puso por sobrenombre Beltšassar, se encontró un espíritu extraordinario, ciencia, inteligencia y arte de interpretar sueños, de descifrar enigmas y de resolver dificultades, sea llamado Daniel y él dará a conocer la interpretación".

Enseguida fue introducido Daniel a la presencia del rey, y el rey dijo a Daniel: "¿Eres tú Daniel, uno de los judíos deportados, que mi padre el rey trajo de Judá? He oído decir que en ti reside el espíritu de los dioses y que hay en ti luz, inteligencia y sabiduría extraordinarias. Han sido introducidos ahora en mi presencia los sabios y adivinos para que leyeran este escrito y me declararan su interpretación, pero han sido incapaces de descubrir su sentido. He oído decir que tú puedes dar interpretaciones y resolver dificultades. Si, pues, logras leer este escrito y declararme su interpretación, serás vestido de púrpura, llevarás al cuello un collar de oro, y mandarás como tercero en el reino".

Daniel tomó la palabra y dijo delante del rey: "Quédate con tus regalos y da tus obsequios a otro, que yo leeré al rey igualmente este escrito y le daré a conocer su interpretación. Oh rey, el Dios Altísimo dio a tu padre Nabucodonosor reino, grandeza, gloria y majestad. Y por esta grandeza que le dio, todos los pueblos, naciones y lenguas temblaban de miedo en su presencia; mataba él a quien quería, dejaba vivir a quien quería, exaltaba a quien quería y a quien quería humillaba. Pero habiéndose engreído su corazón y obstinado su espíritu hasta la arrogancia, fue depuesto de su trono real, y se le quitó su gloria... Pero tú, Baltasar, hijo suyo, no has humillado tu corazón, a pesar de que sabías todo esto; te has engreído contra el Señor del Cielo, se han traído a tu presencia los vasos de su Casa, y tú, tus dignatarios, las mujeres y tus concubinas, habéis bebido vino en ellos. Habéis celebrado a los dioses de plata y oro, de bronce y hierro, de madera y piedra, que no ven ni oyen ni entienden, pero no has glorificado al Dios que tiene en sus manos tu propio aliento y de quien dependen todos tus caminos. Por eso ha enviado él esa mano que trazó este escrito. La escritura trazada es: Mené, Mené, Teqel y Parsín. Y esta es la interpretación de las palabras: Mené: Dios ha medido tu reino y le ha puesto fin; Teqel: has sido pesado en la balanza y encontrado falto de peso; Parsín: tu reino ha sido dividido y entregado a los medos y los persas".

Entonces Baltasar mandó revestir de púrpura a Daniel, ponerle un collar de oro al cuello y proclamar que mandaba como tercero en el reino.

Aquella noche fue asesinado Baltasar, el rey de los caldeos». (Daniel)

De nuevo los hologramas... La misteriosa mano en el aire, escribiendo en la pared, así parece demostrarlo. Lástima no tener más detalles sobre la referida mano. El holograma, en mi opinión, fue creado por el equipo para que Daniel pudiera profetizar. Y así fue. Algunos especialistas en el Antiguo Testamento consideran que el tal Baltasar («Bel-šar-usur») no fue hijo de Nabucodonosor, sino de Nabonid (que no llevó el título de rey). Sea como fuere, lo cierto es que Daniel acertó en la traducción de las palabras escritas en la cal de la pared: «*mn', tql* y *prs*», que pueden leerse como «*m*^{e}*né', t*^{e}*qal* y *p*^{e}*res*». Daniel «interpretó» la escritura leyendo las tres palabras como verbos: «él ha contado», «él ha pesado» y «él ha dividido». En otras palabras,

Yavé (el equipo de astronautas) sigue haciendo teatro y, de paso, impresionando a la parroquia.

Pero al pobre Daniel le aguardaban nuevas y asombrosas aventuras...

LOS LEONES

«Plugo a Darío establecer en su reino ciento veinte sátrapas que estuvieran por todo el reino, bajo el mando de tres ministros —Daniel era uno de ellos—, a los que los sátrapas deberían rendir cuentas, con el fin de impedir que el rey recibiera daño alguno. Este mismo Daniel se distinguía entre los ministros y los sátrapas, porque había en él un espíritu extraordinario, y el rey se proponía ponerle al frente del reino entero. Por ello los ministros y los sátrapas se pusieron a buscar un motivo de acusación contra Daniel en algún asunto de Estado; pero no pudieron encontrar ningún motivo de acusación ni falta alguna, porque él era fiel y no se le podía reprochar de negligencia ni falta. Entonces se dijeron aquellos hombres: "No encontraremos ningún motivo de acusación contra este Daniel si no es en materia de la ley de su Dios". Los ministros y sátrapas acudieron, pues, atropelladamente ante el rey y le hablaron así: "¡Viva eternamente el rey Darío! Todos los ministros del reino, prefectos, sátrapas, consejeros y gobernadores, aconsejan unánimemente que se promulgue un edicto real para poner en vigor la prohibición siguiente: Todo aquel que en el término de treinta días dirija una oración a quienquiera que sea, dios u hombre, fuera de ti, oh rey, será arrojado al foso de los leones. Ahora, pues, oh rey, da fuerza de ley a esta prohibición firmando el edicto, de suerte que no se cambie nada, con arreglo a la ley de los medos y persas, que es irrevocable". Ante esto, el rey Darío firmó el edicto de prohibición.

Al saber que había sido firmado el edicto, Daniel entró en su casa. Las ventanas de su cuarto superior estaban orientadas hacia Jerusalén y tres veces al día se ponía él de rodillas, para orar y dar gracias a su Dios; así lo había hecho siempre. Aquellos hombres vinieron atropelladamente y sorprendieron a Daniel invocando y suplicando a su Dios. Entonces se presentaron ante el rey y le dijeron acerca de la prohibición real: "¿No has firmado tú una prohibición según la cual todo el que dirigiera, en el término de treinta días, una oración a quienquiera que fuese, dios u hombre, fuera de ti, oh rey, sería arrojado al foso de los leones?". Respondió el rey: "La cosa está decidida, según la ley de los medos y los persas, que es irrevocable". Entonces ellos dijeron en presencia del rey: "Daniel, ese deportado de Judá, no hace caso de ti, oh rey, ni de la prohibición que tú has firmado: tres veces al día hace su oración". Al oír estas palabras, el rey se afligió mucho y se propuso salvar a Daniel; hasta la puesta de sol estuvo buscando el modo de librarle. Pero aquellos hombres volvieron atropelladamente ante el rey le dijeron: "Ya sabes, oh rey, que según la ley de los medos y los persas ninguna prohibición o edicto dado por el rey puede ser modificado".

Entonces el rey dio orden de traer a Daniel y de arrojarle al foso de los leones. El rey dijo a Daniel: "Tu Dios, a quien sirves con perseverancia, te librará". Se trajo una piedra que fue colocada a la entrada del foso, y el rey la selló con su anillo y con el anillo de sus dignatarios, para que no se pudiese cambiar la suerte de Daniel. Después el rey volvió a su palacio y pasó la noche en ayuno; no dejó que le trajeran concubinas y el sueño huyó de él. Al amanecer, al rayar el alba, el rey se levantó y se dirigió a toda prisa al foso de los leones. Acercándose al foso, gritó a Daniel con voz angustiada: "Daniel, servidor del Dios vivo, tu Dios, a quien sirves con perseverancia, ¿has podido librarte de los leones?". Entonces Daniel habló con el rey:

"¡Viva el rey eternamente! Mi Dios ha enviado a su ángel, que ha cerrado la boca de los leones y no me han hecho ningún mal, porque he sido hallado inocente ante Él. Y tampoco ante ti, oh rey, he cometido falta alguna". El rey entonces se alegró mucho y mandó sacar a Daniel del foso. Sacaron a Daniel del foso y no se le encontró herida alguna, porque había confiado en su Dios. Y el rey mandó traer a aquellos hombres que habían acusado a Daniel y echarlos al foso de los leones, a ellos, y a sus hijos y mujeres. Y no habían llegado aún al fondo del foso cuando ya los leones se habían lanzado sobre ellos y les habían triturado todos los huesos». (Daniel)

Imagino que paralizar a los leones por parte de los astronautas no tuvo que ser especialmente difícil... Uno de ellos («Mi Dios ha enviado a su ángel») entró en el foso y mantuvo a raya a las fieras. Por cierto, la decisión del rey Darío —enviando a las mujeres y niños de los sátrapas (gobernadores) al foso de los leones— no me pareció justa.

EL ASTRONAUTA

«El año tercero de Ciro, rey de Persia, una palabra fue revelada a Daniel, por sobrenombre Beltšassar. Palabra verdadera: gran lucha. Él comprendió la palabra; le fue dada en visión su inteligencia.

En aquel tiempo, yo, Daniel, hice penitencia durante tres semanas: no comí alimento sabroso; ni carne ni vino entraron en mi boca, ni me ungí, hasta el término de estas tres semanas. El día veinticuatro del primer mes, estando a orillas del río grande, el Tigris, levanté los ojos para ver. Vi esto:

Un hombre vestido de lino, ceñidos los lomos de oro puro: su cuerpo era como de crisólito, su rostro, como el aspecto del relámpago, sus ojos como antorchas de fuego, sus brazos y sus piernas como el fulgor del bronce bruñido, y el son de sus palabras como el ruido de una multitud.

Solo yo, Daniel, contemplé esta visión: los hombres que estaban conmigo no veían la visión, pero un gran temblor les invadió y huyeron a esconderse. Quedé yo solo contemplando esta gran visión; estaba sin fuerzas; se demudó mi rostro, desfigurado, y quedé totalmente sin fuerzas». (Daniel)

Nueva descripción de otro astronauta. ¿Quizá un holograma? En ufología hay numerosos casos en los que la nave o los tripulantes solo son observados por un único testigo; el resto del grupo no ve nada. Este fue el caso de Daniel (que se encontraba acompañado por otros hombres a orillas del río Tigris).

«NO-MI-PUEBLO»

«Dijo Yavé a Oseas: "Ve, tómate una mujer dada a la prostitución e hijos de prostitución, porque la tierra se está prostituyendo enteramente, apartándose de Yavé".

Fue él y tomó a Gómer, hija de Dibláyim, la cual concibió y le dio a luz un hijo. Yavé le dijo: "Ponle el nombre de Yizreel, porque dentro de poco visitaré yo la casa de Jehú por la sangre derramada en Yizreel, y pondré fin al reinado de la casa de Israel...". Concibió ella de nuevo y dio a luz una hija. Y Yavé dijo a Oseas: "Ponle el nombre de 'No-compadecida', porque yo no me compadeceré más de la casa de Israel, soportándoles todavía...". Después de destetar a "No-compadecida", concibió otra vez y dio a luz un hijo. Y dijo Yavé: "Ponle el nombre de 'No-mi-pueblo', porque vosotros no sois mi pueblo ni yo soy para vosotros El-Que-Soy"». (Oseas)

Al teatro del equipo hay que sumar ahora nuevas incongruencias. El profeta Oseas vivió en el norte de Israel hacia el 750 antes de Cristo. Tras más de quinientos años de brega con los descendientes de los *schasu,* Yavé proclama: «Vosotros no sois mi pueblo». ¿En qué quedamos? Si Yavé hubiera sido Dios no habría cambiado de criterio...

EL DESPISTADO JOEL

«Volved a Yavé vuestro Dios, porque Él es clemente y compasivo, tardo a la cólera, rico en amor, y se ablanda ante la desgracia». (Joel)

¿Yavé compasivo? ¿Tardo a la cólera? ¿Rico en amor? El profeta Joel estaba mal informado o, sencillamente, era otro desequilibrado. Joel no sabía (o no quería saber) del millón largo de asesinatos, provocados directa o indirectamente por el equipo (por Yavé). Y tampoco habla de las tierras robadas a sus legítimos dueños (en nombre de Yavé). E ignora la defensa de Yavé de la esclavitud y su repugnante machismo. Si Yavé era Dios, este pecador es Claudia Schiffer...

JONÁS

«La palabra de Yavé fue dirigida a Jonás, hijo de Amittay, en estos términos: "Levántate, vete a Nínive, la gran ciudad, y proclama contra ella que su maldad ha subido hasta mí". Jonás se levantó para huir a Tarsis, lejos de Yavé, y bajó a Joppe, donde encontró un barco que salía para Tarsis; pagó su pasaje y se embarcó para ir con ellos a Tarsis, lejos de Yavé. Pero Yavé desencadenó un gran viento sobre el mar, y hubo en el mar una borrasca tan violenta que el barco amenazaba romperse. Los marineros tuvieron miedo y se pusieron a invocar cada uno a su dios; luego echaron al mar la carga del barco para aligerarlo. Jonás, mientras tanto, había bajado al fondo del barco, se había acostado y dormía profundamente. El jefe de la tripulación se acercó a él y le dijo: "¿Qué haces aquí dormido? ¡Levántate e invoca a tu Dios! Quizá Dios se preocupe de nosotros y no perezcamos". Luego se dijeron unos a otros: "Ea, echemos a suertes para saber por culpa de quién nos ha venido este mal". Echaron a suertes, y la suerte cayó en Jonás.

Entonces le dijeron: "Anda, indícanos tú, por quién nos ha venido este mal, cuál es tu oficio y de dónde vienes, cuál es tu país y de qué pueblo eres". Les respondió: "Soy hebreo y temo a Yavé, Dios del cielo, que hizo el mar y la tierra". Aquellos hombres temieron mucho y le dijeron: "¿Por qué has hecho esto?". Pues supieron los hombres que iba huyendo lejos de Yavé por lo que él había manifestado. Y le preguntaron: "¿Qué hemos de hacer contigo para que el mar se nos calme?". Pues el mar seguía encrespándose. Les respondió: "Agarradme y tiradme al mar, y el mar se os calmará, pues sé que es por mi culpa por lo que os ha sobrevenido esta gran borrasca".

Los hombres se pusieron a remar con ánimo de alcanzar la costa, pero no pudieron, porque el mar seguía encrespándose en torno a ellos. Entonces clamaron a Yavé, diciendo: "¡Ah, Yavé, no nos hagas perecer a causa de este hombre, ni pongas sobre nosotros sangre inocente, ya que tú, Yavé, has obrado conforme a tu beneplácito!". Y agarrando a Jonás, le tiraron al mar; y el mar calmó su furia. Y aquellos hombres temieron mucho a Yavé; ofrecieron un sacrificio a Yavé y le hicieron votos». (Jonás)

Pregunta obligada: ¿por qué huía Jonás? ¿Qué fue lo que vio cuando se le presentó el equipo? Tuvo que ser algo lo suficientemente grave y temible como para que saliera a la carrera y se embarcara hacia Tarsis (actual zona de Huelva y Cádiz, en el sur de España). Tarsis, en aquel tiempo, era considerado el fin del mundo. ¿O fue por miedo a lo que le había ordenado Yavé?

En cuanto a la tempestad en la mar, estoy casi seguro que fue provocada por los astronautas que, obviamente, siguieron a Jonás. En mis investigaciones he descubierto que estas civilizaciones no humanas son capaces de crear todo tipo de tormentas (y de calmarlas). Rafael fue testigo de uno de estos sucesos. Rafael era marinero. Navegaba frente a las costas de Marruecos cuando, de pronto, observaron una extraña esfera. Volaba muy cerca de la superficie del agua y lentamente. Pues bien, conforme avanzaba, la esfera —de color gris— iba creando una formidable tempestad.

LA «BALLENA»

«Dispuso Yavé un gran pez que se tragase a Jonás, y Jonás estuvo en el vientre del pez tres días y tres noches. Jonás oró a Yavé su Dios desde el vientre del pez... Y Yavé dio orden al pez, que vomitó a Jonás en tierra». (Jonás)

No puedo demostrarlo al cien por cien, pero los ejercicios de visión remota que llevé a cabo y, sobre todo la intuición, me dicen que el gran pez que se tragó al profeta de Gat-Jéfer (próximo a Nazaret) en el siglo VIII antes de Cristo, no era una ballena. Jonás no hubiera sobrevivido tres días en el interior del cetáceo. Sí lo hubiera hecho en una nave del equipo. Y eso es lo que creo: Jonás fue «tragado» por uno de los vehículos de los astronautas de Yavé. De haber sido una ballena, el animal no se hubiera acercado a la costa para «vomitar a Jonás en tierra».

Para los exégetas y escrituristas, la aventura de Jonás en el interior del gran pez «es puro simbolismo». Yo no estoy tan seguro...

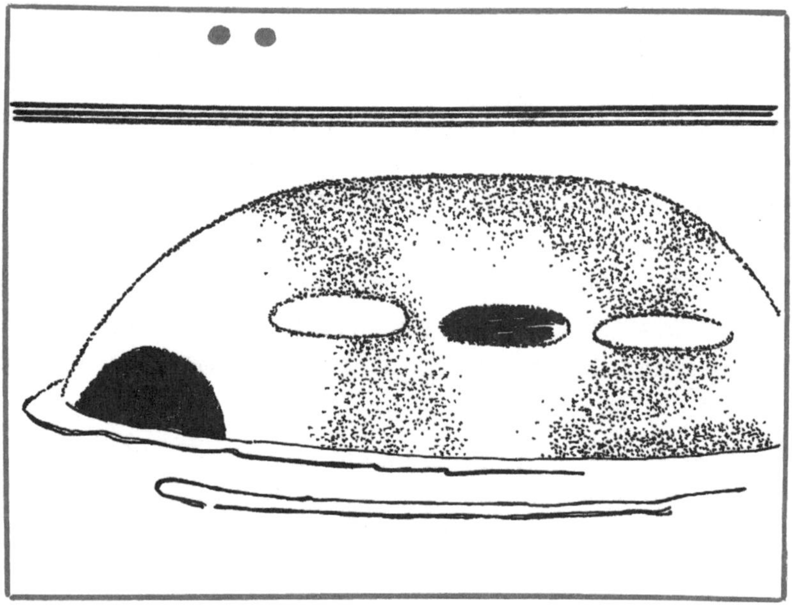

Visión remota: el «gran pez» citado en el libro de Jonás fue, en realidad, una nave del equipo de astronautas que utilizaba el nombre de Yavé. Y Jonás permaneció tres días y tres noches en el interior. Después fue depositado en la orilla. (Cuaderno de campo de J. J. Benítez.)

YAVÉ VUELVE A ARREPENTIRSE

«Por segunda vez fue dirigida la palabra de Yavé a Jonás en estos términos: "Levántate, vete a Nínive, la gran ciudad, y proclama el mensaje que yo te diga". Jonás se levantó y fue a Nínive conforme a la palabra de Yavé. Nínive era una ciudad grandísima, de un recorrido de tres días.

Jonás comenzó a adentrarse en la ciudad, e hizo un día de camino proclamando: "Dentro de cuarenta días Nínive será destruida".

Los ninivitas creyeron en Dios: ordenaron un ayuno y se vistieron de sayal desde el mayor al menor. La palabra llegó hasta el rey de Nínive, que se levantó de su trono, se quitó su manto, se cubrió de sayal y se sentó en la ceniza. Luego mandó pregonar y decir en Nínive: "Por mandato del rey y de sus grandes, que hombres y bestias, ganado mayor y menor, no prueben bocado ni pasten ni beban agua. Que se cubran de sayal y clamen a Dios con fuerza; que cada uno se convierta de su mala conducta y de la violencia que hay en sus manos. ¡Quién sabe! Quizá vuelva Dios y se arrepienta, se vuelva del ardor de su cólera, y no perezcamos". Vio Dios lo que hacían, cómo se convirtieron de su mala conducta, y se arrepintió Dios del mal que había determinado hacerles, y no lo hizo». (Jonás)

Asombroso... Yavé (el equipo) se arrepiente del mal que pensaba hacer a los habitantes de Nínive. Ese mal no era otro que pasar a cuchillo (o a láser) a los más de 20.000 ciudadanos que la habitaban. Y me pregunto: ¿desde cuándo el Padre Azul piensa en el mal?

Y Jonás, alias *la Paloma* (su verdadero nombre era Yona, «paloma»), se cabrea como un mono. Así reza el citado libro de Jonás:

«Jonás se disgustó mucho por esto y se irritó; y oró a Yavé diciendo: "¡Ah, Yavé!, ¿no es esto lo que yo decía cuando estaba todavía en mi tierra? Fue por eso por lo que me apresuré a huir a Tarsis. Porque bien sabía yo que tú eres un Dios clemente y misericordioso, tardo a la cólera y rico en amor, que se arrepiente del mal. Y ahora, Yavé, te suplico que me quites la vida, porque mejor me es la muerte que la vida"».

Jonás parece sufrir de amnesia o, como insinuaba anteriormente, podría tratarse de otro desequilibrado.

ROLLO VOLADOR

«Volví a alzar los ojos y tuve una visión: Era un rollo volando. Y me dijo el ángel: "¿Qué ves?". Respondí: "Veo un rollo volando, de veinte codos (diez metros) de largo y veinte de ancho". Me dijo: "Eso es la Maldición que sale sobre la haz de toda esta tierra"». (Zacarías)

El libro de Zacarías —escrito hacia el año 520 antes de Cristo— hace una descripción muy acertada de una de las naves del equipo: un cilindro de diez metros de longitud. Y era lógico que así fuera. En aquel tiempo, los libros eran pergaminos enrollados y guardados en tubos o cápsulas metálicos o de cuero. Zacarías, a la pregunta del tripulante, responde con lo que él conoce: «un rollo volando». Y el profeta —supongo— se haría mil preguntas: «¿Cómo es posible que un rollo pueda volar?». Hoy sí tenemos la respuesta; hace 2.500 años no.

En mis investigaciones (durante cincuenta años) he sabido de cientos de casos de «rollos voladores». Es decir, naves nodrizas o portadoras (de hasta 19 kilómetros de longitud). Han sido observadas por numerosos testigos, fotografiadas y captadas en los radares civiles y militares de todo el mundo.

Y el «ángel» (el astronauta que conversaba con Zacarías) sigue haciendo teatro: «Eso (refiriéndose al rollo que volaba) es la Maldición que sale sobre la haz de toda esta tierra».

Y el pobre Zacarías siguió con la boca abierta, perplejo (supongo).

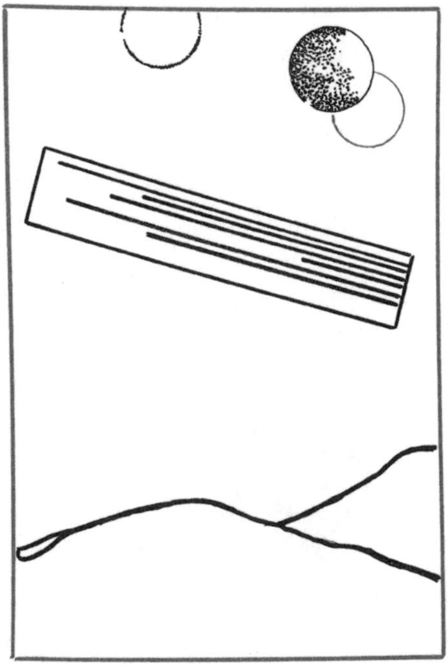

Visión remota: el «rollo volador» era una nave nodriza, tripulada por el equipo de astronautas que se hacía pasar por Yavé. Otras naves esféricas la escoltaban. (Cuaderno de campo de J. J. Benítez.)

CUATRO «CARROS»

«Alcé otra vez los ojos y tuve una visión: Eran cuatro carros que salían de entre dos montes; y los montes eran montes de bronce. En el primer carro había caballos rojos, en el segundo carro caballos negros, en el tercer carro caballos blancos, y en el cuarto carro caballos tordos. Tomé la palabra y dije al ángel que hablaba conmigo: "¿Qué son estos, señor mío?". El ángel respondió y me dijo: "Son los cuatro vientos del cielo que salen después de presentarse ante el Señor de toda la tierra"». (Zacarías)

Está claro. El profeta Zacarías levanta la vista y observa cuatro naves (cuatro «carros») que proceden a iluminar los montes cercanos. Quizá, por eso, los confunde con la tonalidad de bronce.

¿Utilizó el equipo algún tipo de holograma para simular que las naves aparecían arrastradas por caballos de diferentes colores? Es posible...

Por último, el «ángel» (otro miembro del equipo de astronautas) prosigue con el teatro y asocia las cuatro naves a otros tantos vientos. Y Zacarías quedó tan feliz...

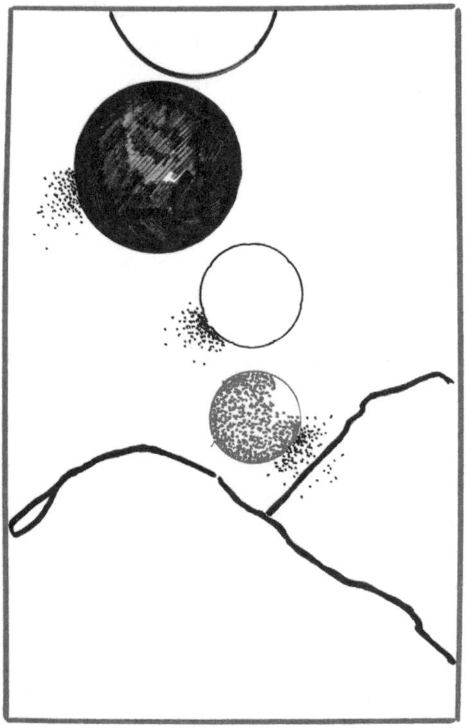

Visión remota: en otra profunda relajación, Juanjo Benítez se trasladó mentalmente a la época de Zacarías. Esto fue lo que vio: cuatro naves esféricas despegaron de entre dos montes. La iluminación procedente de los objetos era espectacular. (Cuaderno de campo de J. J. Benítez.)

IRRITADO PARA SIEMPRE

«Oráculo.

Palabra de Yavé a Israel por ministerio de Malaquías.

Os he amado, dice Yavé. Y vosotros decís: "¿En qué nos has amado? ¿No era acaso Esaú el hermano de Jacob?, oráculo de Yavé". Sin embargo yo amé a Jacob y a Esaú le odié. Entregué sus montes a la desolación y su heredad a los chacales del desierto. Si dice Edom: "Hemos sido aplastados, pero volveremos a edificar nuestras ruinas", así dice Yavé Sebaot: Ellos edificarán, mas yo demoleré, y se les llamará: "Territorio de impiedad", y "Pueblo contra el que Yavé está irritado para siempre". Vuestros ojos lo verán y vosotros diréis: "¡Grande es Yavé más allá del término de Israel!"». (Malaquías)

Enésima ratificación de que Yavé no era Dios. El Padre Azul no odia. No está capacitado para ello. Y Yavé (el equipo) se reafirma en su viejo cabreo contra los *schasu*. El verdadero Dios no conoce el significado de esa expresión: irritado para siempre.

Fin del Antiguo Testamento.

EL OVNI DE BELÉN

«Nacido Jesús en Belén de Judea, en tiempo del rey Herodes, unos magos que venían del oriente se presentaron en Jerusalén, diciendo: "¿Dónde está el Rey de los judíos que ha nacido? Pues vimos su estrella en el Oriente y hemos venido a adorarle". En oyéndolo, el rey Herodes se sobresaltó y con él toda Jerusalén. Convocó a todos los sumos sacerdotes y escribas del pueblo, y por ellos se estuvo informando del lugar donde había de nacer el Cristo. Ellos le dijeron: "En Belén de Judea, porque así está escrito por medio del profeta: 'Y tú, Belén, tierra de Judá, no eres, no, la menor entre los principales clanes de Judá; porque de ti saldrá un caudillo que apacentará a mi pueblo Israel'".

Entonces Herodes llamó aparte a los magos y por sus datos precisó el tiempo de la aparición de la estrella. Después, enviándolos a Belén, les dijo: "Id e indagad cuidadosamente sobre ese niño; y cuando lo encontréis, comunicádmelo, para ir también yo a adorarle". Ellos, después de oír al rey, se pusieron en camino, y he aquí que la estrella que habían visto en el Oriente iba delante de ellos, hasta que llegó y se detuvo encima del lugar donde estaba el niño. Al ver la estrella se llenaron de inmensa alegría. Entraron en la casa; vieron al niño con María su madre y, postrándose, le adoraron; abrieron luego sus cofres y le ofrecieron dones de oro, incienso y mirra. Y, avisados en sueños que no volvieran donde Herodes, se retiraron a su país por otro camino». (Evangelio según Mateo)

En mi libro *El OVNI de Belén* (1983) desarrollé ampliamente qué pudo ser la célebre estrella que guio a los Magos. Me limitaré ahora a resumir aquella exhaustiva exposición:

1. La estrella no fue una conjunción planetaria. La hipótesis la puso de moda Juan Kepler, astrónomo y astrólogo, cuando en la noche del 17 de diciembre de 1603 observó la reunión de Saturno y Júpiter (eso es una conjunción: dos planetas ubicados en el mismo grado de longitud) en la constelación de los Peces. Kepler se encontraba en Praga, junto al río Moldava. Kepler sabía del relato del rabino Abarbanel en el que se explica «que el Mesías nacería durante una conjunción de Saturno y Júpiter y en la constelación de los Peces». Y Kepler verificó que la conjunción de los referidos planetas se repitió tres veces a lo largo del año 7 antes de Cristo. Ello le llevó a pensar que la estrella que describe Mateo fue, en realidad, una conjunción: la de Júpiter y Saturno. Grave error. Ninguna conjunción planetaria se prolonga más allá de tres o cuatro días.[1] Teniendo en cuenta que el viaje de los Magos (desde Ur de Caldea hasta

[1] La primera conjunción, en el año 7 antes de Cristo, tuvo lugar en febrero. La segunda ocurrió el 3 de octubre del mismo año y la tercera y última fue visible el 4 de diciembre. *(N. del a.)*

Jerusalén) osciló entre tres y cinco meses, ¿cómo explicar que siguieran a la mencionada conjunción? Más aún: si los viajes, en aquel tiempo, se llevaban a cabo de sol a sol, ¿cómo entender que la conjunción fuera visible durante el día?

La idea de Kepler no se sostiene.

2. La estrella no fue un cometa. No hay registros de un cometa que permaneciera en los cielos durante los tres o cinco meses que duró el viaje de los Magos.
3. No fue una estrella. Como digo, lo habitual era viajar durante las horas de luz. Caminar en la noche era peligroso. Si esto era así, ¿cómo entender la presencia de una estrella a plena luz del día?
4. Lo que guio a los Magos —necesariamente— fue una nave, inteligentemente tripulada. Otra cuestión es que no supieran identificarla con lo que verdaderamente era. El equipo, en definitiva, seguía con el plan previsto.

Conjunción de Júpiter, Mercurio y Saturno (diciembre de 1603). Dibujo de Kepler. (Archivo: J. J. Benítez.)

Una nave guio a los Magos durante tres o cinco meses. El equipo seguía con el plan trazado mil doscientos años antes. (Archivo: J. J. Benítez.)

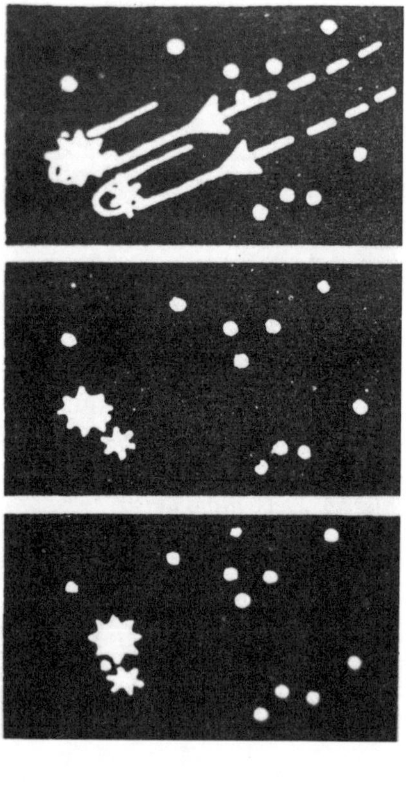

Tercera conjunción de Saturno y Júpiter en el año 7 antes de Cristo, según el astrónomo Juan Kepler. (Archivo: J. J. Benítez.)

Posible viaje de los Magos desde Ur de Caldea hasta Jerusalén en el año menos 7 o menos 6. Al rodear el duro desierto de Nafud, la caravana necesitó entre tres y cinco meses para cubrir dicho trayecto. El camino siempre se hacía a la luz del día; nunca durante la noche.

Visión remota: y la nave se detuvo encima de la casa donde estaba el niño. Al ver la estrella, los Magos se llenaron de alegría. Y el equipo avisó a los Magos (en sueños) para que regresaran a su país por otro camino, evitando así a Herodes el Grande. (Cuaderno de campo de J. J. Benítez.)

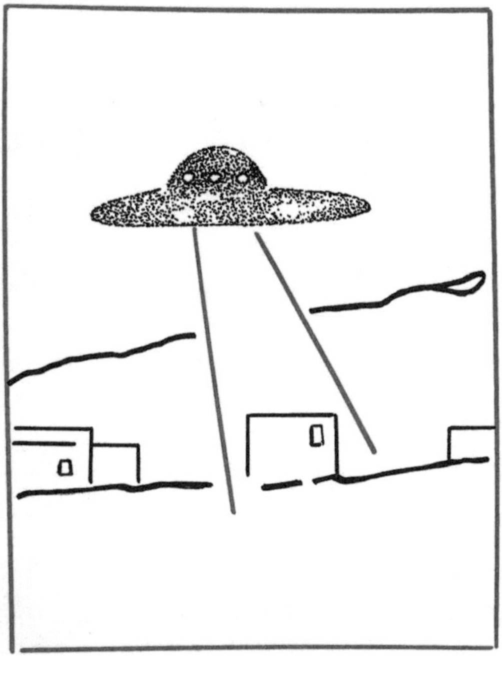

LAS «TINIEBLAS»

«Desde la hora sexta (doce del mediodía) hubo oscuridad sobre toda la tierra hasta la hora nona (tres de la tarde). Y alrededor de la hora nona clamó Jesús con fuerte voz: "¡Elí, Elí! ¿Lemá sabactaní?", esto es: "¡Dios mío, Dios mío! ¿Por qué me has abandonado?". Al oírlo alguno de los que estaban allí decían: "A Elías llama este"». (Evangelio de Mateo)

En *Caballo de Troya* (1) se explica —con todo lujo de detalles— cómo la oscuridad a la que se refiere el discípulo Mateo no se registró «en toda la tierra». Fue un fenómeno local (que afectó a Jerusalén y a su entorno inmediato) y que estuvo provocado por la interposición —entre la ciudad y el sol— de un enorme disco. Es decir, de una nave.

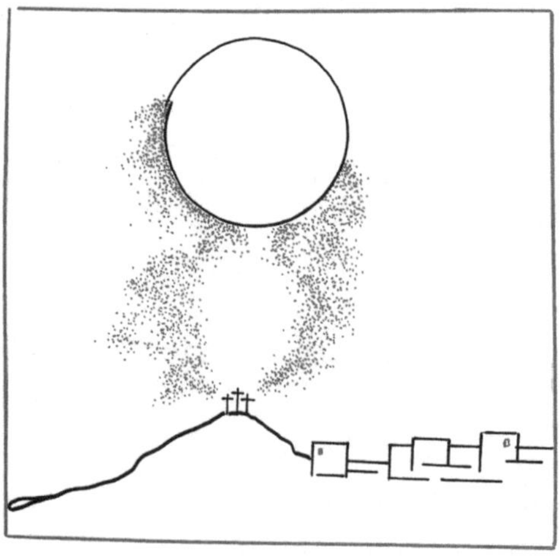

Visión remota: una superfortaleza de casi 1.800 metros de diámetro se situó sobre la ciudad de Jerusalén hacia las 14 horas del 7 de abril del año 30. (Cuaderno de campo de J. J. Benítez.)

De nuevo el equipo...

Esa nave —según figura en el referido *Caballo de Troya*— alcanzaba casi 1.800 metros de diámetro.

De haber sido una oscuridad total (que hubiera afectado a toda la Tierra), un fenómeno tan inusual habría quedado registrado entre los numerosos astrónomos de aquel tiempo. No fue así. A las 14 horas (local), la nave ascendió y quedó en estacionario a 18.000 pies (6.000 metros).

PABLITO

«Entretanto Saulo, respirando todavía amenazas y muertes contra los discípulos del Señor, se presentó al Sumo Sacerdote, y le pidió cartas para las sinagogas de Damasco, para que si encontraba algunos seguidores del Camino, hombres o mujeres, los pudiera llevar atados a Jerusalén.

Sucedió que, yendo de camino, cuando estaba cerca de Damasco, de repente le rodeó una luz venida del cielo, cayó en tierra y oyó una voz que le decía: "Saúl, Saúl, ¿por qué me persigues?". Él respondió: "¿Quién eres, Señor?". Y él: "Yo soy Jesús, a quien tú persigues. Pero levántate, entra en la ciudad y se te dirá lo que debes hacer". Los hombres que iban con él se habían detenido mudos de espanto; oían la voz, pero no veían a nadie. Saulo se levantó del suelo, y, aunque tenía los ojos abiertos, no veía nada. Le llevaron de la mano y le hicieron entrar en Damasco. Pasó tres días sin ver, sin comer y sin beber». (Hechos de los Apóstoles)

El equipo —en mi opinión— sigue actuando. Naturalmente, no creo que Jesús de Nazaret se encontrara en el interior de la nave que descabalgó a Pablito de Tarso. Alguien se hizo pasar por Él. El resultado es conocido: Pablito se convirtió en un seguidor del Maestro y colaboró en la fundación de una iglesia en la que Jesús nunca pensó...

PEDRITO

«Al día siguiente, mientras ellos iban de camino (hacia Joppe) y se acercaban a la ciudad, subió Pedro al terrado, sobre la hora sexta, para hacer oración. Sintió hambre y quiso comer. Mientras se lo preparaban le sobrevino un éxtasis, y vio los cielos abiertos y que bajaba hacia la tierra una cosa así como un gran lienzo, atado por las cuatro puntas. Dentro de él había toda suerte de cuadrúpedos, reptiles de la tierra y aves del cielo. Y una voz le dijo: "Levántate, Pedro, sacrifica y come". Pedro contestó: "De ninguna manera, Señor; jamás he comido nada profano e impuro". La voz le dijo por segunda vez: "Lo que Dios ha purificado no lo llames tú profano". Esto se repitió tres veces, e inmediatamente la cosa aquella fue elevada hacia el cielo». (Hechos de los Apóstoles)

No creo equivocarme si afirmo que el equipo volvió a utilizar los hologramas para impresionar al siempre fantástico Pedrito.[1] Y los astronautas siguieron con su habitual teatro.

De lo que no estoy tan seguro es de si Pedrito se enteró de lo que realmente querían comunicarle.

LA «ESPADA»

«De las señales principales que precedieron y se mostraron antes de la ruina y destrucción de Jerusalén.

El miserable pueblo, así pues, creía a los engañadores de Dios y del mundo: mostráronse señales muchas y prodigios, los cuales manifiestamente declaraban la destrucción presente; pero ni las advertían ni aún las querían creer, antes como atónitos y sin sentido, como hombres ciegos y sin almas, disimulaban y cubrían todo cuanto Dios

[1] Sobre las fantasías de Pedrito, ver *Caballo de Troya. (N. del a.)*

les mandaba y descubría: una vez cuando apareció la estrella como una espada ardiente encima de la ciudad, y duró la cometa todo el espacio de un año entero; también cuando antes de la guerra y rebelión primera, el día de la Pascua, juntándose el pueblo, según tenían de costumbre, a ocho días del mes de Abril, a las nueve de la noche, se mostró tanta lumbre alrededor del altar y alrededor del templo, que parecía ciertamente ser un día muy claro, y duró esto media hora larga». (*Guerras de los judíos*)

Flavio Josefo fue un judío romanizado que escribió, entre otras obras, *Guerras de los judíos*, en la que describe la rebelión anterior al cerco de Jerusalén por Tito (año 70 de nuestra era) y el asedio a la Ciudad Santa. En ella explica cómo apareció sobre Jerusalén un «cometa», en forma de espada ardiente, y cómo permaneció un año a la vista de todo el mundo. Por supuesto, aceptando que ningún cometa permanece inmóvil durante un año, ¿a qué se refería Josefo? Sencillamente, a una nave nodriza. Una nave del equipo, pendiente del citado asedio por parte del ejército romano.

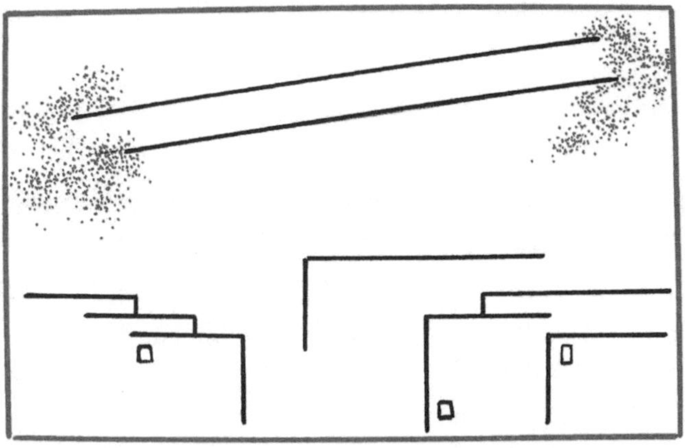

Visión remota: una enorme nave, con forma de espada ardiente (luminosa) fue vista sobre la ciudad de Jerusalén durante un año. El general Tito se disponía a destruir la Ciudad Santa. El equipo estaba pendiente de todo. (Cuaderno de campo de J. J. Benítez.)

En julio de 1939, los vecinos de la ciudad norteamericana de Pittsburg quedaron desconcertados. Un objeto similar a una espada luminosa fue vista sobre la zona. Se hallaba inmóvil y en silencio. En uno de los extremos presentaba dos aletas. Se calcula que los testigos fueron más de 50.000.

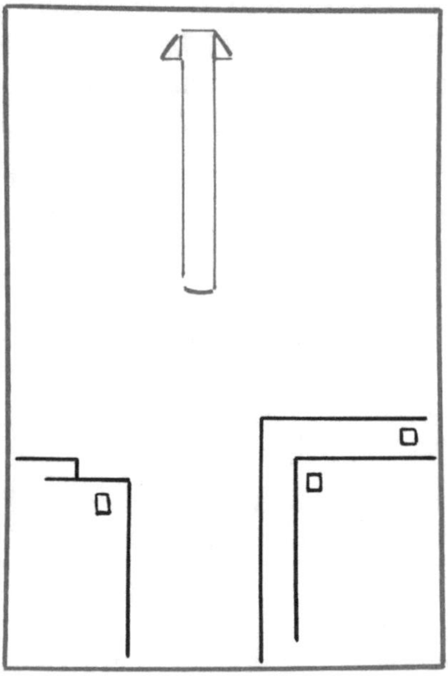

Posible nave nodriza sobre Pittsburg (USA) en 1939, parecida a la «espada» vista sobre Jerusalén 1.869 años antes. (Cuaderno de campo de J. J. Benítez.)

Las naves estaban muy cerca mientras duró el asedio a la ciudad de Jerusalén. Flavio Josefo hace una descripción idéntica a las muchas que hemos recogido los investigadores OVNI actuales: gran luminosidad (lumbre) alrededor del altar y del templo, «como si fuera de día». La luminosidad era provocada por la nave o por las naves.

LA GUINDA

«Pocos días después de los días de las fiestas, a los veintiuno del mes de Mayo se mostró otra señal increíble a todos muy claramente. Podría ser que lo que quiero decir fuese tenido por fábula, si no viviesen aún algunos que lo vieron, y si no sucedieran los fines y muertes tan grandes como eran las señales: porque antes del sol puesto, se mostraron en las regiones del aire muchos carros que corrían por todas partes y escuadrones armados, pasando por las nubes derramadas por toda la ciudad: pues el día de la fiesta que llaman de Pentecostés, habiendo los sacerdotes entrado de noche en la parte del templo más cerrada, para hacer, según tenían de costumbre, sus sacrificios, al principio sintieron cierto movimiento y cierto ruido; y estando atentos a lo que sería, oyeron una súbita voz que decía: "Vámonos de aquí"». (*Guerra de los judíos*)

La observación de Josefo —numerosos carros fueron vistos por todas partes (sobre Jerusalén)— me recordó el testimonio de Manolita Bernal, mi abuela, y de numerosos testigos de Barbate (Cádiz, España) sobre los «cientos de estrellas que corrían en el cielo en las noches previas al estallido de la guerra civil española (verano de 1936)». Aquel fenómeno —cientos de naves— fue tomado como un mal presagio. Y acertaron. Exactamente igual sucedió en la Ciudad Santa.

Y la guinda final: los astronautas fueron sorprendidos por los sacerdotes que entraron en el Templo... Se puede decir más alto, pero no más claro.

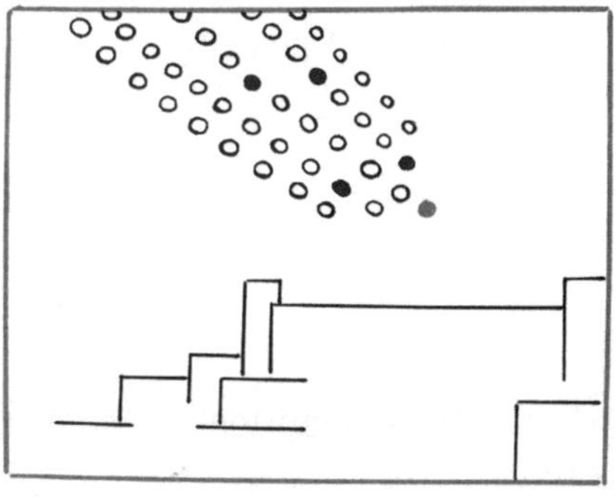

Cientos de naves (carros) fueron vistas sobre Jerusalén durante el asedio por parte del ejército romano. (Cuaderno de campo de J. J. Benítez.)

ALGUNAS CONCLUSIONES

1. A la vista de lo expuesto, en mi opinión, Yavé no era Dios. Estamos, posiblemente, ante un equipo de astronautas; ante una o varias civilizaciones no humanas avanzadísimas.
2. El tal Yavé (el equipo) fue machista, xenófobo y defensor de la esclavitud.
3. El tal Yavé fue un criminal. Asesinó —directa o indirectamente— a más de un millón de personas.
4. En nombre de Yavé, los *schasu* (pueblo judío) robaron las tierras y propiedades a las treinta etnias que habitaban Canaán: legítimos propietarios de las mismas.
5. La Biblia, por tanto (al menos el llamado Antiguo Testamento o Torá), no es la palabra de Dios.
6. Para mí, la Biblia es un naufragio moral.
7. El equipo de astronautas —que usurpó el nombre de Yavé— diseñó un plan para permitir la llegada del Hijo del Hombre.

En «Lehaim», siendo las 10.45 horas del 6 de diciembre del año 2021.

Con el fin de restar credibilidad al presente trabajo he introducido en el mismo trece errores de segundo y tercer orden.

OBRAS CONSULTADAS

- Albright, W. F., *Arqueología de Palestina*, Ediciones Garriga, Barcelona, 1962.
- Aldred, Cyril, *Akhenaton: faraón de Egipto*, EDESCO, Madrid, 1989.
- Arenhoevel, Diego, *Así nació la Biblia,* Ediciones Paulinas, Madrid, 1980.
- Asimov, Isaac, *La tierra de Canaán*, Alianza, Madrid, 1980.
- Asociación para el Fomento de los Estudios Bíblicos, *Estudios bíblicos,* Consejo Superior de Investigaciones Científicas, Madrid, 1929-1941.
- Azcuy, Eduardo, y Lesly Sánchez, *Los dioses en la creación del hombre,* Editorial Pomaire, Buenos Aires, 1980.
- Ben-Sasson, H. H, *Historia del pueblo judío*, 3 tomos, Alianza Editorial, Madrid, 1991.
- Benítez, J. J., *El ovni de Belén*, Plaza & Janés, Barcelona, 1983.
- Bloom, Harold, y David Rosenberg, *El libro de J*, Interzona, Barcelona, 1995.
- Caniff, Patricia, *Akenatón*, M. E., Madrid, 1997.
- Charroux, Robert, *Nuestros antepasados extraterrestres*, Bruguera, Barcelona, 1971.
- Crocetti, Enzo, y Mario Giordano (1992): *Los grandes personajes de la Biblia,* Ediciones Paulinas, Madrid, 1992.
- Fernández Urresti, Mariano, *Los pecados de la Biblia*.
  Espejo de Tinta, Madrid, 2006
  América Ibérica, Madrid, 2011

- Finkelstein, Israel, y N. A. Silberman, *La Biblia desenterrada: una nueva visión arqueológica del antiguo Israel y de los orígenes de sus textos sagrados,* Siglo XXI de España Editores, Madrid, 2003.
- Flor Serrano, G. y L. Alonso Schökel, *Diccionario terminológico de la ciencia bíblica,* Ediciones Cristiandad, Madrid, 1979.
- Freixedo, Salvador, *El cristianismo, un mito más.* Quintá, Madrid, 1986
- García Cordero, M., *Teología de la Biblia I: Antiguo Testamento,* Biblioteca de Autores Cristianos, Madrid, 1970.
- Geddes & Grosset (1999): *Enciclopedia de la Biblia,* Robinbook (Barcelona).
- Gilbert, Martin, *Atlas de la historia judía,* La Semana Publicaciones, Jerusalem, 1978.
- Graves, Robert, y Raphael Patai, *Los mitos hebreos,* Alianza Editorial, Madrid, 1986.
- Herrmann, Siegfried, *Historia de Israel en la época del Antiguo Testamento,* Ediciones Sígueme, Salamanca, 1979.
- Herzog, Chaim, y Mordecai Gichon, *Las batallas de la Biblia,* Ariel, Barcelona, 2003.
- Jeffrey, G. R., *La firma de Dios,* Whitaker House, New Kensington, PA, 1997.
- Jeffrey, G. R., *Escrita por la mano de Dios,* Whitaker House, New Kensington, PA), 1998.
- Johnson, Paul, *La historia de los judíos*
  J. Vergara, Buenos Aires, 1991
  Zeta Bolsillo, Barcelona, 2006
- Josefo, Flavio, *Guerras de los judíos,* Clie, 1983.
- Keller, Werner, *Y la Biblia tenía razón,* Ediciones Omega, Barcelona, 1964.
- Keller, Werner, *Historia del pueblo judío: desde la destrucción del Templo al nuevo estado de Israel,* Ediciones Omega, Barcelona, 1969.
- Maier, P. L. (ed.), *Josefo: las obras esenciales,* Kregel Publications, 1992.

- Martín, Elvira, *Los ángeles en el Talmud y en el Midrás*, Riopiedras, Barcelona, 2006.
- Miles, Jack, *Dios: una biografía,* Planeta, Barcelona, 1996.
- Moscati, Sabatino, *Las antiguas civilizaciones semíticas*, Ediciones Garriga, Barcelona, 1960.
- Olmo Lete, G. del, *Mitos y leyendas de Canaán: según la tradición de Ugarit*, Ediciones Cristiandad, Madrid, 1981.
- Quesnel, Michel, *La Biblia y su historia,* Edelvives, Zaragoza, 1992.
- Reader's Digest, *Los porqués de la Biblia*, Reader's Digest, México, 1994.
- Reffreger, J. H., *Los números sagrados de Dios.*
- Santander Batalla, R.: *¿Fue Jehová un cosmonauta?* Editorial Orbe, Santiago de Chile, 1974/2.ª ed. 1975. A. T. E. (Asesoría Técnica de Ediciones), Barcelona, 1977. Plaza & Janés, Colombia/Colombia o España, 1992/1997 o 2000.
- Santander Batalla, R., *¿Fuimos extraterrestres?*, Ediciones Génesis 2001, Santiago de Chile, 1993.
- Von Rad, Gerhard, *Teología del Antiguo Testamento,* Ediciones Sígueme, Salamanca, 1972.
- Von Rad, Gerhard, *Estudios sobre el Antiguo Testamento*, Ediciones Sígueme, Salamanca, 1976.
- VV. AA., *Comentario bíblico «San Jerónimo»*, tomos 1-2, Ediciones Cristiandad, Madrid, 1971.
- Wangerin, Walter, *El libro de Dios,* Grijalbo, Barcelona, 1997.
- Whitcomb, J. C., y H. M. Morris, *El diluvio del Génesis,* Clie, Barcelona, 1982.
- Wright, G. E., *Arqueología bíblica*, Ediciones Cristiandad, Madrid, 1975.
- *El zohar.*

ÍNDICE

LIBROS PUBLICADOS POR J. J. BENÍTEZ

1. *Existió otra humanidad,* 1975. (Investigación)
2. *Ovnis: S.O.S. a la humanidad,* 1975. (Investigación)
3. *Ovni: alto secreto, 1977.* (Investigación)
4. *Cien mil kilómetros tras los ovnis,* 1978. (Investigación)
5. *Tempestad en Bonanza,* 1979. (Investigación)
6. *El enviado, 1979.* (Investigación)
7. *Incidente en Manises,* 1980. (Investigación)
8. *Los astronautas de Yavé,* 1980. (Ensayo e investigación)
9. *Encuentro en Montaña Roja,* 1981. (Investigación)
10. *Los visitantes,* 1982. (Investigación)
11. *Terror en la Luna,* 1982. (Investigación)
12. *La gran oleada,* 1982. (Investigación)
13. *Sueños,* 1982. (Ensayo)
14. *El ovni de Belén,* 1983. (Ensayo e investigación)
15. *Los espías del cosmos,* 1983. (Investigación)
16. *Los tripulantes no identificados,* 1983. (Investigación)
17. *Jerusalén. Caballo de Troya,* 1984. (Investigación)
18. *La rebelión de Lucifer,* 1985. (Narrativa e investigación)
19. *La otra orilla,* 1986. (Ensayo)
20. *Masada. Caballo de Troya 2,* 1986. (Investigación)
21. *Saidan. Caballo de Troya 3,* 1987. (Investigación)
22. *Yo, Julio Verne,* 1988. (Investigación)
23. *Siete narraciones extraordinarias,* 1989. (Investigación)
24. *Nazaret. Caballo de Troya 4,* 1989. (Investigación)
25. *El testamento de San Juan,* 1989. (Ensayo)
26. *El misterio de la Virgen de Guadalupe,* 1989. (Investigación)
27. *La punta del iceberg,* 1989. (Investigación)
28. *La quinta columna,* 1990. (Investigación)
29. *Crónicas desde la Tierra,* 1990. (Narrativa). Inédito.
30. *A solas con la mar,* 1990. (Poesía)
31. *El papa rojo,* 1992. (Narrativa)
32. *Mis enigmas favoritos,* 1993. (Investigación)
33. *Materia reservada,* 1993. (Investigación)

34. *Mágica fe,* 1994. (Ensayo)
35. *Cesarea. Caballo de Troya 5,* 1996. (Investigación)
36. *Ricky B,* 1997. (Investigación)
37. *A 33.000 pies,* 1997. (Ensayo)
38. *Hermón. Caballo de Troya 6,* 1999. (Investigación)
39. *Al fin libre,* 2000. (Ensayo)
40. *Mis ovnis favoritos,* 2001. (Investigación)
41. *Mi Dios favorito,* 2002. (Ensayo)
42. *Planeta encantado. La huella de los dioses. La isla del fin del mundo,* 2003. (Investigación)
43. *Planeta encantado 2. Los señores del agua. El mensaje enterrado,* 2004. (Investigación)
44. *Planeta encantado 3. El secreto de Colón. Un as en la manga de Dios,* 2004. (Investigación)
45. *Planeta encantado 4. El anillo de plata. Tassili,* 2004. (Investigación)
46. *Planeta encantado 5. Astronautas en la Edad de Piedra. Escribamos de nuevo la historia,* 2004. (Investigación)
47. *Planeta encantado 6. Una caja de madera y oro. Las esferas de nadie,* 2004. (Investigación)
48. *Cartas a un idiota,* 2004. (Ensayo)
49. *Nahum. Caballo de Troya 7,* 2005. (Investigación)
50. *Jordán. Caballo de Troya 8,* 2006. (Investigación)
51. *Al sur de la razón,* 2006. (Ensayo)
52. *El hombre que susurraba a los «ummitas»,* 2007. (Investigación)
53. *De la mano con Frasquito,* 2008. (Ensayo)
54. *Enigmas y misterios para* Dummies, 2011. (Investigación)
55. Caná. Caballo de Troya 9, 2011. (Investigación)
56. *Jesús de Nazaret: nada es lo que parece,* 2012. (Ensayo)
57. *El día del relámpago. Caballo de Troya 10,* 2013. (Investigación)
58. *Estoy bien,* 2014. (Investigación)
59. *Pactos y señales,* 2015. (Investigación)
60. *Solo para tus ojos,* 2016. (Investigación)
61. *«Tengo a papá». Las últimas horas del Che,* 2017. (Investigación)
62. *Gog,* 2018. (Narrativa)
63. *El diario de Eliseo, Caballo de Troya 11,* 2019. (Investigación)
64. *Mis «primos»,* 2020. (Investigación)
65. *En Blanca y negro,* 2022. (Ensayo)
66. *Belén. Caballo de Troya 12,* 2022. (Investigación)